教育创新文丛

北京市中小学素质教育研究成果集

郑超 主编

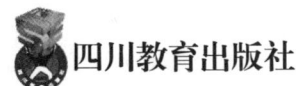

四川教育出版社

编委会

学术顾问 谢春风

主　　编 郑超

副 主 编 王刚　王平　余琳　刘振丹

编　　委（按姓氏笔划为序）

王敬阳　王蕙　刘美玲　刘世涛　李莉萍
李新宇　李磊　宋妍妍　张冬云　张英
陈春红　罗琳　周建华　庞盛　郑丹娜
赵欣　徐向东　梁小红　喻江　蔺龙燕
谭中玲

为学生身心健康成长创设更宽松和谐的环境

2021年7月，中共中央办公厅、国务院办公厅印发了《关于进一步减轻义务教育阶段学生作业负担和校外培训负担的意见》文件（以下简称"双减"），旨在减轻广大中小学生过重的课业负担，同时减轻广大家长过重的经济负担。这是利国利民也利于学生发展的好事，长远看也是促进学校教育变革、实现可持续发展的好事。

该政策推出以来，各个省市的中小学校根据本地实际进行了艰苦而富有成效的探索，在减负提质增效方面迈出新步伐。北京市广大中小学也积极行动，自加压力，以首善标准落实"双减"，以自我变革推动教育变革和社会变革，涌现出很多立德树人的优秀案例和典型经验，首都基础教育面貌发生很大积极改变，各种教育培训机构争夺育人主导权和话语权的态势得到明显消减，学校在孩子健康成长中的主导地位有所回归和加强。

当然，我们也要看到，不少学校领导老师也为落实"双减"付出了巨大的时间成本、身体健康成本、智慧成本和精神成本，教学时间的延长，挤压了教师们的备课、进修、休息时间。这是一个新政策实施中的必然代价。笔者期待并相信，在不久的将来，随着各种配套教育政策的跟进，"双减"的正能量将会进一步释放，不足将得到弥补，学生和教师、包括家长的精神状态会进一步改观。

教育头条是首都地区一个很有影响力的教育新媒体，口碑良好，在服务学校立德树人工作中发挥着积极而重要的作用，也是落实"双减"政策的积极行动者！北京教科院德育研究中心作为首都德育研究的专业机构，承担着服务政府教育决策、学校实践育人和教育理论研究的重要职责。为激励学校育人实践创新，2022年以来，北京教育科学研究院德育研究中心基于本单位重要研究任务的落实，和"教育头条"协同协作，举行了首都中小学"双减"教育成果分享交流系列活动，对部分学校的"双减"教育成果予以学术认定，并给校长的"双减"育人优秀报告和老师的"双减"优秀教案颁发专业荣誉证书。这是我们积极服务和支持中小学领导老师落实减负提质增效的实际行动。该活动举办以来，受到不少学校领导教师的欢迎，一批批有特色、有创新、有成效的减负提质增效案例得到分享和激励，育人同心圆越画越大。

由北京教育头条郑超、王刚同志共同出版的《北京市中小学素质教育研究成果集》一书，汇集了最近两年来北京市中小学落实"双减"政策的优秀实践案例，特别是，广大校长老师以本校为实践原型和教育现场，攻坚克难，积极求变，特色鲜明，立德树人成效显著。我相信广大读者通过阅读本书，一定能获得来自首都中小学领导教师减负提质增效的启示和收获。

落实"双减"政策任重道远，不可能毕其功于一役。学校教书育人的减负提质增效工作，事关国家未来人才培养模式和教育发展方向，具有重要战略意义。学校的育人探索实践经验如何总结，如何提炼，如何交流和推广，显得非常重要。我希望本书的出版，能够为全国中小学落实"双减"任务、推动立德树人上台阶，发挥助推器作用。

也希望首都中小学领导教师们的"双减"经验和成果，得到兄弟省市广大领导教师的指导。

是为序。

谢春风
2023年12月3日

谢春风，北京教育科学研究院德育研究中心主任，研究员，教育学博士，获得"昆玉学者"称号。同时担任教育部基础教育教学专家指导委员会学科委员，北京市督学，北京市学校德育研究会副会长兼秘书长。

目 录

"双减"下思政课堂要活起来 / 周国贞　　　　　　　　　001
　　[北京市东城区东交民巷小学]

落实"双减"见行动，后勤保障促发展 / 蒋东　　　　　004
　　[北京市东城区东交民巷小学]

以"双减"促双升，助推学校高质量可持续发展 / 付春辉　　006
　　[北京市东城区东交民巷小学]

AI赋能作业评价，精准助力个性成长 / 杨倩　　　　　009
　　[北京市东城区培新小学]

以"双减"撬动更好的教育生态 / 李秋娟 / 周建香　　　014
　　[中国人民大学附属中学第二分校]

"双减"背景下基于学生均衡发展的教育实践 / 李佳　　018
　　[中国人民大学附属中学第二分校]

以听写撬动小学低段语文学习习惯养成 / 张启迪　　　020
　　[中国人民大学附属中学第二分校]

落实"双减"的四大行动 / 周建华　　　　　　　　　023
　　[人大附中航天城学校]

"双减"背景下初中地理实践活动设计初探 / 郑文欣　　028
　　[人大附中航天城学校]

指向科学探究的情境浸润式教学策略 / 任红　　　　　031
　　[人大附中航天城学校]

建构以精准支持为核心的学校心理健康服务体系 / 梁小红　　035
　　[北京市海淀区中关村第一小学西二旗分校]

落实"双减"打造高质量"美好教育" / 刘美玲　　039
　　[北京市陈经纶中学分校望京实验学校]

合作对话式课堂赋能"双减"落地 / 管永新　　044
　　[北京市陈经纶中学分校望京实验学校]

"双减"背景下学校作业创新与管理 / 孟健　　046
　　[北京市陈经纶中学分校望京实验学校]

"五个到位":"双减"之下的学校主动作为 / 陈春红　　049
　　[北京明远教育书院实验小学]

"双减"背景下基于"新课标"的道德与法治学科作业探究 / 王玥萌　　056
　　[北京明远教育书院实验小学]

让书包"真"轻松,让知识"真"厚重 / 张丽丽　　058
　　[北京明远教育书院实验小学]

聚焦课堂,延伸课后,以精细化管理落实"双减" / 郑丹娜 / 舒琦　　062
　　[北京市朝阳区垂杨柳中心小学金都分校]

"双减"背景下"真学促思"课堂改革的实践分析 / 郑磊　　068
　　[北京市朝阳区垂杨柳中心小学金都分校]

"双减"背景下音乐课堂模式研究案例 / 杨鸽　　072
　　[北京市朝阳区垂杨柳中心小学金都分校]

聚力落实"双减",赋能师生成长 / 李新宇　　077
　　[北京市朝阳区呼家楼中心小学团结湖分校]

匠心巧设作业,"双减"助力成长 / 任振杰 / 杨静　　081
　　[北京市朝阳区呼家楼中心小学团结湖分校]

保底与提升并行 减负与发展并重 / 龚霞 / 胡琳　　083
　　[北京市朝阳区呼家楼中心小学团结湖分校]

落实"双减"提质增效，培育阳光智慧学子 / 喻江　　　　086
　　[北京市朝阳区教育研究中心附属学校]

"双减"背景下初中语文个性化作业设计探究 / 张山青　　091
　　[北京市朝阳区教育研究中心附属学校]

"双减"背景下初中数学单元作业设计的实践 / 李明超　　093
　　[北京市朝阳区教育研究中心附属学校]

四"课"发力成就幸福——"双减"工作报告 / 宋妍妍　　096
　　[北京市中央商务区实验学校]

"双减"背景下道德与法治精细作业设计探析 / 邓艳红　　100
　　[北京市中央商务区实验学校]

课后服务，让爱延时 / 张怡　　　　102
　　[北京市中央商务区实验学校]

聚焦内涵建设，推进学校高质量发展 / 王薏　　　　105
　　[北京市朝阳区教育研究中心附属小学]

让"双减"视域下的劳动教育向阳生长 / 门卫华　　　　110
　　[北京市朝阳区教育研究中心附属小学]

"双减"背景下小学语文作业设计探究 / 汪丽华　　　　113
　　[北京市朝阳区教育研究中心附属小学]

"一班一省"构建学校德育课程新模式探索 / 张冬云　　116
　　[北京市朝阳区花家地实验小学]

"双减"视角下小学美术绘本育人路径的探索 / 马燕　　121
　　[北京市朝阳区花家地实验小学]

以过程性评价提升学生英语学习能力 / 王素梅　　　　124
　　[北京市朝阳区花家地实验小学]

思维型课堂教学改革助力"双减"落地 / 蔺龙燕 / 刘世涛　　126
　　[中国音乐学院附属北京实验学校]

小学语文教学中实施综合素质评价的实践与思考 / 薛楠　　130
　　[中国音乐学院附属北京实验学校]

音乐让道德与法治课堂如此美丽 / 李丽　　133
　　[中国音乐学院附属北京实验学校]

"幸福交响课堂"样态的实践研究 / 李磊　　137
　　[北京市丰台区第五小学]

创造真实的环境，解决真正的问题 / 李健　　140
　　[北京市丰台区第五小学]

"双减"背景下学生深度学习的发生 / 邢艳　　142
　　[北京市丰台区第五小学]

"双减"视域下学校课后服务策略研究与实践 / 罗琳　　146
　　[北京教育学院附属丰台实验学校]

"双减"背景下的暑假作业设计探索 / 王若愚 / 韩二斌　　150
　　[北京教育学院附属丰台实验学校]

"双减"背景下小学一、二年级"乐考"模式的探索 / 王玲玲 / 王云　　153
　　[北京教育学院附属丰台实验学校]

落实"双减"，"1351 工程"让每个生命都出彩 / 张英　　155
　　[首都师范大学附属中学大兴南校区]

"双减"背景下的家校协同育人探索 / 韩学林　　160
　　[首都师范大学附属中学大兴南校区]

"双减"背景下小学诗词积累类作业设计案例研究 / 王静　　163
　　[首都师范大学附属中学大兴南校区]

"双减"政策下的课间新面貌 / 谭中玲　　167
　　[北京市海淀区五一小学大兴一分校]

科学统筹英语作业设计，以"双减"促"双升" / 张翠　　170
　　[北京市海淀区五一小学大兴一分校]

"双减"视角下数学学科育人的行与思 / 任圆　　174
　　[北京市海淀区五一小学大兴一分校]

落实"双减"政策，实施"12345提质减负工程" / 高鹏飞　　177
　　[北京市海淀区五一小学大兴二分校]

创新英语作业形式，为学生发展赋能 / 郭晶　　182
　　[北京市海淀区五一小学大兴二分校]

落实"双减"政策，抓实常规管理 / 张继东　　185
　　[北京市海淀区五一小学大兴二分校]

构建教育良好生态，助力"双减"落地见效 / 赵欣　　189
　　[北京市大兴区长子营学校]

基于"双减"背景下的小学语文作业设计探究 / 焦培　　193
　　[北京市大兴区长子营学校]

小校币，大能量 / 范令娇　　196
　　[北京市大兴区长子营学校]

落实"双减"政策，深化教育教学改革，促进学生全面发展 / 徐向东　　198
　　[北京师范大学亚太实验学校]

三方共管，三步联动，假期作业管理见实效 / 黄岚　　202
　　[北京师范大学亚太实验学校]

基于项目式学习的初中生物课例设计 / 常童洁 / 程文华 / 杨凯利　　204
　　[北京师范大学亚太实验学校]

"双师"项目助力"双减"落地生根 / 王敬阳 / 杨春梅　　207
　　[北京市昌平区城北小学教育集团]

"双减"背景下小学数学作业设计的实践与思考 / 刘艳惠　　211
　　[北京市昌平区城北小学教育集团六街校区]

"双减"背景下的小学语文课后作业优化设计探究 / 李晓玉　　214
　　[北京市昌平区城北小学教育集团西关校区]

从小课堂到大舞台，逐层提升学生素养——《陶罐和铁罐》
作业设计案例 / 朱军　　218
　　[北京市海淀区中关村第一小学怀柔分校]

从"学习者"到"践行者"——"双减"背景下的语文教学有感 / 许江红　　221
　　[北京市海淀区中关村第一小学怀柔分校]

提升校本教研质量 推进减负提质增效 / 李莉萍　　224
　　[北京市房山区阎村中心校]

加强作业管理推动"双减"落地——语文单元整体作业设计的
思考与实践 / 柴晓霞　　228
　　[北京市房山区阎村中心校]

作业分层巧设计 提质助力促"双减" / 刘亚静　　234
　　[北京市房山区阎村中心校]

双线推进 育人提质 / 庞盛 / 彭翠红　　237
　　[北京市海淀区五一小学怀柔分校]

笺短情长 见字如面——小学语文大单元教学思考 / 肖丽锦　　240
　　[北京市海淀区五一小学怀柔分校]

例习创组 融思贯通——"圆的周长"教学实践与思考 / 解海霞　　243
　　[北京市海淀区五一小学怀柔分校]

"双减"下思政课堂要活起来

北京市东城区东交民巷小学　◎周国贞

2021年7月,中共中央办公厅、国务院办公厅印发了《关于进一步减轻义务教育阶段学生作业负担和校外培训负担的意见》(以下简称"双减")。减轻中小学生的课业负担、作业负担,其根本目的是让教育回归本源,使学生享受到真正有质量的教育,让学生健康全面发展。作为一名思政教师,要推进"双减"落地,在把时间还给学生的同时,还要打开学习空间,赋能学生成长。于是,我们开展了探索实践。

一、拓展"双减"政策下的思政教学课堂

(一)抓好课堂主阵地,做好加减法

新课标指出,要发挥道德与法治课程在落实立德树人根本任务中的关键作用,必须要牢牢抓住课堂这个主阵地。一直以来,我校始终坚持打造"少讲多学"的高效课堂。

"少讲",是指教师对基础知识用少而精的语言,讲清知识的纵横联系,讲清知识发生和发展过程,以讲促思、以讲解惑。

"多学",是指在学习过程中,教师要引导学生更多地动脑、动手、动口,提高学生的学习积极性,促进学生通过自主、理性的行为来表达对生活的情感与认识。

针对道德与法治课的特点,将案例分析讨论、课堂模拟法庭、法治小品、分组辩论赛等教学方式引入课堂,研发了实用的课堂活动工具,建立了"工具超市",进行了如击鼓传花、探秘"寻宝"、时间小沙漏、卡片超市、走出迷宫等活动,创造性地开展课堂教学实践。教师只有把握学生认知特点,从聚焦学生核心素养入手,发挥教师的主导作用,晓之以理、动之以情、导之以行,

做到价值性与知识性相统一，做好真研究，才能让学生真懂真信，才能把道理讲深讲透，让学生喜欢听、听得懂、听得进，从而达到深入浅出、融会贯通的效果。

（二）创新作业设计，丰富学生体验

1. 作业的布置要尊重学生的生活积累

道法课上更多的不是某种技能学习，而是学生价值观的引导与培养，这就要求道法课的作业不能脱离学生生活实际，要从大单元入手设计学生课内实践作业。如三年级《我们的学校》这个单元的教学，我就设计了学校平面图的绘制、我画/话我师、小小提案等作业，充分尊重学生的意愿，让学生自主选取自己感兴趣或已有一定经验的作业。

2. 多样形式丰富学生体验

根据道法课的特点，经常采用小组合作形式。如"学校平面图的设计"这项作业，学生们要通过实地校园走访、讨论、素材筛选、构图布置、动手绘制等环节完成本组的作品，也可以通过跨学科整合完成作业。道法课上，我经常通过绘画、文字的方式来阐述自己的教学观念，很好地融合了美术、劳技等学科内容，通过讨论、汇报、交流、合作和实践，使学生的创造性思维得到了提升。

比如，在《我学习我快乐》一课的教学中，我们设计了"书签展示会"活动，和美术、劳技学科找到结合点，通过完成作业的过程，让学生体会学习的乐趣，展示学习成果。

二、丰富"双减"政策下的思政教育形式

思政课是落实立德树人根本任务的关键课程，道德与法治课程是义务教育阶段的思政课。"双减"背景下，教师要将思政教育与德育活动相结合，用科研引领学校思政教育工作，开展教育形式的探索和研究。

教学中，我将道法学习与学生校园生活密切结合，把"大道理"转化为"小行动"。比如，五年级《建立良好的公共秩序》一课，我为学生们设计了"请为校园公共场所"设计温馨提示的作业，将优秀的设计张贴到校园中，让学生将课堂学习的内容真正用到生活中，解决生活中的真问题。再比如，四年级《生活离不开他们》一课，在学习完本单元之后，我设计了"未来，我是一名劳动

者……"的作业展示活动，这是让学生展开对未来职业及为社会做出哪些贡献的畅想，让学生进一步理解自己未来也是社会的一名劳动者，是社会的一份子，从而让学生树立职业平等的观念和正确的职业价值观，处理好自我与社会的关系，增强社会责任感。

做好"双减"工作需要教师的责任担当和能力提升，通过继续推动思政小课堂与校园教育氛围及社会大课堂紧密结合，让"双减"下的道法课教学"活"起来。

落实"双减"见行动，后勤保障促发展

北京市东城区东交民巷小学 ◎蒋东

随着《关于进一步减轻义务教育阶段学生作业负担和校外培训负担的意见》的印发，东交民巷小学积极响应政策，学校"七彩阳光"后勤服务从"事、人、物"三个维度进行了多项改革，致力于提质减负提升教育质量，促进"双减"落地。

一、以事为中心体现温度，以温度构建后勤保障主体

（一）加强门卫管理与值班教师管理

"双减"要有新认识、新思路和新举措。本着一切为了学生的原则，确保学生在校期间有看护、有巡视、有管理。我校实行24小时封闭管理，强化门卫和值班教师的管理力度，不仅配足配齐六名专职保安，还配备了专职门卫，不仅有值班领导管理，还有班主任、值班教师看护。放学时段，我校分双门、分时段，最大限度地实现人员分流，减少聚集，确保放学秩序，保障学生安全，得到了师生及学生家长们的一致好评。

（二）开展学校周边交通整治专题讨论会

广泛征求学生家长意见，通过"小孩说话也管用"征集评选，在校门两侧胡同口画了步行道，这条步行道被评选为东城区最美胡同彩虹线。学生上下学在彩虹线内有序行走，接送学生的家长们只须接送到胡同口即可，学校门口交通秩序大为改善。

（三）搭建校社多部门联手

学校安全教育工作是一项社会性的系统工程，需要社会、学校、家庭的密切配合。我校一校两址，地处市中心，周边环境复杂。为保证师生安全，我校积极与所在街道、派出所等部门通力合作，做好学校安全保卫工作。比如，针

对学生上学和放学时间交通拥挤、车辆多的现状，主动联手交通队、社区在校门口设立交通警示牌、安排值班教师、保安和志愿者在校门口协助警察值勤检查，使学生进出学校安全畅通。我校还联手相关部门组织开展一系列道德法治教育活动，取得了良好的效果。

二、以人为中心展现热度，以热度构筑后勤保障目标

（一）强化培训，保障广大师生的校园生活安全健康

家校共育才能更好地做实做细学生安全教育，杜绝意外事故的发生，保障学生生命安全。每学期的家长开放日，我校都要向家长们宣传科学教子知识，建立家校联系手册，与家长共同探讨教育孩子的最佳方法、寻求培养孩子的有效途径。假期到来，我校充满人文关怀的《给家长的一封信》，提示家长假期关注学生安全和守法情况。正是有了这些举措，使学校和家长的联系更加密切。

（二）利用现代化教育媒体进行直观形象的安全教育

我校通过广播、黑板报、宣传栏、校报、主题班队会、演讲、参观、消防紧急疏散演练、心理健康咨询等途径，对学生进行安全用电、用火、用气的教育；利用每个教室都装有电视机和多媒体设备的优势，开展交通安全讲座的现场直播，观看安全教育录像片活动，提高学生的安全意识。

三、以物为中心呈现厚度，以厚度构造后勤保障基础

（一）重视智慧校园建设，打造学校技术建设

根据"人防、技防、物防"并举的原则，我校坚持以防为主，防治结合，共安装探头100多个，实现监控无死角，东西校区监控联网，监控图像资料贮存可达30天；聘请两名专职值机人员，对监控实行24小时监控，发现问题及时解决。在学校传达室安装紧急报警装置，整个校园形成了一个完整的安全智慧系统，保障学校的财产安全。

（二）积极改善校园环境，消除安全隐患

我校以美化、绿化、亮化建设，拓宽学生活动空间，利用楼道、教室为每个学生设置了放置衣物、书包的储物架，极大缓解了班内学生活动空间的紧张，扩大了学生活动范围。还专门为学生修建了阅览室和室外阅读空间，环境美好，幽静舒适。

为教师服务，为学生服务，为家长服务，为"双减"服务。办人民满意的教育，我们一直在努力。

以"双减"促双升，助推学校高质量可持续发展

北京市东城区东交民巷小学　◎付春辉

实施"双减"政策两年多来，东交民巷小学全体教师一直在用自己的实际行动，回答如何提升教育教学质量与学生的生命质量这一命题。以实践创新的姿态迎接"双减"带来的挑战和机遇。

聚焦问题，才能破题。"双减"政策刚刚颁布之初，我校一直在思考为什么"减"？"减"什么？怎么"减"更有效？"加"什么？如何有效地"加"？

一、守真求变，寻"加减"之道，管理聚力

"教师就没有8小时工作制吗？""不让留作业怎么提高质量？""双减"政策实施之初，面对这样的声音，学校管理迅速跟上，将"支部建在连上"，抓住年级组、学科组的关键环节。通过培训学习，让教师深刻理解"双减"工作的内涵，不是简单地减轻学生课业负担，而是要做好课堂教学质量的"加法"、课后服务的"加法"、作业质量的"加法"。由"减"向"加"，推动学校教育教学的高质量发展，让教师从不理解到理解再到认同。

同时，在管理中求变，要求所有行政干部直插教育教学一线，减掉中间环节，了解到教师存在的困难和压力后，我校及时制定出台了《教师弹性工作制度》，课后服务的骨干教师参与率100%、教师参与率100%。"双百"的背后，是我校在追寻"加减"之道的过程中实现的守真求变。

二、守拙求实，兴"真研"之法，科研赋能

不学巧伪，下笨功夫，练真功夫，守拙求实。我校将教师们在"双减"工作中发现的新情况、新问题、新矛盾，进行集中研究，探索解决问题的方法。目前，我校共有12个市级立项课题、2个北京市教育科学规划课题和10个北京市教育学会课题，参与教师56人，约占全校教师人数的一半。

在学科组的教研活动中，我校探索围绕课标、教材、课堂、作业、评价的教研，以大单元教学为任务驱动的教研，以同课异构进行教学展示的教研，以与名师联动的工作室教研，突出一个"真"字，真严、真研、真言，让教研真实发生。

在各类教科研培训中，我校始终坚持：

由以教师为中心转变为以学生为中心，再进阶为以学习为中心；

由让学生跟着教师学转变为跟着书本学，再进阶为跟着任务学；

由学生被动学转变为学生自主学，再进阶为学生一起探究学；

由单纯的教转变为教与学一致，再进阶为教一学一评一致。

两年来，我校通过教科研赋能，守拙求实，兴"真研"之法，促成教师教育观念的更新和转变。

三、守精求善，定"提升"之术，课堂提质

致广大而尽精微，我校持续打造教学目标少而精、教学设计简而明、有效互动多而广、作业设计准而清的"以生为本少讲多学"的高效课堂模式。

在此期间，我校语文、数学、英语、美术、科学、体育、音乐、道德与法治8个学科的教师共同研发了30种可视、可操作、可复制、可借鉴、可改造的"教学工具"。为学生营造有利的课堂学习场，培养学生的思维发展，促进学生的倾听思考，互动交流，提升学生主动学习的效果。现已出版发行《少讲多学，让课堂动起来》一书。

守精求善，从学生立场出发，在教学内容上做"加法"，教学设计中做"减法"。

四、守正求新，用"减负"之器，作业增效

"双减"工作中，我校将"作业设计"作为重要的研究课题，形成面线点立体柱状结构。建立了"作业管理机制"，校长、教学干部、年级组长、班主任、学科教师全员参与，每日公示，定期检查。

在作业管理中，我校要求教师布置少而精的预习类、课堂类、课后类常规作业，甄选学生自主参与的分层作业，布置实践性作业，让知识的学习从学而考走向学而用。对于作业管理中出现的问题，做好分析，抓住关键，及时调整，纠正偏差。

以上是我校在"双减"工作实施过程中的举措。我校取得了阶段性成效，

主要体现在以下三个方面。

一是突破思的局限，聚以生为中心之势，赋能学生幸福长成。

突破思想藩篱，牢树初心使命，激发教师活力，做好高质量教科研；尊重学生学习和发展的权利，保护学生的学习兴趣和自信心；尊重学生个体差异，乐于为学生创造发展的条件和机会。进一步修订《教学工作指导手册》，完善教学工作制度，改进《作业布置、批改细则》，制订课后服务方案。建构起以生为本、促进学生全面发展的"双减"治理新理念，使管理理念从模糊走向清晰。

二是突破联的浅层，聚以人为主体之势，赋能家长幸福陪伴。

以人为主体，在共同育人目标导引下。学校、家庭共同围绕学生作业管理问题，初步形成了以学校管理为主、家校协同为辅的家校联动统筹管理机制，为家庭亲子陪伴提供了更大空间和更多可能，逐渐形成了多元治理模式，使管理主体从单一走向多元。

三是突破课的桎梏，聚以学为导向之势，赋能教师幸福给予。

以学为导向，在"以学生为本"的教育理念指导下，明确了要将课堂的时间和空间还给学生，提升课堂效率，让学生从学会走向会学。教师们总结出了课堂的"厚与薄"——将课堂备"厚"，将教材备"薄"；将学生备"厚"，将环节备"薄"；将基于学生已知和生活经验的真实问题备"厚"，将强调记忆和再现性的低阶问题备"薄"，实现了课堂中的"少与多"。教师为学生提供探索、交流的时间和空间，满足不同学生的发展需要，真正地站在学生的角度进行考虑；教师真正成为课堂教学的组织者、引导者、合作者。

在"双减"政策实施以来的两年多时间里，我校不断探索实践，以小切口撬出大变化，通过不断提高教师的育人能力，让学生用最少的力气做最好的动作，实现学生、教师、学校的高质量发展。

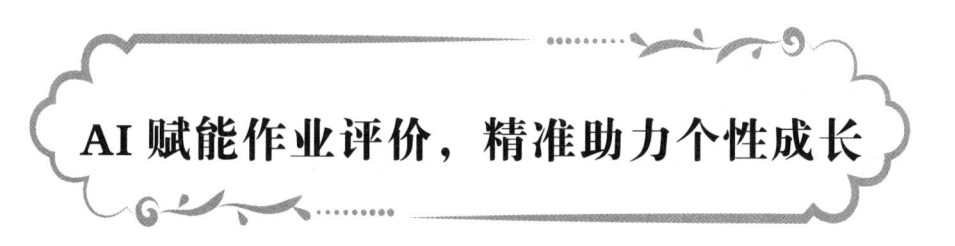

AI 赋能作业评价，精准助力个性成长

北京市东城区培新小学　◎杨倩

随着人工智能时代的到来，人们的生产、生活和学习正在发生着改变。我国相继发布了《新一代人工智能发展规划》《"十四五"国家信息化规划》等战略指引。时代发展对教育提出新的要求，教师不仅需要承担组织学习活动、传授知识的基本任务，还需要担任学生问题的诊断者、学生的评估者等重要角色，责任重大。如何权衡和扮演多个角色，这是一项巨大的挑战，也是需要教师不断思考、不断实践的课题。教学工作中，教师可以借助人工智能，重塑教育形态，提升教育效能，胜任多重角色。

一、"双减"背景下，教师面临的作业评价问题

"双减"政策实施以来，我们坚持把"减轻学生作业负担"作为落实立德树人根本任务的举措之一。作为数学教师，作业是我们发现问题、评价学生的重要手段之一。因此，我们需要科学合理地利用作业。作业评价，即教师设计作业、批改作业并给予反馈的循环过程（图1）。

图 1　作业评价循环过程

传统的作业评价存在一些问题：其一，作业内容单一，缺乏个性化设计。教师根据教材或教辅资料布置相应的作业，通常没有针对每个学生的情况设置分层作业或个性化作业。其二，作业批改费时，缺乏有效化批改。教师花费大量的时间和精力逐份进行批阅，缺乏系统有效的统计，不适合长期留存及对学生进行持

续性评价。其三，作业凭经验反馈，缺乏精准化反馈。传统的作业单纯依靠教师的记忆与经验得到粗略的整体作业反馈，通常不能得到精确的个体反馈。同时，教师没有更多精力对每个学生提供精准的针对性巩固练习，答疑效率低下。

二、智能时代，AI 助力教师解决作业评价问题

"双减"工作中，为了切实提高作业设计质量、减轻教师批改负担、促进学生成长，我校针对传统的作业评价中存在的这三个问题，积极探索作业评价改革新路径。随着 AI 技术的发展，我们有了一定的解决思路。首先，针对作业内容单一，我们可以借助 AI 进行精准的学情采集，基于学情进行设计，提高作业设计质量；其次，我们可以借助机器批改，解决批改费时费力的问题；最后，我们可以借助数据进行精准反馈与个性化管理。总之，我们打算以"作业"为抓手，借助 AI 因材施教，推动个性化学习常态发生。

我校广泛调研市面上的 AI 智能产品，进行多方对比后选择试用云思智学高质量作业系统。它借助 OCR 识别技术利用高速扫描仪器对作业批量识别，利用 AI 算法智能批阅并得到精准数据，使用留痕打印机对作业进行批量留痕。它能批改并获得日常作业的学情数据分析，辅助教师作业反馈和设计，不仅帮助教师进行共性错题讲评和个性错题辅导、易错点提炼，还能助力制订错题巩固计划。学生巩固错题后，它又重复这个分析过程，最后通过长链条的作业设计与学情数据分析，生成专题复习计划和专题巩固练习，助力提升作业评价质量，最终利用数据赋能学生成长。总的说来，云思智学高质量作业系统具有以下优势。

1. AI 批改作业高效化

云思智学高质量作业系统所提供的扫描仪能对整个年级题卡进行秒级扫描，一般情况下它能在 2 小时内完成整个年级 12 个班级题卡的精准批改，并在大约 10 分钟内完成批改纸质。它会得到错误原因，标注位置，比如在相应的错题位置标注答案错误、单位错误，这使每位教师每天能节省 2 个小时投入其他教育教学工作中。

2. AI 反馈作业精准化

云思智学高质量作业系统能得到完整系统的学情汇总，包括年级、班级的整体学情报告，即总共的作业次数、知识点数量、整体掌握情况等。

（1）AI对比分析班级和年级整体学情。如图2所示，从班级成绩条形统计图、年级成绩折线统计图可以看到班级多次作业的整体正确率分布，正确率均值大约是90%，同时结合年级成绩折线统计图，发现班级正确率与年级整体正确率相比基本持平，"分数意义"作业班级正确率高于年级，而"分数与除法"作业班级正确率低于年级。基于这些数据，可以对班级多次作业整体情况进行精准反馈。

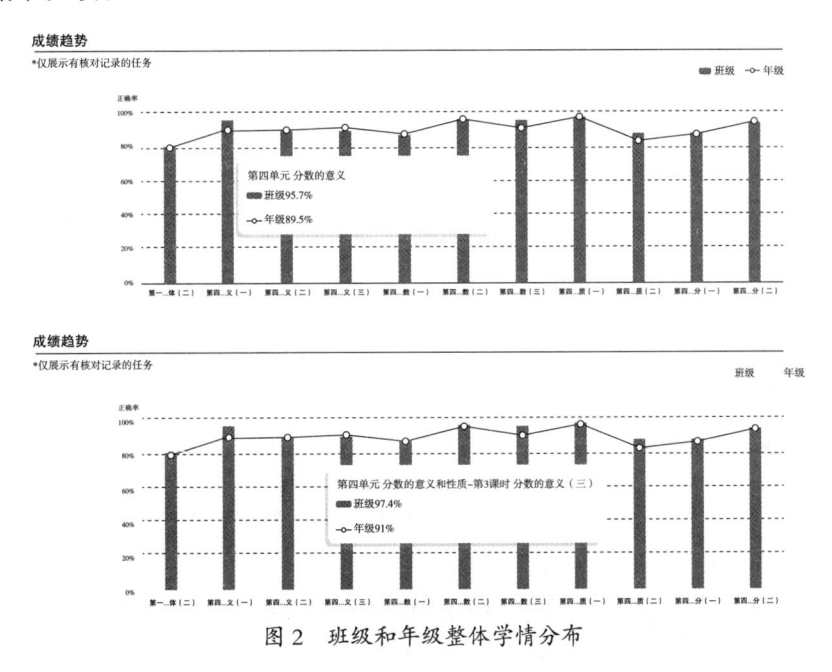

图2　班级和年级整体学情分布

（2）AI准确定位薄弱知识点。如图3所示，AI收集多次作业数据后，可定位比较薄弱的知识点。针对这些数据，可精准定位作业讲评重点，课前适时调整教学策略，让学生对薄弱部分进行了有针对性的巩固与练习。

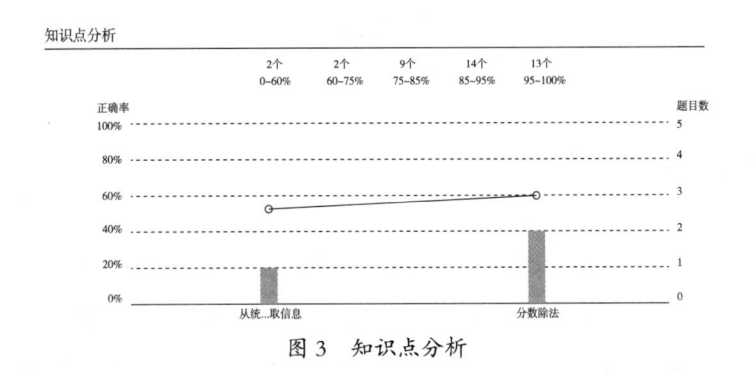

图3　知识点分析

（3）AI基于数据明确分析学生核心素养。新课标颁布后，教师的教与学都应以核心素养为导向。如图4所示，AI基于数据分析，得到学生的几何直观和数据意识有待加强，于是，我对课堂教学和学生作业进行适时调整，注重培养学生的核心素养。

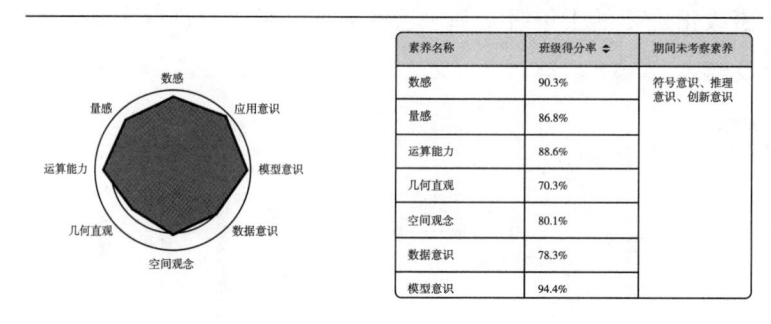

素养名称	班级得分率	期间未考察素养
数感	90.3%	符号意识、推理意识、创新意识
量感	86.8%	
运算能力	88.6%	
几何直观	70.3%	
空间观念	80.1%	
数据意识	78.3%	
模型意识	94.4%	

图4 核心素养分析

（4）AI便于得到学生等级分布。如图5所示，结果显示大部分学生正确率高于85%，有两人正确率为75%~85%。因此在教学中，可注重特需生的辅导，同时落实拔尖提优。

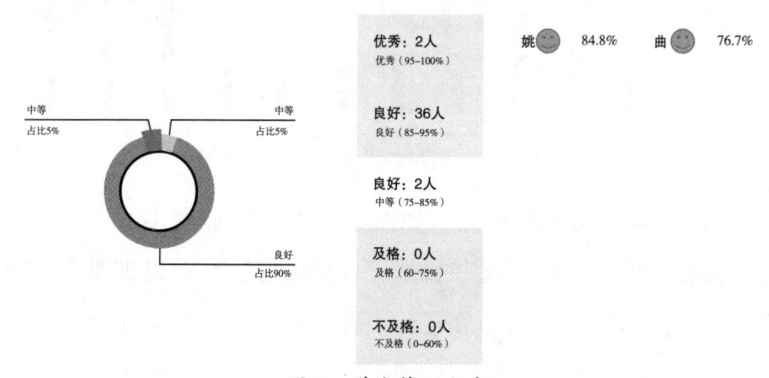

图5 学生等级分布

以上是多次作业汇总反馈，聚焦单次作业，AI也能对学情进行全面汇总，包括班级整体正确率、各题正确率情况、薄弱知识点定位情况、学生等级分布等。

例如，AI对"分数与除法"单次作业知识点进行精细定位，我们看到比较薄弱的知识点为体积、容积单位换算。基于此，我分析其中原因：在学习分数单元时，学生还未学习长正方体单元，其正确率也一定程度上反映了超过50%的学生提前了解长正方体单元部分知识。同时，关于分数读写正确率较低，我通过 AI 提取学生作答情况，发现部分学生在分数读写时写了数字而非汉字，这就提取出教学中需要重点强调的易错点。

有了这些精准的学情后，教师可以基于数据对错题类型进行分类整理，分析错因，并针对个性问题和共性问题采用科学的讲评策略。同时教师还可以基于工具展开高效讲评，通过错误率高低对错题排序，优先讲解班级整体掌握薄弱部分，并实时出示错题学生名单和学生的做题过程，使得讲评更加高效、有针对性。另外，作业讲评过程中还能实时提供相似题，让学生在探究过程中举一反三。

3.AI 设计作业个性化

云思智行高质量作业系统能提供作业题库，教师可以将学生感兴趣的素材或时事热点融入作业设计中，并利用 AI 对设计好的作业质量进行多方面的分析，包括时长、目标、结构合理性、难度程度，最终得到比较优质的班级个性化作业。

AI 还能将班级所有错题按知识点进行分类、汇总，形成系统的班级错题本和班级相似题。同时它也能生成学生个性错题本和个性相似题，制定学生个性化作业。学生告别题海战术，利用平台推送的个性化作业，真正实现了个性化学习。

三、总结与展望

实践中，我校依托 AI 大数据分析，借助信息技术与作业评价的深度融合，努力推进基于作业评价的改革。我们相信并确定，借助次次作业累积，数据反哺教学，AI 定将助力学生个性成长。

在作业评价探究过程中，结合新课标的理念，我们也有了对于智能时代作业评价的两点思考。新课标中明确要求数学要有跨学科、项目化的综合性作业，因此我们还需要借助 AI 设计综合化长链条的应用型作业，培养学生的核心素养。同时，为了促进学生全面发展，作业反馈也需要更加多元化，比如评价维度多元化、评价形式多元化等。

以"双减"撬动更好的教育生态

中国人民大学附属中学第二分校　◎李秋娟　周建香

自《关于进一步减轻义务教育阶段学生作业负担和校外培训负担的意见》颁布以来，我校力求将自身的办学理念、办学思想与"双减"政策高度契合，充分发挥学校教书育人主体功能，促进学生全面发展。

"双减"政策有效强调了学生群体在教学过程中的地位和价值。同时，义务教育新课程以培育"有理想、有本领、有担当"的时代新人为培养目标，建立从培养目标到课程标准再到教学目标的层级化的"树人"目标体系。在此背景下，我校始终秉承"爱与尊重"的办学理念，树立"潜能教育"的办学思想，凝练"打好生命底色，实施潜能教育，奠基终身发展"的课程目标，着力培养具有家国情怀、国际眼光、创新精神、实践能力、强健体魄、审美修养的时代新人。

我校成立学校"双减"工作领导小组，多次组织召开教师会议，分析解读相关政策文件，凝聚全体思想共识，制订落实方案，确保全员参与，保障落实。

一、"双减"落地重在学校

"双减"政策要想落实落地，关键还在于守好学校教育教学主阵地。要"守住课堂"，聚焦高效课堂，提高教学质量；要"把住作业"，优化作业设计，健全管理机制；要落实好"课后服务"，拓展服务渠道，打造延时亮点。

（一）聚焦高效课堂，提高教学质量

高效课堂应该是"教师用心教，学生用心悟"的课堂。教师要基于课标要求和学生真实起点精准设定学习目标；基于目标落实设计有效的课堂学习活动；基于已知到未知的过渡搭建思维平台，提供学习策略；组织监控学习活动，依据规则开展课堂评价。学生是课堂学习的主体，要深度学习，要使用探究、质

疑、研讨、合作、自主学习等多元学习方式。

在课堂教学管理方面，我校进一步加强课堂教学改革力度，上好"常态课"。努力深化推行学校"高效课堂"的教学模式，确保学生主体地位。同时，积极组织交流活动，建立由校领导和学校教研组长组成的"课堂教学实践研究领导小组"，开展推门听课、骨干教师示范研讨课、同伴互助小组、青年教师教学过关课等系列教研活动，逐步形成高效课堂教学模式，以此提高全体教师的课堂驾驭能力。

（二）优化作业设计，健全管理机制

从政策角度分析，"双减"政策主张有效减轻义务教育阶段学生群体过重的作业负担和校外培训负担。我校通过对相关政策的内容进行合理践行，更好地实现了对于学生课后作业内容的合理调整，从而缩减学生的课后作业量，给学生课后留下更多的自主探索机会，为学生群体学科知识探索工作的合理开展提供了可能。

1. 减"总量"，做好时间规划。合理进行时间规划，既是提升作业质量的基础，又是平衡作业量与质的关键。基于此，我校建立并明确作业公示制度：每日作业，要让教师知道、学生知道、家长知道、学校知道；作业要公示在每日作业量登记表上，由班主任进行统筹，各任课教师可以相互协调，控制总量；学生将当日作业抄写在作业记录本上，让家长可了解、学校可检查；教导处每月常规检查学生的作业记录本、班级作业量登记表，抽查学生的作业情况。

2. 提"质量"，把控作业设计。扎实的理论知识，为科学合理的作业设计保驾护航。我校充分采取"自主学习+集中教研"形式，组织全校教师进行作业设计的理论学习，并开展各学科的作业设计比赛，以赛促培。各教研组利用每周的集体备课时间，研讨并提出有序、高效的作业设计方案。在设计思路上，坚持分层、分类两种路径。

分层作业体现因材施教，利于针对性训练，分为基础性作业、拓展性作业、综合性作业。基础性作业，要求题量适中、面向全体学生，旨在巩固基础知识、训练基本能力；拓展性作业，重在拓展相关知识、拓宽学习视野、开发多元思维，可供学有余力的同学完成；综合性作业，基于跨学科学习的理念而设计，融合各学科知识，整合各学科作业，指向学生发展核心素养的需要，倡导学生以小组为单位完成。

分类作业体现了全面发展，利于沉浸式体验，鼓励布置分类、弹性和个性化作业。形式上有单元类作业、合作类作业、体验式作业、主题类作业、跨学科作业、探究类作业、专题类作业等；内容上包括体育锻炼作业、家务劳动作业、社会实践作业、动手实验作业、"全学科阅读"作业等。通过各类分层作业形式，既注重知识与技能的训练，又优化学生学习的过程与方法，既重视学生学科素养的提高，又提高学生的动手实践能力，切实做到减量提质。

3.增"效能"，强化学情追踪。作业的本质是学生自我提升的学习活动，蕴含着丰富的育人内涵和反馈价值。检查作业是追踪学情、落实评价的重要手段。强化教师职责，要求教师切实履行好作业指导职责，指导学生在校内完成大部分书面作业，并及时做好反馈、加强面批讲解、做好答疑辅导。加强作业完成指导，推广多元评价。在及时反馈学生作业的基础上，全面、准确地评价作业。既重视"错题"，又关注作业中"正确"或"精彩"回答；既基于学生某一次作业进行评价，又关注学生一段时间内多次的作业情况；既要根据学生作业进行判断，还要结合课堂内外师生交流的情况来把握。作业的评价主体多元化，将学生互评和老师评价相结合。评价标准多层次，让不同水平的学生身心都得到发展。评价内容全方位，既要明确学生在知识体系上的漏洞，又要分析学生思维方法上的不足，还要把握学生学习的态度。评价形式多样化，可以采用口头评价、书面评价、谈话、面批面改等多种形式。

（三）拓展服务渠道，打造延时亮点

为满足学生多样化学习需求，有效实施各种课后育人活动，学校面向学生开展课后延时服务，由学生自愿选择参加。

1.学校根据调查问卷进行合理安排，组织学生开展自主作业、自主学习、自主阅读、自主合作探究活动，安排在岗教师提供个别作业答疑辅导，尤其是对个别学习有困难的学生提供辅导（不占用正常的教学时间，不作为正常教学和学科课程的延伸，不进行集体教学或"补课"）。

2.根据学校已有的教育资源和学生需求，开发本校教师资源，开展丰富多彩的科普、文体、艺术、劳动、阅读等社团活动。采取学生自主报名形式，师生双向选择，打破原有年级、班级限制，每周四全校流动走班上课，为学有余力的学生拓展学习空间，促进学生全面发展，助力"双减"政策落地见效。

3.学校与校外机构洽谈合作，聘请更加专业的教师开展传统体育类、科技类、艺术类、陶艺类、棋类等课程，补充课后服务种类。每周五学生们都能走进自己喜欢的或擅长的课堂，丰富课余生活。

二、"双减"落心重在家校社联动

（一）健全家校社协同育人机制，引导家长树立科学的教育观念

落实"双减"，久久为功。"双减"从关联度来看，事关中学生的每一天。一头连着家长，一头连着学校，还有一头连着学生。只有家校社协同联动，减负提质才会成为可能。

（二）协同调动家庭、社会资源提供支持

我校各年级充分利用丰富的校外资源，积极构建学校、家庭、社会协同育人新格局。如聘请家长为"家长课堂讲师"，为同学们带来精彩的演讲及课程。带领同学们走进中国科学院大气物理所未来园区，参加公众科学日活动。与故宫研学的相关部门开展合作，将故宫课程带到课堂，在传统文化中探秘古建，把综合实践融入全面育人的教育体系中。

学校是落实"双减"政策的"最后一公里"。下一步，我校全体教职工将继续凝聚思想共识，从体制机制入手优化作业设计、赋能高效课堂、提升课后服务水平、深化评价改革、提升教师的专业水平，合力推进"双减"工作，形成强监管高压态势，克服功利化、短视化教育行为，构建教育良好生态，落实立德树人根本任务，促进学生全面发展和健康成长。

"双减"背景下基于学生均衡发展的教育实践

中国人民大学附属中学第二分校 ◎李佳

习近平总书记指出:"教育是提高人民综合素质、促进人的全面发展的重要途径,是民族振兴、社会进步的重要基石,是对中华民族伟大复兴具有决定性意义的事业。"

"双减"政策的实施,不但有效减轻了义务教育阶段学生作业负担、校外培训负担和家长经济负担,还为学生"夺回"了用于全面发展的时间和精力,更为家校合作开展德智体美劳"五育并举"的教育实践活动争取了时间和空间。基于这样的背景,在"双减"工作中,笔者与学生及家长一起,对"双减"后如何做"加法",进行了一系列讨论和尝试。

"双减"后做加法,无疑是为了最大限度地实现学生个人的均衡发展。作为"双减"的受益者,"如何安排课余时间,才不至于虚度光阴",成了学生应该深入思考的问题。对问题的思考过程,本身就是对核心素养中的"自主发展""管理自己的学习和生活"的探索和尝试。

面对社会上潜滋暗长的"鸡娃"模式、教育"内卷",家长虽然充分认可"双减"的意义,但同时又担忧孩子能否得到良好的发展。培训班停了,作业减少了,空出来的时间究竟如何安排,一时间成了家长最关心也最迫切的问题。

学生和家长都希望班主任能够给予相应的指导。此时,班主任教师应让学生找到自己的兴趣爱好,挖掘自身潜能,提升综合能力,找到自己的闪光点,将剩余的精力投入更广阔的生活中,以实现均衡发展。为此,我们进行了三方合作的尝试。

首先,开展了以"双减后的加法"为主题的班会。班主任教师与学生一起进行自主设计和规划,将课余时间由短变长,将课余活动由学业、体育、劳动发展为亲子交流、社会实践等。在校内,充分利用课后服务的优质资源,或发挥文艺、体育方面的长处，参与学校相关社团；或体验不同学科特色的选修课程，尝试探索课本以外的领域。在家里，将空出来的时间用于日常锻炼，可三五成群互相督促，也可各自为战用打卡的形式互相提醒，既锻炼了身体，也为体育中考打好基础。除了完成作业，还可以制订计划，自主进行预习和复习。周末及寒暑假则主要用于家庭活动和社会实践。

此后，班主任教师通过积极的沟通，缓解甚至打消家长的担忧，形成育人合力。班主任教师利用班级微家书的形式与家长交流"双减"的意义，并分享班会讨论的结果，同时邀请家长与学生一起进行体育锻炼、监督落实自主学习情况。另外，将空出来的时间在劳动教育上做加法，让孩子参与到日常家务劳动中，在学习劳动技能的同时体会父母操持家务的辛苦。一系列的举措，得到了家长充分的认可和支持。

在后续的实践过程中，班主任教师时常就如何保持计划的合理性和实践效果，与家长进行交流。学生的自主探索，激发了家长对家庭教育的思考——家长将民主生活会的形式引入家庭，定期召开家庭民主生活会，在学业、心理等方面与孩子进行平等真诚的沟通，很好地解决了家长爱"唠叨"但孩子"不爱听"的问题。

在寒暑假里，许多学生主动参与了为留守儿童讲故事、捐赠图书等公益活动；宣传垃圾分类等社区志愿服务活动；参观艺术馆、博物馆等文化实践活动。更有家长陪同孩子走出北京，走向祖国各地，实地游览，感受鲁迅笔下的百草园、范仲淹文中的岳阳楼……这些活动增强了学生的社会责任感、文化自信，也增进了亲子关系，学生和家长都对"双减"的意义有了真切的理解。

"双减"政策实施之初，班主任教师深入讨论，大胆尝试；学生主动规划，积极落实；家长大胆放手，充分支持。可以说参与教育的三方各司其职，合作互助，充分利用了"双减"的红利，实施"五育""并举"不再单纯关注学业成绩，而是更多地关注学生的健康心态、优秀品格和人文素养、动手能力、创新精神，将德育、智育、体育、美育、劳动教育贯彻到了学生日常的学习和生活之中，收到了良好的效果。

以听写撬动小学低段语文学习习惯养成

中国人民大学附属中学第二分校 ◎张启迪

《义务教育语文课程标准（2022年版）》（以下简称新课标）将"认识和书写常用汉字"作为义务教育阶段语文学习总目标之一，同时新课标将"语言文字积累与梳理"排在语文学习六大任务群之首，明确其定位为"基础型任务群"，为其他学习任务群的学习提供了基础和保障，贯穿义务教育学习始终。

听写是识字写字教学中一个重要教学环节。听写可以提高语文听力，训练学生规范书写汉字的能力，促进学生语言文字积累，同时还可以激发学生识字写字兴趣，帮助学生，尤其是小学低段学生积累汉字、运用汉字。

在笔者任教的二年级（1）班，最初的听写是让学生们一个个愁容满面地哀号出"啊？又要听写啊？"的"洪水猛兽"！但现在，当笔者在课堂上拿出听写本时，获得的却是学生们阵阵的欢呼："啊！又要听写啦！"如此明显的转变，反映的不仅仅是学生心态的变化，更反映了学生语文学习习惯的养成和家校共育的成果。

一、听写成为教学常规环节

新学期开始，笔者便告知学生和家长：本学期每学完一篇新课就听写一课。

1. 听写前高效教学

每篇新课的生字词学习，从生字认读、书写，到查字典组词、积累运用，从学习新字到勾连旧知，循序渐进，步步衔接，力求帮助学生在课堂上更高效地吸收汉字知识。

2. 听写时培养常规习惯

听写时学生按照格式书写日期、课题、词语序号。一个词语念3遍，每次听写约12个词语。

3. 听写后及时评改

考虑到二年级学生的认知特点，批改过程中，笔者会标注学生错误字数，并将错字用红笔在其听写本上工整地写好字头，学生仔细观察后订正3遍。另外，笔者还会统计当次听写错误率最高的3个字，在课堂上再次讲解复习。

二、听写促进学习习惯养成

笔者教授的二年级学生是"双减"元年入学的。"双减"政策对教师的教育教学理念、学生家长的观念冲击不可谓不大。"双减"减掉的是繁重的书面作业，但不能减掉家庭教育。家校合力，才能帮助学生养成良好的学习习惯。

每次听写后，家长可以通过学生的听写本了解到孩子的听写情况，根据老师发布的易错字词，在家进行有针对性的辅导。这个过程是课堂的延伸，在一定程度上帮助学生和家长建立了回家后要拿出书本复习巩固的意识和习惯。

有了"听写"这个抓手，家长在教师的引导下，逐步了解辅导的要点；有了"听写"这个抓手，学生也希望通过复习巩固，提高听写正确率；有了"听写"这个抓手，教师也可从侧面了解学生在家学习的情况，从旁进行辅助和引导。

在学生、家长和教师的三方共同配合下，学习从课堂延伸到课后，从学校延伸到家庭，学校和家庭学习氛围浓厚。

三、正向引导建立自信

关于听写，从学生"哀号"到欢呼的转变，关键还在于教师的正向引导。"不论听写全对还是有错，每一个同学都是有进步的，因为每一次听写都是新学的字词！"在正向的引导下，听写对于学生们来说，不是望而生畏的"考试"，而是见证自己进步的"练习"。相信自己能通过努力获得进步的信念，在每个学生的心里生根发芽。

四、特别的鼓励推动家校共育

每次听写后，笔者对作业全对的学生和有进步的学生及时予以表彰。一开始，奖品是常见的学习用品，不太能"刺激"学生。如何更有效地调动学生的积极性呢？笔者找到了特殊的鼓励方式——"卖"菜！学生们凭借自己听写的

进步获得贴纸，再用贴纸兑换蔬菜带回家中。

听写进步，不仅仅是自己努力的结果，更是家人陪伴辅导的成果。"我用努力给家人添道菜"兑换活动，让学生们真切地感受到：努力带来的是进步，进步看得见、闻得到，更吃得着！

家长们见到孩子用努力兑换了蔬菜回家，还亲自动手洗菜、切菜、做菜。在感动的同时，辅导孩子的劲头更足了！一切都是为了"我用努力给家人添道菜"啊！

听写，语文教学过程中一个传统又普通的教学环节，"双减"背景下听写在笔者的语文教学中发挥着特殊的作用。它既是助力语文识字与写字教学任务的有效手段，又是帮助学生养成良好学习常规的有用方式，更是促进家校协作的有力抓手。

落实"双减"的四大行动

人大附中航天城学校 ◎周建华

2021年7月,中共中央办公厅、国务院办公厅印发了《关于进一步减轻义务教育阶段学生作业负担和校外培训负担的意见》。落实"双减",关键是校外培训治理和校内减负提质。校内提质,要立足于让教育回归学校,让学校回归育人,让学生真正回归成长。校外问题,校内多想办法解决;课外问题,课内多想办法解决。

落实"双减",贵在行动。人大附中航天城学校在"双减"工作中采取了"愿景塑造、课程建设、课堂提质、教师发展"四大行动,减负提质取得了理想效果。

一、愿景塑造行动

学校发展愿景具有促进优质学校建设、提升校长领导力、激发教职员工的内驱力等功能。一个好的愿景,能促进学校发展的最大化和学校管理的最优化。

我校通过建立学校发展愿景,促进优质学校建设,提升校长领导力,激发教职员工的内驱力。

(一)愿景确立,发现组织成员的心声,激发他们对未来的期望

引导学校成员运用"SWOT分析法"对学校的优势、劣势、机会、威胁进行分析。注重"自上而下"与"自下而上"相结合,倾听学生、教师、职员、家长、社区代表的心声,汇聚智慧,达成共识,就办学长期及近期目标、办学思想、办学策略、育人目标、校训、教师队伍建设目标、学校精神文化等方面确立学校愿景。

(二)愿景传播,通过传播和扩散,使得人人知晓并深入人心

学校持续不断地鼓励师生员工发展自己的个人愿景,使得个人愿景与学校

愿景相协调，从而为实现学校愿景贡献力量。

（三）愿景深植，强调"将渴望的未来转变为自觉的行动"

这需要发挥愿景的导向功能，还需要校长和学校班子注重愿景激励，树立角色榜样。

（四）愿景审视，引导师生员工开展理性反思

引发共鸣，促成对话，迭代优化以形成新的愿景共识，及时调整未来的规划和行动，促进学校高质量发展。

二、课程建设行动

课程是学校育人的载体。我校注重在落实国家课程方案的基础上，建设高质量课程体系。

（一）构建"育人目标—学校课程目标—学科课程目标"的目标域

学校课程目标服务育人目标，重在培育学生核心素养，促进高质量育人体系建构。学科课程目标重在培育学生学科核心素养。

（二）明确课程建设的"四方责任"

四方责任中，学校责任是落实国家课程方案，建构多元化、可生长的学校课程结构；教研组责任是建构体现学科本质的学科课程体系；教师责任是打造课程建设案例（课程模块）和打磨精品课例；学生责任是选择适合自己的课程，并对选择负责，让选择凸显价值。

（三）建构"三三三"学校课程结构

三足鼎立，包括育人目标、学生需求、学科逻辑；三个层级，即起航、领航、自航；三个维度，即每个层级均包含文化基础、自主发展及社会参与。

（四）每个学科建立小初高一体化的"三航"学科课程体系

起航课程，面向全体学生，重在夯实学生的共同基础，主要包括国家必修课程及国家课程的校本化拓展。

领航课程，面向分层分类学生，重在挖掘学生的潜能，主要包括丰富的各类选修课程。

自航课程，面向学生个体，重在发展学生的个性特长，主要包括荣誉课程和校级学生社团课程。荣誉课程，重在拓宽学生的学术视野；社团课程，重在促进学生发展特长。

启航课程在必修时段实施，注重课内提质；领航课程及自航课程，在课后服务实施，注重课后服务提质。

（五）建构航天特色课程体系

为建设航天特色的科技高中，在航天专家和课程专家的指导下，我校建构了航天特色课程体系，并计划建设火箭、空间站、卫星、深空探测、月球车等主题实验室及通用实验室，支撑航天特色校建设。

（六）建构"课堂学习评价—作业评价—课程评价—学生综合评价"的评价体系

建构完善的课程评价体系，确保学校教育教学质量的提升。其中课程评价注重对课程目标、课程内容、课程实施、课程效果进行评价。

（七）优化课程管理

我校提供组织保障、经费保障和制度保障，对课程目标、课程编制、课程实施、课程资源、课程评价等进行全方位课程管理。2021年6月，我校课程方案获得海淀区基础课程建设优秀成果一等奖；2021年12月，我校课程方案获得海淀区首届中学课程方案评选一等奖；2023年3月，我校课程方案再次获得海淀区课程方案优秀案例评选一等奖。

三、课堂提质行动

在课堂上要影响一个民族的未来，必须深化课堂教学改革。

（一）确立"课比天大""顶天立地"的教学理念

引导教师教学理念"顶天"，教学基本功"立地"。

（二）构建与实施高质量课堂教学体系

突出一条主线，抓住三个问题，优化五个环节。其中，一条主线是指在知识的教学中形成核心素养；三个问题是指为什么提出核心素养、核心素养形成的学理及提升核心素养的实践策略；五个环节是指课标解读、教学设计、课堂教学、课后作业、教学检测等。其中课标解读既包括对课程性质、课程理念、课程目标、课程内容、学业标准、课程实施这六章内容与结构关系的解读，又包括对素养导向的学校目标、结构化的学习内容、跨学科综合实践、素养导向的学业标准的整体解读。

（三）明确形成学科核心素养的学理

学科知识、学科活动、学科教师及学科考评分别是核心素养形成的主要载体、主要路径、主要条件及主要保障。

（四）建立教学框架并落实新常规

明确单元主题教学设计框架及要求，作为教学新常规。教师遵循学生学习的基本规律，根据课程实施的水平目标，确立若干个教学主题并以主题为线索，开发和重组相关的教学内容，进行连续课时单元教学。

（五）凝练课堂教学中形成学科核心素养的策略

以单元主题教学为抓手，以优秀课例为引领，以专业听课评课为杠杆，以联合教研及校本为平台，落实素养导向的学习目标、结构化的学习内容、深度化的学习活动和持续性的学习评价。这些策略，在校本研训中孕育，在课堂教学实践中运用，在教学反思中迭代，在不断迭代中优化。

近年来，我校教师在北京市教学比赛中获一等奖11人次，二等奖9人次；海淀区教学比赛中，获特等奖4人次，一等奖110人次，二等奖58人次。

四、教师发展行动

育人先育师，强校先强师。

（一）注重教师队伍建设的顶层设计

选师注重热爱教育、聪明、人品好等特质，分别指向教师的教育情怀、教育智慧和教育人格。育师的主要路径是党建强师、专业发展规划强师、师德强师、课程强师、课堂强师、教科研强师、制度文化强师等。

（二）推进教师梯队建设"三航"工程

明确每个梯队培养项目、培养内容、培养周期，以及负责实施的部门。

（三）引领每位教师制订切实可行的专业发展规划，有效促进教师发展

（四）优化校本研训路径

既注重备课组的校本研训，又注重两周一次利用腾讯会议与我校帮扶的高碑店市及区域内有关中小学进行联合校研，分享教研成果，还注重暑期集中培训（重在课程建设）和寒假科研年会（重在课堂教学改革）的高质量实施。

（五）科研强师

科研兴校，校兴科研。建校以来，我校教师共承担45项科研课题，其中国家级课题2项、省市级课题14项、区级课题28项。

（六）促进校本支持制度与文化自觉

倡导奉献精神、科学精神、创新精神、团队精神，设立"能上能下（能教不同学段的课程）"平台，配套"多劳多得，优劳优得"的薪酬制度，弘扬"在一起，飞更远"的文化自觉。学校教师队伍整体水平大幅提升，近三年，区级学科带头人、骨干教师呈现"倍增"趋势。

"双减"背景下初中地理实践活动设计初探

人大附中航天城学校　◎郑文欣

实践活动是学生基本学习经验的重要来源与载体，地理实践力更是地理学科核心素养之一。学生置身于活生生的现实的(乃至虚拟的)学习环境之中，习得现实社会及未来世界所需要的种种知识、能力、态度，更具综合性和全面性。

"双减"提升教育质量、突出课程育人的政策导向，与地理实践活动的育人目标相契合。设计优良的学科实践活动，可以大大丰富创新型作业和课后服务类课程，满足学生的多样化需求。因此，适应"双减"导向及校本特色的初中地理实践活动的设计与实施势在必行。

一、实践活动分类

依据义教阶段地理课程目标中对地理实践力素养的要求，以及对"地理实践活动"内涵的阐释，初中阶段地理实践活动可以分为以下七类进行设计与展开。

模型制作类	制作地球仪、制作传统民居模型、制作某区域的地形模型等
模拟实验类	海陆热力性质差异的模拟实验、水土流失模拟实验
观察观测类	日影的变化、拍摄生活中有地理特色的照片或视频
作品绘制类	制作海报、绘制思维导图、绘制校园地图等
社会调查类	西北旺乡情村史馆实地考察、家庭人口调查、路口交通情况调查、去超市买蔬菜瓜果并留意产地等
展示汇报类	制作课件并进行课堂分享、气候类型介绍、小老师讲错题等
竞赛游戏类	地理填字游戏、环境地图活动、航空航天类竞赛等

二、实践活动设计路径

义务教育阶段,地理课程是一门实践性很强的课程,它含有丰富的实践内容,包括图表绘制、学具制作、实验、演示、野外观察、社会调查和乡土地理考察等。在课标的具体要求中,有很多实践活动的建议,但是限于整体课时、课堂组织形式和学业水平检测等的压力,这些实践活动在国家课程的校本化实施中很难面向全体学生充分展开。这就需要教师认真研读课标,对比不同版本教材中的实践活动并进行整理,保留适合学情、校情、方便开展的案例。除此之外,教师也可以利用身边的资源进行整合与创新,主要有以下三类路径。

第一类为来自周边社区的资源。北京拥有丰富的各级各类场馆资源,有待开发。例如西北旺乡情村史馆,是位于学校附近的社区资源,此馆展示内容不仅可以作为乡土地理的一个很好的补充,而且在知识点上跟地理七上的聚落一节内容联系密切,学生在实地考察的同时可以完成相关任务,不仅拓宽了视野,加深了对于家乡的认知与情感,而且还运用课内所学解决了实际问题。

第二类为社会媒体资源的启示。像前几年大火的纪录片《舌尖上的中国》中有很多关于饮食和地理环境关系的介绍,同时人类衣食住行与自然环境条件的相互联系与影响也是人地协调观很重要的一个方面,组内老师受此启发后设计了家乡特色饮食与环境关系探究的实践活动《故乡的味道》,不仅培养了学生的综合能力,也是符合当下中考与生活实际相联系的导向。

第三类为经典游戏中蕴含的灵感。在疫情防控居家学习期间,学生交作业的积极性大打折扣。我们通过组内创新作业形式,精心设计线上地理知识填字游戏,大大激发了学生的学习兴趣,无形中也促进了他们对于地理学习工具的使用。复课之后在线下又举行了两次,学生的参与热情依旧很高。教师在做活动反思的时候又想到,活动后面其实可以增加一轮,让学生自己去设计题目,对于其知识储量和思维能力的要求及训练更进一阶。

除了以上路径之外,日常在集体教研时听到看到的优秀做法,也可以学习转化后进行实践。

三、实践活动实施形式

我校构建了"三航"课程体系,包括起航课程、领航课程和自航课程。地理学科实践活动可以以课堂实践活动、选修/社团课、创新性作业三种形式很

好地融入"三航课程"。

起航课程，包括国家课程及其校本化拓展，面向全体学生，重在夯实学生的共同基础。地理实践活动在此类课程中可以丰富授课形式，创新课后作业，更好地培养学生的地理实践力等学科核心素养。适合在此类课程中实施的实践活动类型有模拟实验类、模型制作类、展示汇报类，例如学生课上进行的水土流失实验、分组汇报，课下进行的制作地球仪、制作民居模型等作业。

领航课程，包括国家、学校的各类选修课，面向分层学生，重在发掘学生的潜能。学科实践活动在此类课程中可以以不同的学习项目出现，实现跨学科综合。适合在此类课程中实施的实践活动类型有观察观测类、作品绘制类，例如校园植物物候观测、全球变暖探究、环游世界旅游路线设计等。

自航课程，包括竞赛课程及学生社团等，面向个体学生，重在发展学生的个性。学生在老师的指导下，准备各类竞赛或社团活动，学科实践活动不同形式的成果可以作为参赛内容。适合在此类课程中实施的实践活动类型有社会调查类、竞赛游戏类，例如环境地图大赛、AI地球创造比赛等。

丰富多彩的选修课和学生社团活动能够有效地保障和提升课后服务的质量，也有力地促进了学生在学校学会、学足、学好的"双减"目标要求。

四、实践活动实施载体

学生实践活动手册是实施地理实践活动的主要载体。我校地理组在结合课标、依据学情、根据学生问卷结果的基础上，优化案例编制了《初中地理实践活动手册》。该手册主要由活动简介、与课标的联系、活动目标、引言、活动准备及注意事项、活动流程介绍、活动评价、活动记录单/任务单，以及重要概念及补充资料等部分构成。手册内容翔实，任务单具有挑战性、递进性，能够很好地激发学生的活动兴趣，培养学生的高阶思维。学生在手册的指导下，很多活动都能够自行开展，不仅为学生提供活动开展的参考载体，也为今后地理教师进行实践活动设计提供了简单高效的模板，有利于实践活动的顺利进行。

综上，"双减"背景下，为提升教育质量、突出课程育人的政策导向，教师应积极转变教学模式，探索多种方法，用"实践"丰富"经验"，以"经验"促进"理解"，补充学生课内所学，满足不同层级学生发展需要，提升学生的地理学科核心素养，落实立德树人总目标。

指向科学探究的情境浸润式教学策略

人大附中航天城学校　◎任红

"双减"政策出台以来，人大附中航天城学校化学教研组聚焦减负提质，开展了指向科学探究的初三化学教学策略研究，力求通过有效的课堂教学策略提高学生"提出问题""猜想与假设"和"分析与论证"三方面的能力。

课题研究中，我校选取2019级初三年级学生为研究样本，从知识板块和水平板块两方面展开学情分析。通过与他校横向对比和历次考试校内纵向对比发现：

1. 学生在不同知识板块的表现均衡，但部分学生在化合价判断和化学式书写中存在障碍，多为机械记忆，缺乏基于理解的书写。

2. 能力水平板块中方法应用（水平4）表现明显优于知识应用（水平3）和复杂推理（水平5）。生产实际分析和科学探究的得分率不稳定，和其他题目相比得分率较低。这主要是因为学生缺乏相似和陌生复杂情境下的问题解决的思考角度，导致水平3和水平5较低。

基于以上分析，在课题研究过程中，我们实施了以下策略。

一、情境背景下进行教学内容重整

选择符合学生认知和贴近学生生活的情境，基于情境背景对初三化学学习内容进行重整，强化学科思维的建立与完善。

以"为宇航员提供呼吸所需的气体"情境为例，基于我校学生家长从事的工作多与载人航天事业相关，我们首先尝试选取载人航天领域相关情境，将"吸入空气与呼出气体对比""空气组成及空气中氧气含量的测定""宏观物质氧气的性质与制备""水的电解""微观分子与原子"等内容进行重组（图1），分别设计片段化科学探究活动、单元整体科学探究活动和专题复习课科学探究活动的教学策略，引导学生达成不同学习阶段的学习目标。

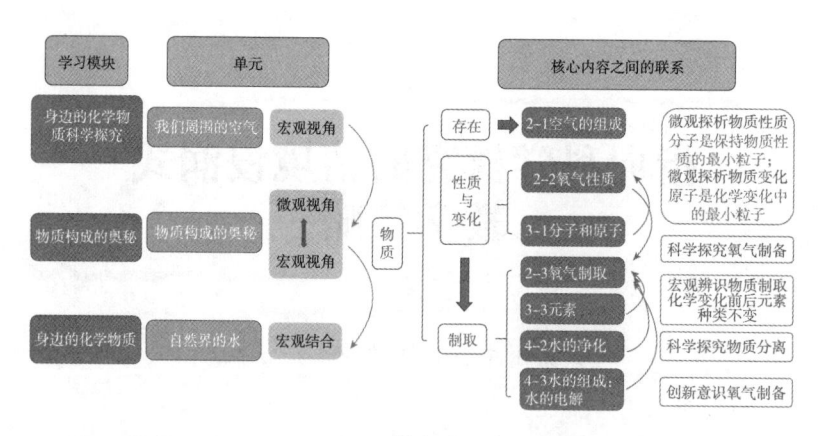

图 1

二、课堂实施情境浸润式的探究学习

课堂教学过程中,在完成"为宇航员提供呼吸所需的气体"驱动性任务的过程中,体会并形成化学学科的基本观念,体会这些观念对科技发展的重要作用。在探究过程中,逐步构建应用学科知识解决真实问题的思路方法。

例如在"分子与原子"学习过程中,学生依次完成"寻找支持呼吸的气体""储存支持呼吸的气体"和"制备支持呼吸的气体"三个探究子任务(图2)。

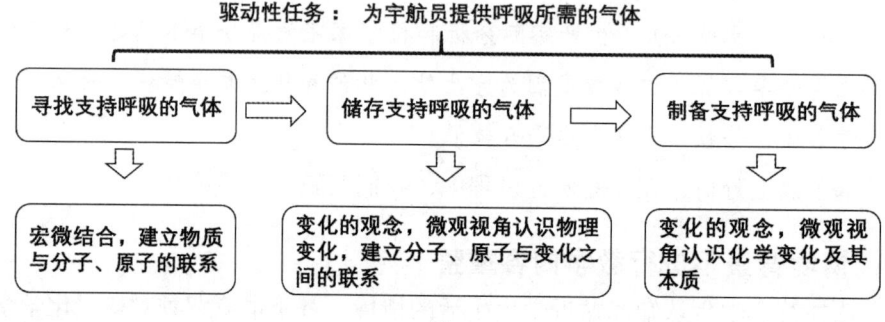

图 2

在"为宇航员寻找支持呼吸的气体"环节,依据微观图示寻找可以支持呼吸的气体,建立宏观物质和微观粒子之间的联系,通过思考要选择的究竟是氧分子还是氧原子、氧分子,理解"分子是保持物质化学性质的最小粒子"(图3)。

为宇航员挑选可以供给呼吸的气体

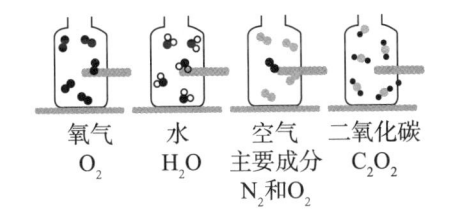

氧气　水　空气　二氧化碳
O_2　H_2O　主要成分　CO_2
　　　　　　N_2和O_2

图3

在"储存支持呼吸的气体"的环节，思考"液氧是否可以供给呼吸"，借由微观图示形成认识物理变化的微观视角。应用分子、原子与宏观物质和变化之间的关联，在"制备支持呼吸的气体"的环节中，借助图示和模型拆解，构建认识化学变化的微观模型，建立从分子和原子看化学变化本质的微观视角（图4）。

对比前测，经过上述学习过程后，学生对微观粒子的认识准确率由55%提高至83%。

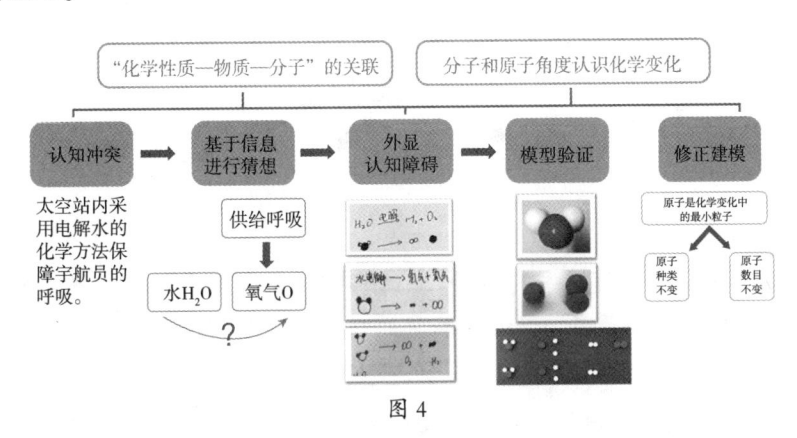

图4

三、课后实施情境化作业

课后结合学习内容，布置"情境化"作业，引导学生从课堂任务解决式的探究学习转向课后更深入的自主探究学习，真正实现"双减"减负增质的目标。

在单元作业设计中，我们依托航天情境，渗透学科知识。多角度切入，提升应用学科知识解决生产生活实际问题的学科能力，同时激发学生的社会责任感和更高层次的价值追求。以图5所示情境式作业为例，其测查目标是：

1.考查学生能否准确区分物质的变化：从微观分子是否发生改变的角度判断物质是否发生变化，从而区分物理变化和化学变化。

2.是否形成正确的微粒观：从微观分子性质角度解释物理变化。

3.能否从元素守恒的角度认识化学变化：形成"化学变化过程中元素不变"的观念，根据反应前后元素种类不变的思想选择合适的反应制备气体。

4.对四大基本反应类型的掌握程度：关注反应物、反应条件和生成物情况，并根据情境正确书写简单的化学方程式。

（4分）航天生命保障系统的首要任务是为宇航员提供足够的氧气，并且处理宇航员和其他生物产生的废气。

（1）早期航天任务中，由于航天器在轨时间较短，一般采用贮存式生命保障系统，即将航天员所需的氧气预先储存在液氧瓶中，与飞行器一起发射。氧气压缩为液氧的过程属于_____（填"化学变化"或"物理变化"）。

以下图示中，能表示氧气压缩为液氧后的微观示意图是：

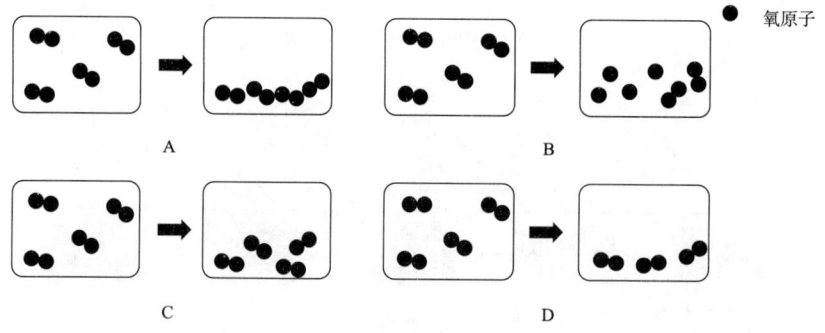

图5

（2）为满足长时间在轨飞行需求，现阶段的再生式生命保证系统多采用电解水的方法来产生氧气，供给宇航员的呼吸。能使用电解水的方式制备氧气是因为：_____；

A、水中含有氧元素   B、水中含有氧分子   C、氧气不易溶于水

（3）神舟六号太空舱利用 NiFe2O4 为催化剂，通过分解反应，将航天员呼出的F氧化碳转化为氧气，请写出该过程对应的化学方程式：

结合课后作业和阶段测试的学情分析发现，经历指向科学探究的化学学习活动后，学生在基础实验和科学探究题型中的能力显著提升，学生生产实际分析题型得分率由 71.16% 提升至 94.52%，科学探究题型得分率由 65.71% 提升至 76.50%。

相比仅指向知识教授的初三化学教学，指向科学探究的初三化学教学能够在化学启蒙学习阶段，为学生提供更多时间体会化学学科的价值，体验化学学科学习方法。情境浸润式的作业设计，在完成知识检测的同时，可以增强学生对化学与生活联系的切身体会，帮助学生高效吸收、消化、转化课堂所学知识，有助于强化学生的责任意识和创新精神。

建构以精准支持为核心的学校心理健康服务体系

北京市海淀区中关村第一小学　西二旗分校　◎梁小红

心理健康教育是"双减"工作的重要组成部分,是学生快乐学习、健康成长、幸福生活的基础。

"双减"工作中,我校深入贯彻落实教育部《中小学心理健康教育指导纲要》《关于加强中小学心理健康教育的若干意见》等有关文件精神,按照"建立学校心理健康教育推进机制,注重学校心理教师队伍建设,完善学生心理健康服务体系"的要求,全面梳理心理健康服务实践成果,初步确立了以精准支持为核心的心理健康服务体系,助力"双减"提质增效,为学生健康成长保驾护航。

一、立足需求,从心理健康教育到心理健康服务体系

长期以来,我校以《中小学心理健康教育指导纲要》为行动指南,践行以积极心理健康教育为主、以心理辅导与家长教育为辅的心理健康教育模式。随着时代的发展,国家陆续发布相关政策,推动学校心理健康教育向纵深发展。2016年,国家卫生计生委、中宣部、中央综治办、民政部等22个部门共同印发了《关于加强心理健康服务的指导意见》;2022年,国家卫健委公布的《"十四五"卫生健康标准化工作规划》也强调要"完善学生心理健康服务体系"。为了从结构上改善学生生态,保障学生身心健康发展,国家先后出台"双减"政策、《中华人民共和国家庭教育促进法》,全面支持儿童发展。

为落实政策要求,满足实践需要,我校对已有案例进行分析,认识到预防与干预作为心理健康的一体两翼不可分割,于是开始了从心理健康教育向心理健康服务体系的转变。

二、全面建设防治结合的心理健康服务体系

我校在"做最好的我"的核心价值引领下,基于儿童立场,强化积极心理健康教育,建设促进积极品质发展的校园文化,围绕小学阶段儿童"自我发展"理念。我校倡导积极发展,接纳多元与差异,通过精准评估实现"提质增效促发展,适性扬才做最好"。

具体做法是:围绕"我与自己、我与他人、我与集体、我与社会、我与自然"等主题,打造内外融合的课程和活动体系;通过教师讲座、培训等方式,将心育融入教育、教学、管理各个层面,形成了课内外,辅导与自助、学校与家庭、社会与医疗紧密结合的服务网络(图1)。针对需要重点关注的学生和家庭,我校整合市区校和社会机构等服务平台,开展线上线下联动,心灵驿站和资源教室全天开放,面向师生和家长提供校长热线、校长信箱,同时向全体教师和家长提供北京市心理健康教育课程和服务热线,实现资源整合。针对现实问题,我校聘请专家开展线上线下讲座与专业督导,满足不同群体多元、多层次的心育需求。

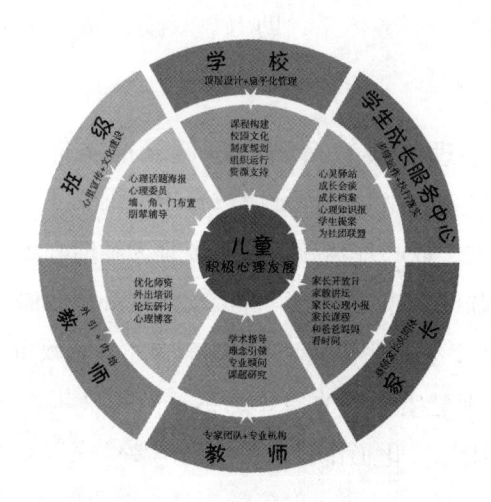

图 1

三、组织保障,促进心理健康服务专业化

为了确保心理健康工作精准有效,我校在组织制度、队伍建设、场地设备及管理规范方面狠抓落实,形成了以校长为组长,学生成长服务中心为主体,德育副校长、主任和专职心理教师为沟通核心,班主任为执行核心,各级领导和资源为支持核心的心理健康服务团队,每年都有相关经费投入。我

校注重制度建设，将心理健康教育纳入学校发展规划。在心理教师队伍建设方面，我校现有专职心理教师四人，其中三人为心理学研究生，能够在心理健康预防、辅导、整合资源方面发挥专业作用。在心理健康教育硬件设施方面，我校建成设备实用、功能齐全的心理辅导室两间，由专人管理，咨询制度和流程完备。

四、精准评估、分类指导，实现提质增效

1. 针对全体学生建设样态丰富的心理课程体系

我校明确心理健康教育在课程实施中的地位，将其纳入学校"6-2-6"课程模型体系中，针对不同年段学生特点，开设相应课程（表1）。我校心理课程样态丰富，深受学生喜爱，以课时保障了学生积极心理品质的形成。

表1 心理课程安排

领域课程	必修课课程（国家、地方、校本课程）				可选择课程（拓展性课程）			
	课程名称	周课时	年级	教材	课程名称	周课时	年级	教材
道德与公益领域	融合心理班会	1	1、2	自编	心理委员培训与社团活动	1	3、4	自编
心理健康领域	心理航程	隔周1	5、6	自编	心理选修	学期1	4、5、6	自编
	品社与心理	隔周1	5、6	北师大	男女生性别差异	学期1	5、6	自编

2. 针对有特别需要的学生，提供评估、干预与资源服务

我校已建立常态化的三级预防体系。一级预防以班级为单位，班主任是一级预防员，每学期初与学生进行一对一深入谈心、线上线下家访，建立学生心理健康台账。需要支持的学生进入二级预防体系，学校心理工作团队介入，评估后有针对性地开展辅导、家庭、班级指导或转介。三级预防是对学校无法处理的个别心理障碍学生进行社会资源的转介或请专家入校督导。目前，我校已初步形成注意力多动障碍、孤独症谱系和边缘儿童、智力障碍、亲子关系不适、校园适应不良、焦虑儿童、学业困难等方面的支持模型，在精准支持、分类指导上取得了一定成效。

3. 加强对班主任和家长的心理服务工作

针对班主任和家长需求，我们为各学段和各类特需学生提供区域资源、教育咨询、校本资源、专家培训、交流研讨和个案沟通。针对老师、家长等搭建线上线下平台，进行心理科普，开展线上线下相结合的系列家长工作坊、家长团体。

五、反思与展望

总体来看，在开展学校心理健康实践与研究中，我校形成了完备的心理健康教育和服务系统，学生的情绪、行为感受、人际社会支持情况都处于较好水平，家长满意度高，社会影响力好，这表明我校心理健康教育取得了一定成效。接下来，我校将继续深化以精准评估为基础、分类指导为抓手的心理健康工作，助力"双减"落地见效。

落实"双减" 打造高质量"美好教育"

北京市陈经纶中学分校望京实验学校　◎刘美玲

教育是国之大计,党之大计。2021年7月24日,中共中央办公厅、国务院办公厅《关于进一步减轻义务教育阶段学生作业负担和校外培训负担的意见》一经发布,一场"双减"之战迅速在全国展开,其决心之大、行动之迅猛,前所未有。

从全局来看,"双减"主要聚焦三个领域:一是落实立德树人根本任务,着眼建设高质量教育体系,整体提升教育教学质量;二是遵循教育规律,减轻学生过重学业负担,着眼学生身心健康成长;三是深化校外培训机构治理,严禁资本化运作,保护群众利益,减轻家长负担,构建良好教育生态。具体到学校教育,则呼唤教育回归原点、回归本质、回归学生智慧的生长与精神的成长。

一、顶层设计,规划引领,加速起步

习近平总书记强调,要围绕建设高质量教育体系,以教育评价改革为牵引,统筹推进育人方式、办学模式、管理体制、保障机制改革。建设高质量教育体系,当务之急是深化改革,而"双减"就是改革的重要举措。

我校在落实"双减"过程中,首先让全体教师明确一个目标,提高三个认识。

明确一个目标,指的是日常教育教学工作要始终保持与政策同向,与家长期盼同行,与学生成长同频,坚持五育并举,突出德育实效,提升智育水平,强化体育锻炼,增强美育熏陶,加强劳动教育。也就是说,学校要承担应有的社会责任,回应社会对于教育服务功能的关注和需求。

提高三个认识:一是认清"为什么",深入了解国家政策出台的目的和意义,保证理解不质疑,执行不犹豫;二是知道"怎样做",在落实策略上要找寻最佳路径,保证形式多元、方法科学;三是明白"落脚点",实现减负提质

增效，要不断监测、评价和调整过程实施，保证减负保质、减负提质的实际效果。由此，教师群体迅速凝聚共识。

在执行过程中，我校先是健全制度，确立了"双减"工作责任制，明确校长为"双减"工作第一负责人，层层签订责任书，把"减负"工作具体落实到有关部门和教师。接下来，对"双减"工作进行定期检查，并将检查结果纳入教师量化管理考核之中，实行"一票否决"制，对严重违规的教师追究相关责任。同时，通过家长会、学生座谈会等，定期听取家长、学生对"课业负担"工作的意见和建议，结合学校实际调整完善。

在全校师生的共同努力下，我校办学质量不断提升，近年来先后荣获"首都文明单位""首都文明校园""北京市科技教育示范校""北京市基础教育科研先进学校""北京市课程先进单位""北京市融合创新'百所'项目优秀基地学校"等称号。为扎实落实"双减"精神，进一步发挥学校育人主阵地作用，我校紧紧围绕朝阳区"双减"七大举措，顶层设计、系统思考，研究形成了学校"双减"工作六大模块、十五要素、二十四项举措，实现了"两全"，即横向全关注、纵向全覆盖。

"双减"规划的出台，既明确了工作方向，也清晰了我校"双减"工作的目标和任务，为"双减"落地注入了动力，切实提升了"双减"工作的实效，提升了"双减"起步的速度和落地的力度。

二、科研引领，科技赋能，快速落地

要真正做到"双减"落地，不仅需要解决"为什么干"的问题，更需要解决"怎么干"的问题。"双减"对每一所学校、每一个教师来说都是一个新课题，我校坚持把问题转化成课题、通过课题研究解决问题的工作思路，快速形成了科研引领、科技赋能和问题驱动等策略。

（一）科研引领，课堂转型提质

1.是关注教学规律，带领教师们深入课堂教学实践，坚持开展教与学方式变革研究，依托学校美好教育理念和美好少年培养目标，构建了"三六九"美好课堂策略，实现了高效课堂，营造形成了"五育"并举的课堂育人文化，形成了良好的教风和学风。

2.是依托朝阳区"合作对话"式课堂研究课题，重塑课堂新样态。课题组每月一次课题教研活动。每次活动，一名教师做课题靶子，另一名教师做单元备课说课，同伴互助共同提高，课题专家手把手指导，逐步引领教师从关注学生知识的积累，转向关注学科核心素养的提升，更加关注学生思维品质的发展，从育分走向育人，从培养学生学会做题走向培养学生学会问题解决。

（二）科技赋能，作业优化创新

"双减"政策实施以来，如何做好作业设计与实施考验着学校的教育智慧。我校认为：减轻作业负担并不意味着单纯减少作业的量，而是升级作业的教育功能，提升作业在学校育人过程中的价值。为此，我校在充分对比传统作业优势与不足的前提下，在区内率先开展了科技赋能作业创新设计研究，探索形成了科技赋能作业创新设计模式，教师借助飞象个性化作业系统，实现作业个性化设计、布置和批阅；系统利用大数据记录学生学习轨迹，会生成学生的学情数据，为教师布置作业提供了真实依据。学生的作业来自自己历次作业中存在的问题，这样教师就能为每一个学生设计一套符合其自身能力的作业，学生完成作业后，手机拍照上传系统，系统就会自动进行辅助批阅，学生第一时间发现自己学习中存在的问题。这时，学生既可以选择观看视频自主解决问题，也可以通过请教他人解决问题。

实施这种作业方式创新后，一方面实现了学生作业提交后就能知对错、看解析、听讲解、理思路、找方法、得结果；另一方面教师也能借助系统平台作业诊断功能，及时看到任教班级整体和每名学生作业的正确率分布与知识点掌握情况及共性错题等，做到共性问题及时答疑辅导。总之，与传统作业相比，无论是题型、题的内容、题的数量和质量，还是做题的时间、作业的及时批改，都能够得到有效的保障，切实达到了控时长、减重复的作业改进目的。

（三）问题驱动，课后服务升级

"双减"政策实施推动了学生课后服务回归校园，但当前课后服务课程资源匮乏，课后服务师资不足，教师课后服务负担过重，这些都是学校不可回避的现实问题。为解决这些问题，我校在充分调研课后服务现状的基础上，发挥"互联网+教育"优势，借助"双师课堂"理念，创新性提出了"双师课堂"理念下的课后服务模式，目前已经申报成为北京市"双减"专项课题（朝阳区仅8项课题入围）。

所谓"双师课堂",是一种集合了线上线下教学优势出现的教育新模式。"双师"指的是一位名师通过视频会议的方式远程实时授课,另一名助教在课堂现场进行学习组织、指导、答疑、辅导等,共同完成教学工作的一种课堂样态。

通过这种课后服务模式的创新,一是解决了学校课后服务课程的不足,丰富了课后服务供给,满足了学生多样化与个性化需求。比如,我校依托飞象课程,共增加9门课程,覆盖一至六年级40个班的1400名学生。二是放大了学校"优专"教师产能。比如,"双减"政策不可避免地带来了学生的心理焦虑,学生的心理辅导尤为重要,但我校仅有一位心理教师,远远无法满足全校54个班学生的需求,"双师课堂"完美地解决了这个问题。

三、机制保障,关爱赋能,提升活力

"双减"政策出台后,我校积极推进义务教育课后服务"5+2"模式,"小学书面作业不出校门、初中疑难作业不带回家",课后服务"全员""全学科""全时段",满足学生在校学会、学好、学足需求。但是,课后服务也拉长了教师在校工作时长,教师需要承担比以前更大的工作量,这些都大大增加了教师的工作负担。为了让教师轻装上阵,我校启动了一系列制度机制保障和关爱赋能活动,不断提升教师参与"双减"工作的活力和动力。

一是机制保障。举全校之力,全面统筹落实了教师弹性工作制,满足了教师每周半天休息调整时间。实行了副班主任制,解决了班主任全天候管理难题。

二是制度保障。通过美好教师、骨干教师、职称评审等引入"双减"评价指标,激发教师"双减"工作积极性。

三是培训赋能。针对"双减"带来教师认识不够、理念不足、站位不高和能力匮乏等问题,学校有针对性地开展了系列培训活动。如半年来,学校共开展学科专业培训31次,召开了一年一度的教育科研年会,举办了北京市课程整体育人现场会等为教师落实"双减"赋能。

四是活动赋能。开展庆祝教师节、新年等节庆活动,以及健步走、趣味运动会、"青师班"等一系列喜闻乐见的教师关爱活动,丰富教师业余生活,激发教师工作活力。

通过以上"双减"举措的实施，我校以"双减"工作要求为"出发点"，以规划、科研和创新为"切入点"，以课堂、作业和课后服务为"立足点"，聚焦学生负担"关键点"，打通了制约负担减轻的"易堵点"，以培训和关爱为教师"动力点"，以学生实际获得为"落脚点"，逐步构建形成了课堂、作业和课后服务三位一体的"双减"工作格局，实现了学校一体化育人的"增长点"。

未来，我校将继续在现有研究和成果的基础上，以"为党育人，为国育才"为己任，全面落实立德树人根本任务，以"美好教育"文化理念为主线，进一步加强"双减"落地理论与实践探索，深入挖掘其教育本质和内涵，探索更为有效的实施路径和策略，让"双减"真正融入学校美好教育文化，成为学校教育质量提升的新引擎。

合作对话式课堂赋能"双减"落地

北京市陈经纶中学分校望京实验学校　◎管永新

2021年7月,"双减"政策重磅出台,减轻义务教育阶段学生作业和校外培训负担,学校教育主阵地作用进一步强化。面对"双减"要求,如何在减轻学生课业负担的情况下,提升课堂教学质量,是摆在学校面前的一个重要课题。为此,北京市陈经纶中学分校望京实验学校以"合作对话式课堂"理论与实践探索为抓手,通过重塑课堂生态,重构师生关系,进而转变学生的学习方式,提升课堂实效,提高学习效率,更好地满足学生的个性化学习需求。逐步形成了学校独特的课堂教学文化,推出学校落实"双减"的重要举措。

一、更新教育理念,重构课堂生态

教育理念是建立在教育规律基础上人们追求的教育理想,教育理念指导和决定教师的教育行为。传统课堂教学中,教师受知识为中心的教育理念影响,更加注重和强调单位时间内学生掌握定理、公式或结论的数量,追求学会更多的解题方法,或者提升学生做题的速度和熟练程度。受这种理念影响,课堂上教师知识讲解的内容特别多,讲解的速度也就特别快。教师讲得多了,自然就减少或剥夺了学生独立思考和自主探究的时间,教师为了"讲的效率",就会直接告诉学生结论,让学生识记解题思路,然后通过反复训练,让学生形成条件反射,把学生培养成"会做题的人"。显然,在这样的课堂上,学生的思维不可能得到发展和提升,学科核心素养更不可能得到发展。而合作对话式课堂所追求的不是积累简单知识和培养会做题的人,而是培养具备学科核心素养和解决问题能力的人,因此更加关注学生思维品质的提升,从育分走向育人,从培养学生学会做题走向培养学生问题解决能力。

二、打破师生壁垒,重构师生关系

传统教育理念下,教师是课堂教学的主角,是知识的拥有者和讲授者。课堂上，教师是权威的师者或滔滔不绝的演讲家。合作对话式课堂打破了传统的师生壁垒，重构了一种新型的师生关系。教师不再是高高在上的知识讲授者和滔滔不绝的演讲家，而是俯下身来从学生学习需要出发，有意识地与学生形成学习共同体，兼具主持人、导游、记者等多重身份。

课前，教师根据学科课程标准，分析学习内容，分析学情，确定"合作对话"目标，再依据"合作对话"目标，梳理提出"合作对话"的主题和次主题。

课上，师生围绕"合作对话"主题与次主题，展开平等、充分和民主的合作对话，教师由知识讲授者转变为学生学习的铺路者、服务生、评价者、助力者和欣赏者。在这种平等、民主的师生关系下，学生更加积极主动地参与师生、生生之间平等的互动和交流，有利于学生自由地表达观点，有利于学生积极主动质疑和充分深度内省，有利于学生主动建构形成知识体系和学科素养的发展与提升，最终实现学生的成长。

三、转变学习方式，重构课堂样态

合作对话式课堂中，学生不是知识的容器，也不是被动的知识接受者。师生围绕着对话主题或次主题，师生之间、生生之间、学生与课本、学生与问题、学生与学具等多元对话、深度对话，教师通过"合作对话"完成教学内容传授。学生则通过这些"合作对话"弄清问题，形成新的认知；掌握新的研究方法，形成新的技能；澄清一个观念，拓宽思维视野；经历一个过程，完成一项任务，或悟出一个道理等，主动去理解建构知识，发展形成学科的核心能力。

"合作对话"过程中，教师通过组织学生充分"实践""质疑"和"内省"去调适和促进"合作对话"的深度，提升对知识的认识、理解和建构。通过适时的"质疑""指导""评价"，从而推动"对话"的深入，提升"合作对话"的效果，促进"合作对话"目标和成果的达成。

通过近三年的合作对话式课堂的研究与实践，为学校新课程改革提供了理论依据和实践经验。为学校落实"双减"政策，提升教育教学质量，提高学生的学习效率，更好地满足学生的个性化学习需求，提供了路径和策略。未来，学校将在现有研究和实践成果的基础上，进一步加强合作对话式课堂理论与实践探索，深入挖掘其教育本质和内涵，探索更为有效的实施路径和策略，让合作对话式课堂成为学校快速发展的新引擎。

"双减"背景下学校作业创新与管理

北京市陈经纶中学分校望京实验学校　◎孟健

作业改革是学校教育高质量发展的关键因素之一，是落实"双减"政策的必然要求。为切实减轻学生过重的作业负担，满足学生个性化的作业需求，有效发挥作业育人功能，处理好作业"质"与"量"的平衡，我校开启了作业创新设计之旅，帮助学生从教师指导下的课堂教学向没有教师指导的自主学习过渡，发挥作业诊断、巩固、学情分析等功能，系统设计符合各年级学生年龄特点和学习规律、体现素质教育导向、涵盖德智体美劳全面育人的基础性、创新性作业，加强学科组和年级组的统筹，严格按照规定来控制作业总量，切实提高作业设计质量。

一、聚焦学生健康成长　创新作业管理

长期以来，学生抱怨最多的负担来源就是作业，家长意见最大的就是无法保证孩子充足的睡眠，严重影响孩子的身心健康。减轻学生过重的作业负担已经成为当前深化教育改革、建立良好的教育生态的重点和难点之一。为此，我校健全作业管理机制，完善管理流程，创新作业管理形式。

一是学校建立作业公示制度。由学校总体把关，统筹安排作业时间，平衡各学科之间的作业，各年级按照学校设计的表格和要求，统筹各班各学科作业，安排专人每天负责作业公示。

二是实行"作业限行"，班级统筹作业量，每天都有学科不留作业。

三是成立学生作业评价委员会，每班选出一名成绩中等的学生作为评委，负责记录当日完成作业所用时间、作业难度、作业是否分层，以及学生对作业的评价等，加强学生作业过程监督，扩宽学生作业反馈面，真正从全流程保证作业管理实现最佳效果，做到减量不减质。

二、聚焦学生核心素养 创新作业方式

新课标提出要注重课程的综合性与实践性，提倡实践性、跨学科类的作业。我校聚焦学生核心素养，在各教研组中开展了新课标理念下以发展学生核心素养为导向的作业改革研讨，打破窠臼，凝心聚力，大胆实践，延伸课堂时空将作业与课堂有效对接。引导学生从课堂学习延伸到生活运用，在实践中进行巩固、迁移、提升。

以语文组为例，从作业分层、跨学科、跨媒介、满足学生的个性化需要出发，设计多种作业形式：

预习型作业有明确的学习任务单，明确自学重点，有预习提纲和要求；

基础型作业有词语积累，阅读文本；

提高型作业根据教学内容和重点设计仿写练习，仿照修辞、句式写一段话，学写新诗，设计朗读脚本，让学生自选美文配乐朗读；

拓展型作业，如结合新闻单元的学习，布置采访和新闻播报作业，结合诗歌单元开展自创诗歌作品大赛，发在视频号上，通过问卷星进行投票评比使作业变作品，在学习古诗文中设计个性化作业，让学生根据自己的理解描画出文中的画面，更为直观地体现文中的意境。或是根据诗歌内容设计书签，配以符合诗歌内容的插画，提高学生深入阅读文本的能力。又如，社会实践活动作业"漫步北京中轴线，领略传统文化美"涉及历史、地理、人文等多个学科，在任务单的引导下，学生可自主选择学习成果呈现形式。这样的作业设计，学生参与积极性高，完成质量高，学习效果凸显，在完成作业的过程中提升了语文学科素养。

三、聚焦科技赋能 助力"双减"提质增效

我校开展了科技赋能作业创新的实践与研究，探索形成了科技赋能作业创新设计模式，教师借助专业的个性化作业系统，实现作业个性化设计、布置和批阅。借助政企合作，逐步将过去传统的纸质化试题资源上线转化成数字化作业题库资源，上传作业系统。系统则根据题目标签将题目按照教材章、节和知识点进行分类。我校发挥教师的校本教研作用，组织教师围绕学科课程标准和学科核心素养开展以下工作。

一是收集、改编和积累学科试题、试卷。

二是结合重点、难点和学生高频易错点等录制相关教学视频。

三是利用大数据分析为学生积累个性化错题集等，逐步形成具有本校学生共性适宜本校校情、师情和学情的作业试题库。教师可反复完善永久使用，一次投入长期受益，减轻教师因"双减"带来的工作负担，进而促进"双减"政策真正落地。

在"双减"和"新课标"出台的背景下，作业改革给教师们带来了深刻的思考和深入的实践。作业内容的设计更聚焦于把作业完成的过程转变成获得新知的过程，把作业完成的过程转变成自主学习的过程，把作业完成的过程转变成方法引领的过程，把作业完成的过程转变成思维提升的过程。减"负担"让作业"轻"起来，提"质量"让作业"优"起来，重"创新"让作业"活"起来。通过科学系统的作业设计，真正发展学生的核心素养，最终实现由"育分"向"育人"转变，让减负提质落地，不负"双减"工作的时代使命，创建美好教育生态。

"五个到位"："双减"之下的学校主动作为

北京明远教育书院实验小学　◎陈春红

"双减"政策，是党中央从为党育人、为国育才的战略高度，坚持以人民为中心的教育理念，克服功利化、短视化教育行为，为落实立德树人根本任务、发展素质教育、保障青少年学生健康成长作出的重大决策。实施"双减"政策，是对我国教育格局的重大调整，是教育观念的大变革，更是学校应有的使命担当。

2021年9月1日新学期开学，我校正式启动"双减"工作。自此，切实减轻学生过重的作业负担，有效降低学生考试压力，全面提高课堂教学质量，推进课后服务全面覆盖，成为学校工作的重中之重。

"双减"工作中，我校主动作为，从政治高度来正确认识和对待"双减"政策，全面贯彻党的教育方针，落实立德树人根本任务。我校立足自身实际，谋篇布局，因地制宜，以"五个到位"为抓手，强力推动"双减"工作落地生效，促进学生全面发展健康成长。

一、凝聚"双减"工作共识，思想认识到位

思想是行动的先导。认识到位，才能自觉行动。为做好"双减"工作，校长多次牵头召开学校干部会、教师会，引领全校干部教师深入学习"双减"政策精神，统一思想认识。经过学习，大家深刻地认识到，"双减"是党中央关切、群众关切、社会关注的重大民生问题，事关中小学生健康成长，事关人民群众切身利益，是教育适应和服务社会发展的落脚点。"双减"的目的，就是让教育回归本质，学校必须把立德树人作为根本任务，着眼于学生一生的发展。"双减"在减轻学生负担的同时，对学校教育质量提出了更高的要求，学校必须积极响应，把"双减"作为一项重要的政治任务抓紧抓好，依规落实。学校

要改进教育评价方式,给学生减压;要鼓励教师提高教学能力,积极创新教学方法,提升课堂教学质量;要优化作业设计,打通学科界限,将多学科知识融合,在尊重学生个性基础上分层布置作业,让学生在校内学足学好;要积极探索开展学校课后服务,缓解家长接送孩子的实际困难。总之,学校要以"双减"为契机,通过提质增效,提高办学水平,以系统思维落实"双减",统筹校内校外、课上课下、学校家庭,以满足学生多样化、高质量的教育需求,回应家长和社会的期待。

初心如磐,使命在肩。通过认真学习领会"双减"精神,为学校"双减"工作指明了方向,排除了疑难,确保了全体干部教师心往一处想、劲往一处使。

落实"双减",还需要家校合力。学校通过线上家长会进行调研,缓解家长对于"双减"的焦虑情绪,达成共识,形成合力。

二、提升"双减"工作执行力,队伍建设到位

"双减"政策的落实,对学校的队伍建设提出了更高更新的要求,干部教师队伍必须具有全新的教学观、学生观、人才观和教育质量观,才能做好"双减"工作。基于此认识,我校通过"三抓",强化队伍建设,提升干部教师对"双减"工作的执行力。

(一)抓干部——岗位履职,督导结合促落实

学校划定教学干部日常工作四条达标线:"日听一节课;一人管一组;帮扶一教师;展示一节课。"要求校长每学期听课不少于40节,教学主管、教学主任每学期听课不少于60节,兼课领导每学期听课不少于30节,定期检查干部听课本。达标线的划定,促使教学干部们深入课堂,指导教师备好课、上好课,重督更重导,有力推进"双减"落地见效。

(二)抓骨干——梯队建设,示范引领骨干先行

"双减"工作中,学校充分发挥区级及以上骨干教师的示范引领作用,做到"提质减负"骨干先行。与此同时,学校充分用好用足专家资源、学术资源,带领骨干教师团队进行"深度学习视角下的大单元整体教学设计"项目研究,依托马芯兰"翼课程"数学课程改革项目、小学英语情景化教学研究项目的探究实践,促进骨干教师专业能力的提升。除了加强区级及以上骨干教师队伍建设,学校也很重视校级骨干教师队伍的建设,鼓励教师们积极投入"双减"工

作的探究实践之中，形成教师梯队结构。

（三）抓教师——强基固本，全面提升教学水平

教师是"双减"工作的主要执行者、落实者，是保证"双减"工作落实到位的根本保障。学校立足校本教研，积极探索"纵横交替、大小衔接"教研管理模式，促进教师教学能力提升，确保"双减"不减教学质量。

纵向为"大教研"，是指打破校区壁垒，打通"学科"通道，以学科为单位，组建学科教研共同体，由学科骨干教师任学科大组教研组长，定期组织学科教师开展主题教学活动。主题教学活动突出学科专业性，聚焦重点、难点、学科素养生长点，深入挖掘学科本质，精心设计教学活动，促进专业发展、提升教学能力。与此同时，学校邀请教研员、学科专家走进校园进行专业指导，形成浓郁的教研氛围。横向为"小教研"，是指校内的学科教研活动，包括在课堂中落实具体的教学方法，对学困生实行个别辅导等。"大小教研"的衔接，极大地提升了教师的教学能力和学生的学习能力，为落实"减负"提供了有力的保障。

三、课堂教学提质增效，教学管理到位

课堂是落实双减的主阵地，落实"双减"的关键在于课堂教学的提质增效。北京明远教育书院实验小学以教学常规管理工作为突破口，让"双减"落地生根。具体做法是以下几方面。

（一）抓习惯——扎实培养，有效落实

学生是学习的主人，学习习惯的好坏，对学生的知识掌握及能力形成有着重要影响，而掌握知识、习得能力又是影响学生完成学业任务的重要因素。为此，我校每月安排不同年级的学习习惯督导活动，督导组成员走进校区、走进年级、走进班级，了解学生行为习惯养成的情况，发现问题及时调整，引导学生养成良好的学习习惯，提高学习质量。

（二）抓备课——"三明"助力，合理优化

我校要求教师"上好每一节课"，而上好每一节课的前提就是认真备课。备好课是教师的基本功，是上好课的前提，更是减负的重要保障。只有备好课，做到心中有标、心中有案、眼中有学生，才能让 40 分钟的课堂互动起来、有趣起来、高效起来，满足不同层次学生的需要，为减负保驾护航。

我校要求教师备课做到"三明",也就是"明背景(教材、学生、理论)、明目标、明教学过程";同时要做到两个"吃透",也就是吃透教材和吃透学生。一方面读懂教材,确定教学目标;另一方面尊重差异、尊重学情,优化教学过程。

对于重点课、难点课,我校提倡依托教研活动开展集体备课,并引导教师在集体备课的基础上,作出符合所教班级实际学情的复备,撰写教学反思。同时要求教师按照课程要求、教学计划和教学进度规范备课,备课量至少确保有两周"余粮",各校区教导处定期进行检查。

(三)抓课堂——聚焦常态,夯实基础

我校积极构建"乐课堂"文化,以尊重学生主体地位、促进学生积极参与、产生愉悦的情感体验为原则,提高学生课堂学习参与度,实现课堂教学效率最大化。激励学生在课堂中有所学、有所思、有所动、有所得,真正成为学习的主人。"乐课堂"重视突出学生主体、重视思维培养、能力提升,也重视教与学方式的转变,重视讲练结合、重视知识点能力点考点相结合。我校加强对常态课的监督与指导,通过常态听课、内部督导等形式检查教师落实"乐课堂"的情况,提高课堂效率。

扎实开展教学常规管理工作,有效提升了课堂教学质量,"双减"真正做到了"减负提质"。

四、提高学生学习效率,作业管理到位

优化作业设计是落实"双减"的重要支点。我校通过加强作业管理,确保减负提质增效。

(一)精心设计,教研助力

以教研组为单位,要求各科教师精心设计作业,根据课程标准和教材要求,精心选择具有代表性、典型性、综合性的内容。教研组开展作业设计专题教研活动,统筹作业管理,控制作业总量,降低作业难度,精选作业内容。充分考虑不同学生的差异,分层次、有针对性地布置统一必做作业与自主选做作业,不留重复性、惩罚性作业。教师在布置作业之前,都要亲自做一遍。

(二)课上课下,合理统筹

坚持育人导向,对作业设计、作业时间、作业批改、作业评价等提出了明

确要求。

丰富作业类型：鼓励教师开发并布置跨学科的综合类、探究类作业，学校通过校会、现场会等形式，进行推广交流。鼓励学科教师开发研究性学习作业，学科教师在争得家长同意的前提下，组织学生开展相关活动。例如，科学学科就组织学生开展了观察小鸡孵化过程的活动，组织学生每天观察、记录小鸡孵化、成长的情况，丰富学生生活，提升学科素养。

精讲多练：要求语数英教师在课堂上落实"30+10""35+5"的时间分配要求，每节课至少拿出5分钟练习时间，指导学生在课堂上完成部分作业，有效分散作业量，及时检查反馈知识掌握情况。

严格控制作业时间：对考查科目一般不布置课外作业，抓好课内练习，当堂巩固。对考试科目的作业，要求必须利用校内时间完成。严格按照相关要求，全面调控各科作业量，一、二年级不留家庭作业，其他年级每天书面作业完成时间平均不超过60分钟，确保各学科作业总量不超过规定作业时间。

固定作业记录点：将黑板左侧1/5的区域设定为作业区，各学科教师将作业内容写于该区域，相互观察协调，由班主任整体把握作业量，进行相应的协调工作。

统一批改要求：作业反馈要及时，不给家长布置作业或让学生家长代为评改作业，教师必须亲自批阅；教师批阅符号做到规范，错的打"\"，学生改对后接"√"，不打"×"；作业批改不能一页或一个大题一个大对钩，尽量逐小题批阅，对钩要体现出精致和严谨；每次作业要有质量和书写两方面的成绩，质量等级使用优、良、合格、待合格，书写等级使用A、B、C，写清批改日期（如优A9.15）；教师批改作业要及时，不得出现漏批、错批、不复批等情况。

（三）多元评价，提升素质

开展促进学生多元能力的综合素质评价，改变以分数为唯一标准的学业质量评价方式，是"减负"的关键所在。学校重视学生的综合素质评价，按照《朝阳区小学质量抽测工作实施指导意见》，理解把握素养导向下的命题方向，依规组织考查、考试和备考，一年级采用"乐考"形式，严格控制考试次数，不唯分数，不公示学生成绩，不给学生排名，不以成绩引发家长焦虑，不传导"升学焦虑"，为学生及家长在思想上减负。引导学科教师进一步增强立德树人意

识和课程育人能力，进一步提高学生核心素养，撬动教学质量的提高。

教学工作中，学校要求各教研组有统一评价标准，多激励、尊重每个学生，尤其要尊重学生的劳动成果，捕捉学生作业中的亮点，鼓励性评语或符号要时常出现在学生的作业中，让学生感受到教师的关爱和关注。

可以说，学校和教师们在作业布置、作业设计上费尽了心思。现在，学生们的作业少了，类型却多了，内容也丰富了，学习变得更加轻松有趣。

五、支撑"双减"落地，课后服务到位

课后服务是"落实"双减目标的重要支撑，有利于促进学生全面发展，提升人民群众教育获得感。

为更好减轻家长的经济负担，做好课后服务工作，我校首先向全体学生下发调查问卷，了解每一名学生的实际需求，做到全员覆盖。学校根据调查结果和校情，决定从周一到周五提供体育锻炼、社团活动、劳动教育、答疑辅导等方面的课后服务，并制定课后服务清单，列清每天提供的课后服务内容，便于学生和家长按需选择。

（一）体育锻炼

把体育锻炼纳入整体课后服务工作中，保证每天体育锻炼一小时的有效落实。一至二年级每周4节体育课，三至六年级每周3节体育课。当日无体育课时则利用下午三点到三点半的综合实践活动时间，组织学生开展大课间活动。除此之外，各校区结合自身特点利用"碎片时间"组织学生进行体育锻炼。如篮球、足球社团采取错峰、错时方式，每天早上或放学后进行训练，达到落实每天体育活动一小时的目标。

（二）社团活动

为丰富课后服务内容，学校大力开展篮球、足球、网球、棒球、跆拳道、冰壶、橄榄球、健美操、拉丁舞、民族舞等学生社团活动。学生根据自己的兴趣爱好，选择适合自己的社团，社团活动成了学生快乐成长、展现自我的舞台。

（三）劳动教育

长期以来，学校高度重视劳动教育，按照国家课程要求，落实好每周劳动教育课时，建立监督、检查、反馈、评价机制，切实保障劳技课的课程质量。"双减"工作中，学校以劳动教育打开课后服务新天地，利用校园空地设置种

植区，在课后服务时间组织学生开展种植活动，引导学生形成劳动意识，获得劳动方法，弘扬劳动精神。

（四）答疑辅导

针对部分学科、部分学生，打破行政年级、班级或学段，发挥骨干教师的作用，进行有针对性的答疑。学科类答疑辅导分为两种情况：一类是自上而下的辅导，即学科教师发现学生在学习中存在问题，需要进行个别指导，则主动联系家长说明情况，在征得家长同意的基础上，让学生下午三点半后留在学校由教师进行辅导；另一类是自下而上的辅导，即家长发现学生学习中存在哪些困惑，且自己无力解决时，请求教师无偿为学生提供学习辅导。

现在，北京明远教育书院实验小学的课后服务基本实现了三个"全覆盖"，即每周五天全覆盖、有需求学生全覆盖、所有学科全覆盖。课后服务采取"托管＋拓展"模式，托管强化作业管理，完成学科作业和学困辅导；拓展强化课程管理，通过丰富多彩的社团活动，服务学生全面发展健康成长。

守护初心，坚守使命。"双减"工作中，北京明远教育书院实验小学一步一个脚印，把每一项工作抓紧抓实，"双减"工作初见成效。我们深知，"双减"事关青少年学生健康成长，事关教育的根本，事关国家民族未来发展，落实"双减"政策是一项长期艰巨的任务，不可能一蹴而就。为进一步做好"双减"工作，我们将把课后服务供给与课程建设关联起来，进一步完善课程建设；把"双减"纳入学校内部督导项目，进一步提升"双减"实效；进一步加强教研力度，不断提升教师育人水平，为落实"双减"提供保障。我们将继续从校情、学情出发，努力办百姓身边的好学校，为学生的发展奠基！

"双减"背景下基于"新课标"的道德与法治学科作业探究

北京明远教育书院实验小学　◎王玥萌

2021年发布的"双减"政策明确规定，学校要优化作业管理机制，加强对作业结构及难易程度的整体调控；要以素质教育为导向，依据不同年级学生的身心特征及学习规律设置作业总量，合理控制作业完成时间，力求最大限度地提升作业设计质量。

2022年发布的《道德与法治学科课程标准》提出：教师要联系学生的实际生活，进行开放性、合作性、体验性的作业设计，从而发挥作业在学习效果评价中的重要作用。

"双减"工作中，笔者对于如何优化道德与法治课作业这个问题，进行了初步的探索。

一、当前小学道德与法治课作业设计存在的问题

（一）作业设计方式较为传统

德育的重要性不言而喻，但小学道德与法治教师在设计作业时依旧采用比较传统的方式。这样的作业设计方式已经不能适应当前"双减"背景下学生发展的需求，不仅会给学生带来比较繁重的作业压力，同时还会降低学生对道德与法治课程的学习兴趣。

（二）作业设计联系生活不够

在道德与法治作业设计过程中，除作业设计方式较为传统之外，还存在作业设计没有联系生活的问题，即教师设计的作业没有贴合学生实际，导致学生在完成作业时只是对课堂所学知识进一步巩固，没有达到提升发展的效果，很大程度上降低了小学道德与法治教学的实用性。

(三)忽略作业设计实践性要求

实践性是小学教学工作的基础目标之一,道德与法治学科的教学工作也是如此。对于课程教学工作及课后作业的设计,应当秉持实践性原则进行规划,但是现阶段道德与法治学科的作业设计对实践性的要求缺乏必要的重视。

二、道德与法治作业优化策略

(一)结合生活实际,注重从做中学

随着新课改的不断推进和落实,作业逐渐成为课堂在实际生活中的延伸。教师在确定作业设计目标时,应立足于学生的实际生活,注重从做中学,包括学生的个人成长、集体生活、社会体验等,从而通过生活中的典型事例深化学生的情感认同,并引导学生将其外化为实际行动,最终实现自身能力及素养的全面提升。

例如,在"父母多爱我"一课中,教师在设计作业的时候可以融入大量的实际生活元素,可以让学生根据自己的记忆描述一件能体现父母对自己关爱的事情。基于这样的作业设计,学生不仅在完成的时候不会感受到非常大的压力,同时还能在作业的引导下挖掘父母在日常生活中表达出来的爱意。此外,作业设计除了可以结合生活实际情况,还可以与政治相联系,如社会发生的新闻事件,教师将社会上出现的一些事件和小学道德与法治课程内容相联系,能够引发学生更深刻的思考,进而助推学生全面成长。

(二)优化作业形式,布置趣味化作业

趣味化作业是指用更加灵活的作业形式实现对课堂知识的延伸,进而让学生对所学知识进行深入了解。由于教师布置作业的目的不只是让学生完成作业,而是让学生在做作业的过程中不断地进行思考,因此趣味化作业成为一种很好的选择。

例如,在"我们神圣的国土"教学时,教师可以引入相关资源,为学生播放戍边卫国英雄事迹的纪录片,让学生更深刻地明白国家的领土是神圣不可侵犯的。课堂学习完成后,教师可在抽签筒中放置不同类型的作业,如聆听一首爱国歌曲、观看一部爱国影片等,这类作业是学生非常喜欢的,尤其是抽签方式使作业有了一定的不确定性和趣味性,能让学生对未知的作业感到好奇,并且高质量地完成作业。

让书包"真"轻松,让知识"真"厚重

北京明远教育书院实验小学　◎张丽丽

"双减"政策的出台,"减轻学生的学习负担,减轻学生的作业量,多点课余时间去发展学生的综合素质"成为教师关注的焦点。回顾过去,我们不难发现,过重的课业负担让学生的书包越来越沉重,镜片越来越厚重,身体越来越羸弱。面对这些神情疲惫的小面孔,作为教育者的我们同样在忍受着内心的煎熬。学生过重课业负担的背后就真的是真知的沉淀吗?学生们兢兢业业、不屈不挠所换来就真的是经验的增长吗?面对这些疑问,面对"提质减负"的要求,严峻的现实倒逼我们反思教学:"如何调控40分钟、调整教学设计?""如何改进方式、调整作业设计?"……凡此种种,都是摆在我们面前的严峻课题。

众所周知,作业作为课堂教学的延伸和继续,是课堂内容的提升和综合,是学科知识的应用和迁移。合理的数学作业设计有利于学生更好地掌握知识技能,培养学生良好的学习习惯,进而使学生在思维、情感态度与价值观等多方面得到进步和发展。如何在不增加学生学习负担的情况下提高教学效果,设计好作业是很重要的环节。如何让学生在多姿多彩的生活中,享受"快乐数学",感知"生活数学",掌握数学知识和技能,积累经验呢?笔者通过以下两个作业设计案例,为"提质减负"下的作业设计提供支点与大家共同探讨交流。

【案例描述】

案例一:

在学习"元、角、分"知识后,教师告诉学生:明天我们班要举办"爱心义卖"活动,大家可以自己准备义卖物品、定价位,自觉分配角色,准备活动方案。学生在前期研讨中制订了活动方案,如"谁当营业员或顾客?""当营业员要准备什么物品？""怎样了解商品的价格、制作价格标签？""扮演顾客的同学怎么准备代币？"等学生准备活动方案的过程中，就已经巩固了与"价钱"有关的知识，在分工、合作的过程中，对物品的价格定位、货币的准备都有了充分感知。这个活动准备过程不仅是对知识的巩固还有"财商"的培养。

活动开始了，学生们愉快地进行着商品买卖的交易活动。学生们在公平买卖的过程中，不仅要认识各种人民币，还要对货币单位换算烂熟于心，并且要灵活运用进率关系进行付钱、找钱等活动。在实践活动中，学生们玩得不亦乐乎，趣味盎然。

买卖活动结束后，实践作业还在延续着。教师让学生根据"义卖过程"绘制绘本故事，学生在绘本故事的讲述中再次巩固了知识，积累了生活经验。

对于这种实践作业，学生可能要花费很长时间准备，看似是增加了学生的负担，但这是学生感兴趣并乐意做的事情，他们不会觉得这样的作业是负担。而且在角色扮演的过程中，学生们锻炼了能力，巩固了知识。这样的作业设计与布置比单纯让学生做几道换算或计算题目要实在得多、有效得多。

作业形式的改变，使学生不再拘泥于书桌前、教室内完成作业，而是融合了数学、语文、美术的知识，在实践表达中展示自己对知识的理解，巩固知识的同时，进一步提升了学生的学习兴趣，真正实现了让学生在数学作业实践中享受学习、享受数学教育的快乐，提质减负的目标自然也就实现了。

案例二：

学习完长方形、正方形的面积后，为了让学生巩固面积公式并学会灵活运用，布置的作业主题是：我是小小设计员。

1. 量出自己房间的长和宽，算出面积。

2. 你家客厅的面积是多少平方米？用了哪种规格的地砖？共用了多少块地砖？

3. 到买地砖的地方了解地砖的规格和价格，并做好记录。

4. 假如有 65 平方米的客厅要铺地砖，根据自己的生活条件和爱好，你会怎样合理地设计呢？

此项作业要求每个学生根据自己的能力进行挑选。第一个问题是针对基础较差的学生提出，只要经过动手测量都能完成。第二个问题是对中等学生

提出的，而第三和第四个问题则是针对学有余力且喜欢搞调查的学生专门设计的。作业不强求一致，而是根据学生的不同知识水平与能力来主动作业，不同层次的学生在达到不同要求中共同获得成功的体验。与此同时，学生得到的不仅仅是公式的复现与牢固记忆，更有经验的积累和能力的提升。

【教学反思】

优化作业、提质减负真的不是一句口号，它需要教师的耐心思考、静心设计、精心挑选与重组。纵观上面的两个案例，学生之所以不觉得是负担，是因为这样的作业适应了学生需求，同时又达到了巩固知识、提升能力的目的。我们可以从以下三点来讨论这两个案例。

一、改变作业形式，唤醒学生的内驱力

教育家苏霍姆林斯基曾说过："在人的心灵深处有一种根深蒂固的需要，就是希望自己是一个研究者、发现者、探索者，而学生的精神世界中这种需要特别强烈。"

我们强调要让学生做学习的主人，而作业的多形态、多形式有效地促进了学生的学习兴趣，使学生从简单的重复、机械的训练中解放出来，爱上学习、爱上作业、爱上思考。为了达到减轻学生作业负担的目的，以上两个案例中的作业不拘泥于书桌前的书写，而是"动静结合""学科融合"，打破以往的作业方式，在自我创新与思考中完成学习任务。学生完成作业不是简单盲从于教师的指挥，而是充分发挥自己的主观能动性，最大限度地激发学生的内驱力和学习兴趣。兴趣是学习中最为活跃的部分，它使人积极主动，趣味盎然地投入学习状态，不以学习为负担，变学习为享受，在自我兴趣的驱动下，完成自己感兴趣的作业，学生将永远不会感到疲劳。

二、注重学科融合，注重培养学生创新意识

社会的发展不仅要求学生能够学会文化知识，更要提升自己的能力，学会学习，学会做人，学会创新。这些要求，凭借简单的机械训练必然是力所不能及的。学生必须经过自己的思考、归纳、重组，形成自己的认知体系，最终突破常规，有所创新。以上作业中，让学生应用自己学到的知识，承担小设计师的角色，亲手布置设计自己的家；承担故事家的任务，把自己"义卖的故事讲（画）出来"，就是要引导学生把所学习的知识重新组织、运用，

以培养学生的学习能力和创新精神。这样的做法真正做到了让学生成为学习的主人。他们在有效、科学的作业中充分畅想，自由翱翔，充分调动自己所有的学科知识和经验，更好地表达知识理解、分享活动经验。在这样的作业完成过程中，学生得到的不仅仅是知识本身，更有能力的增长、经验的丰富、思维的创新。

三、分层设计，体现不同学生需求

作业的设计要适合各个层次学生的需求，每个层次的学生都有适合自己的作业。上面的案例中，每一项实践作业的设计都是开放的，没有唯一的、标准的答案，学生在完成作业的过程中，根据自身能力的不同，完成的方式和内容、达到的标准都有可能不一样。虽然是同一个作业，但是因为要适应不同层次学生的需求"分层"布置，其实际也是"分层"的另一种体现。每个层次学生都能因作业的完成巩固知识、锻炼能力、积累经验、获得成功的喜悦，其本身就实现了"提质减负"的目标。

不再让沉重的书包、繁重的作业成为学生形影不离的负担，是新时代教师的使命和责任。因此，我们不但要关注课堂教学，更要关注作业的设计，把"提质减负"落到实处。只有这样，学生才能真正无忧无虑地快乐生活和学习，让我们共同为"孩子的书包轻下来，知识重上去"努力吧！

聚焦课堂，延伸课后，以精细化管理落实"双减"

北京市朝阳区垂杨柳中心小学金都分校　◎郑丹娜　舒琦

"双减""双新"背景下，我校围绕"丰富课程深化内涵多元发展"的教学管理目标，聚焦"真学促思"课堂改革，拓展"五育"并举的个性化课后服务套餐，通过精细化管理促进教学质量提升，构建良好教育生态。

一、推进"真学促思"课堂，落实减负提质

围绕"真学促思"，聚焦常态课堂，推进新型教学方式及教研方式。一直以来，我校将"真学促思"课堂作为绩效考核的重点项目进行推进。"真学促思"是教学理念，也是教学模式，其本质是突出学生的主体地位，激发学生学习的积极性、主动性，促进学生思维能力和思维水平的提升。

"真学"关键在于"真"，第一个"真"体现为真正全员参与，通过学习共同体（小组）的建设，把游离于课堂学习外的学生拉进学习内部。第二个"真"是在课堂上让学习过程真正地发生，是学生主动积极的"我要学"，而不是被动参与的"要我学"。"促思"是指在课堂上通过目标的导航、情境的驱动和任务的架构，以学生的联想想象、分析比较、归纳判断等认知行为表现，提升批判性思维、创造性思维、协作性思维和关爱性思维。在课堂上充分发挥学生的主体性，以学生的质疑为出发点，在真实的情境任务中通过自学、互学解决问题。在全班学习成果展示汇报中进行知识的分享、认知的碰撞，引发学生的讨论和思考，从而提升学生的思维水平。"真学"体现了学生学习的过程和方式，"促思"体现学习的结果和目标。

我校采用试点先行、以典范促模仿、以成果带发展的方式推进课堂改革。为此，在各年级选择了先行试点班，把改革的重心侧重试点班级，教学干部与实验班教师多多交流，指导他们进行"真学促思"的高效课堂教学实验。

同时，制定了一至六年级学生课堂习惯行为训练表，由实验班级推广至各年级，整体协同推进学生课堂习惯培养。利用专家资源对各学科教学目标链中的学案设计进行研究与实施。在常态教研中推进"真学促思"课堂教学模式研究。骨干教师为全校教师做"试水课"，为全校开展课堂模式改革做好示范。每月推出语数示范研究课，开展跨学科教研活动，发现问题，及时改进，促进学生思维能力提升。由课堂的改变带来教研方式的创新，以"沉浸式"听课模式让研究教师发现学生在共同体（小组）学习中的问题，对学生学习的过程进行科学研究，提高课堂实效性，落实"双减"。在学校举办的"思维可视化技术支撑下的文本解构和高阶思维建构"现场会活动中，进行了"真学促思"课堂研究的成效展示。

二、常态管理促质量提升

我校在教学质量管理中，充分发挥校内督导功能，形成了协同管理的创新方式。通过横向普听课整体摸底分析、纵向有针对性诊断帮扶、网格化管理模式，促进教学质量提升。在校领导的带领下，由教学、德育、人事、安全各部门组成的行政督导小组，每学期对各年级各学科开展横向全员普听课活动，各部门也会就职责范围有所侧重。教学部门不漏一人，不落一班，全面了解每一位学生和教师的情况，整体对各学科教师课堂进行评价反馈。全学科切入整体推进诊断听课模式，通过自主约课、随机听课及教师跟踪听课等形式，进行常态课堂诊断。锁定薄弱班级，分阶段开展具有针对性的学科、年级、班级教学质量情况诊断。市、区教研员及特级教师等专家，与骨干教师、教学干部共同分析研究，提出针对性意见和建议。发现问题及时调控，落实整改。德育部门协同薄弱班出现的学生上课习惯问题、纪律问题、学习态度问题给出具体翔实的实施策略，帮扶薄弱班各学科成绩提升，夯实基础，提升质量。安全部门针对班级教室学生学习设备等发现的问题，人事部门根据小组整体反馈的情况，对教师课堂授课能力进行评价，为教师队伍建设提供一手资料。

三、细化作业管理，健全机制管理助推

我校在部署"夯实基础，培养习惯，提升质量"的教学工作计划中，重点以学科作业的设计为抓手，真正让"双减"工作落地。在期末以《巩固知

识形成能力培养习惯——作业管理》为题进行全校汇报。延展作业设计，以数学学科为例，开展相关研究。各年级结合课程内容精心设计单元实践性作业，学生在课前、课中、课后以个人、小组等形式完成，在班级、年级和校级范围内进行实践性作业展览，提升数学素养。例如，五年级结合长、正方体设计了制作冰立方的模型，从网络搜索数据、测量、制作等环节经历完成过程，动手实践。在教学活动过程中，将"双减"纳入教学检查新常态，加强对学生作业量的有效监控。以教研组、备课组活动为抓手，把课内外作业的设计、实施与批改作为研讨活动的重要内容，学科组大教研，确定本学科作业改革的具体实施策略。以基础性作业夯实基础，培养习惯。基于一、二年级"乐考"，语数英学科建立以体验为主体的闯关智能习题库，夯实基础，提升拓展。

（一）完善制度，优化检查审核常态管理

从各学科作业布置、批阅、习惯要求等方面修订作业管理制度，建立并优化作业监管与检查制度，以普查与抽查相结合。采取每学期教研组内互查1次、年级组互查1次、教学处普查2次及听课抽查N次等方式进行落实。对作业管理实施细则的落实情况检查督导，发现问题，及时反馈，强化督改，并形成长效检查机制，监控率达到100%。利用教研活动时间优化作业设计，突出基础性、综合性、拓展性、实践性等特点，重点开展对实施方式和作业留法的探究。以基础性作业夯实基础，培养习惯。例如，形成更具针对性的预习形式，把作业设计作为教学设计的重要部分；结合学情，布置分层作业；结合嘉年华活动推进实践、拓展性作业；利用多样评价促作业质量提升等。

（二）做好整合，融于教学常规全程管理

将作业管理纳入教学常规，一是与备课相结合，设置的课内外作业要在备课中体现，典型错误分析要与教学反思相结合；二是与上课相结合，在课堂教学中，要切实保证课内作业时间与质量，做到"零起点"教学；三是与资源建设相结合，优秀作业设计应收录于学校教学资源库，实现作业研究成果资源共享；四是与课程建设相结合，"软性"作业研究要纳入校本课程、拓展性课程开发工程，提高作业常规实施质量，助力核心素养培养，促使作业管理功效最大化；五是与评价相结合，纳入教师过程性评价，与教师评优评先及期末质量监控奖励机制挂钩。

（三）检查指导，精准落实三级监控机制

落实班主任、学科组长、教学处三级监控机制。班主任总体负责调控各科作业总量，对总量超出的作业，班主任进行整体调控。学科大组长每周对学科作业进行监控，填写作业监控情况汇总，根据学生动态完成情况进行调整。教学处对各年级各学科全面管理，由各学科分管干部随时与学科组长根据作业量进行调整。详细记录作业检查记录单，力求客观、公正、准确地体现作业检查中的情况。教师随时自查作业的批改，杜绝漏批、错批等现象，发现问题及时整改。避免作业数量过多、质量不高、功能异化等问题的出现，及时进行反馈，规范学校办学行为。

四、拓展课后服务，提升课程质量

课后服务是课堂教学的有益补充。我校本着"为每一个学生负责，让每一位家长满意"的工作态度，对调研结果进行分析，制订《金都分校课后服务工作实施方案》，从学生兴趣爱好和未来发展出发，设计了体育、艺术、科学、人文等83个素质拓展活动课程。按照"五育并举"原则，将课后活动课程打包成以一项活动为主、两项活动为辅的套餐，保证学生每周可以参与两次自己最感兴趣的活动，同时也能了解其他活动，培养兴趣。为了增加活动的丰富性，便于学生选择，我校在高部编排了24个套餐，在低部编排了8个套餐。家长对学校的课后服务工作给予了充分的肯定，学生参与"530"课后服务的人数达到了73.9%。

（一）答疑辅导，做细做实

建立以语数英为主、科任学科为辅的全员教师参与的答疑辅导课后服务，要求教师能够在校内针对学习过程中的共性问题集中讲评，有针对性地进行分层辅导、因材施教。组织开展学困生辅导的专题教研，按学科分类，以学案或小知识点为抓手，让辅导更具实效性。结合当天新授课内容进行面对面的答疑辅导，及时与家长进行沟通反馈，确保当天的学习困难当天清除。

（二）打破班际，按需分配

按照学生的实际能力和水平，打破班际限制，确定课后服务项目，通过信息技术平台，采取选单式填报方式。开学前，学校信息部门按照套餐设计成小程序，学生在家长的帮助下扫描二维码进行线上选报。学生和家长根据

个人意愿，选择课后服务内容，填写课后服务申请。

（三）目标引领，任务驱动

课后辅导员根据活动项目制订活动方案，在此基础上，学生确定自己的每月活动目标。每月的前三周，在目标引领下，有目的地参与日常课后活动，保证每次活动的实际效果。同时，辅导教师根据学生月目标的完成情况，对学生进行阶段性评价，帮助学生调整后期目标，保证活动的延续性。

（四）搭设舞台，百家争鸣

将每月最后一周确定为课后活动成果展示周。通过展览、展演和竞赛等不同形式登上展示的舞台，力求让每一个课程都绽放出别样的风采。走上舞台的学生因展现自我而更加阳光自信，产生持续的动力；观看展示的学生会自我反思，找到差距，取长补短。

（五）横纵贯通，弹性管理

由于学生对自己认识的不全面，会产生选择项目与自己能力不匹配的问题。因此，学校将开学第一周设置为活动体验缓冲期，帮助学生找到适合自己的项目，在家校共育下调换项目。对于能力较强的学生，学校允许其在能力范围内选择同年级的其他课程项目，或推荐参加别的年级的同类活动课程，为学生全面自主发展提供更广空间和更多可能。

五、落实新课标的未来之路

（一）自主学习摸清底数

随着各学科课标的颁布，从假期开始，我校就组织一线各学科教师结合暑期教师研修培训学习新课标，结合各教育平台推出的培训遴选优质资源推送给各学科教师，让教师自主学习，通过课标闭卷考试的方式反馈教师学习新课标的成果摸清各阶层教师对新课标理论学习掌握情况，促进新课标的进一步实施。

（二）分学科培训实践对接

为了更深入理解新课标，使其落实在常态课堂中。我校在开学前邀请市区教研员针对新课标如何在课堂中实施进行解读。各学科专家对新旧课标进行了详细的对比梳理，从课程性质、课程理念、设计思路、课程目标、课程内容和实施层面给予细致的解读和指导。从理论层面理解后，新课标更需要在常态课中去实践。

（三）从教案改革落实新课标

在新课标大概念、大单元的视角下，以整体情境任务的搭设构建学生的学习。每个学习单元以学习主题为统领，以学习任务为导向，以学习活动为载体，整合学习情境、学习内容、学习方法、学习资源和学习评价等关键要素，打通课程内容、学生生活和实践，追求课程促进学生成长的综合效应。

崔允漷先生曾说："教育目的是想得到的美丽，课程标准就是看得见的风景，教学目标就是走得到的景点。"新课标的颁布，使每一位教师都能看到最终的培养图景是什么样的。本学期，我校针对教案中教学目标的制定开展教研活动，也就是让一线教师清楚每一节课的方向是什么。对于常态课堂来说，这非常重要。有了目标，在具体课堂实施中，通过各级各类教研活动助推新课标在常态课中的实施。

（四）困惑是研究实践的前提

新课标落地之后，有的教师产生了困惑，这说明教师固有的知识局限被打破了，因为困惑是学习过程的第一阶段。我校倡导教师要直面课改新信息，因为这些新信息挑战了现有的教育观念和教学行为，由此产生的焦虑是改变的动力，很可能也会开启创造力。我校让教师们带着困惑聆听专家讲座，解除困惑；在教学实践中去发现新的困惑和问题，再借助专家资源进行下一轮的研究。要落实新课标，就要不断地实践、研究、再实践、再研究，循环往复。学校和教师要脚踏实地，找到通往教学的美丽风景的道路。

垂杨柳中心小学金都分校一直秉承"让生命阳光般灿烂"的办学理念，以培养德才兼备接班人为宗旨，开发传统文化课程，开辟高效课堂路径，开展多维评价研究，为每一位学生的生命成长和持续发展奠定基础。我校将进一步围绕"双减"要求，以学生发展为中心，聚焦课程建设，打造"真学促思"的课堂文化，构建"健康、向上、担当"的评价体系，深化课后服务供给，办人民满意的学校，为实现朝阳教育强区贡献力量。

"双减"背景下"真学促思"课堂改革的实践分析

北京市朝阳区垂杨柳中心小学金都分校　◎郑磊

"双减"政策落地，带来了教育的大变革。学生减轻了作业负担和课外辅导的负担，教师也不再以题海战术提升学生的能力。我认为，"双减"的目的，不仅仅是让学生减负，而是让教育聚焦学生的全面发展，更重视学生核心素养的生成与思维品质的发展，而这一切都离不开对课堂教学的研究与改革。为了落实"双减"政策，以发展学生思维为核心，探究课堂模式的改革，提高教师的教学水平，使课堂教学提质增效，我校开展了"真学促思"的课堂教学模式的改革。

之前我认为"真学促思"是通过小组合作的形式来促进生生之间交流研讨，从而培养学生的学习能力。但是随着课题的实践，我学着前辈老师的样子站在教室后面，将课堂真正交给学生之后，发现学生们自己交流探讨、互相提问、相互补充的过程，就是一个提高思维品质的过程。小组合作、分工探究的过程，就是在培养学生们思维的协作性；交流表达、互相补充的过程，就是在培养学生思维的灵活性、批判性与质疑性；总结巩固、对比提升，就是在培养学生们思维的深刻性。这些思维品质不仅对于数学学科来说举足轻重，对于学生们的成长发展也是至关重要的。

因此，我认为"真学促思"中的"学"不仅指学习书本上的知识，更是自学、学习同学、学习发言思路、学习探究方法等。而"促思"中的"思"更是代表了"思考"与"思维"，促进学生思维的提升。在数学思考中积累知识与经验，在教学活动中发展学生数学思维。以下，我以课堂上的两个教学小片段为例，着重阐述一下教学活动中培养学生思维的批判性与质疑性的理由。

【片段背景一】

本节课教学人教版小学数学五年级上册第五单元《解决问题》第一课。在课堂上，学生 A 根据探究要求列方程解决了本题，并上台表达自己的想法。听完学生 A 的发言后，学生 B 对学生 A 在解答过程中的细节与格式提出了自己的建议。其中尤其是对"解"字书写的位置进行了质疑与讨论。在本单元前半部分教学解方程时，"解"字是要写在方程下面第一行的前端，表示从这个地方开始解方程。

$$3x+4=40$$
$$解：3x+4-4=40-4$$
$$3x=36$$
$$3x\div 3=36\div 3$$
$$x=12$$

而在用方程解决问题时，一定要将"解"字写在最前面，放在开始解答题目的位置。

解：设学校原跳远纪录是 xm。

原纪录+超出部分=小明的成绩

$$x+0.06=4.21$$
$$x+0.06-0.06=4.21-0.06$$
$$x=4.15$$

【课堂实录】

（学生 A 表述自己的解题思路。）

学生 B：我有一个建议，就是增加一个"设学校原跳远记录为 x 米"，这样就能够准确地知道 x 是什么意思。同时这个"解"字，我也有一个建议，那就是将"解"写在"设学校原跳远记录为 x 米"的前面。

学生 C：啥意思啊？

学生 B：就是增加一个"设学校的原跳远记录为 x 米"，然后把"解"写在这句话的前面。

学生 D：如果你把"解"挪到了上面，但还是在方程下面这个位置才开始解的方程啊？

学生 B：但我们要是加上了"设学校的原跳远记录为 x 米"这个前提条件，

就是在这个位置就开始解方程了。所以我们要把"解"挪到"设……"的前面。

这个小片段我认为是非常有意思的，在学生 B 提出增加"设需要的信息为未知数 x"这一点时，同学们都没有异议；但是在讨论解决问题"解"这个字应该写在哪里时，同学们的意见却发生了分歧。先是有学生提出了建议，跟着有学生产生了疑问，随后再进行解释。就在这个你来我往的过程中，不仅能够体现出学生们在别人表达时始终都在认真倾听并随之思考，但同时也不是随声附和，盲目听从他人的建议与说法，当有不同意见的时候，学生们就会大胆地提出来，这点是非常值得提倡的。也只有真正思考过的、有自信的学生，才能够在交流中质疑别人的想法，提出自己的意见。课堂上，教师适宜地、大胆地让学生自由辩论，这样的教学过程才能够培养学生们批判、质疑的思维能力。下面这个片段 2 中也体现了这种观点。

【片段背景二】

片段 1 后，师生确定了"解"字的书写位置，也明确了"设未知数"的必要性。随后便是学生们独自阅读教材 72 页"做一做"之前的内容，自学列方程解决问题的格式。在教材的步骤中，表示要先找出未知数，再分析题目中的数量关系，找到等量关系式。

解：设学校原跳远纪录是 xm。

原纪录+超出部分=小明的成绩

$x+0.06=4.21$
$x+0.06-0.06=4.21-0.06$
$x=4.15$

答：学校原跳远记录是 4.15m。

别忘了检验！

1. 找出未知数，用字母 x 表示；
2. 分析实际问题中的数量关系，找出等量关系，列方程；
3. 解方程并检验、作答。

【课堂实录】

教师：阅读了书中的内容之后，我们对用方程解决问题的步骤有了基本的了解。

学生 A：老师，我认为要将等量关系式放在前面？

（随后上讲台说明。）

学生 A：方程是根据等量关系列出含有未知数的等式，所以我认为应该是先找到等量关系，然后再根据需要找到未知数。

这是多么精彩的发言啊！学生没有在看到书中的标准格式后，就放弃自己的独立思考，而是大胆地提出自己的想法。在片段 1 和片段 2 这样的教学活动中，学生们在思考后产生质疑与反驳，随后在交流讨论中得到最终正确的结论，这正是教师期望的结果。因此，教师应鼓励学生在数学课堂中敢于对同学的发言、书上的答案产生质疑，勇于针对课堂上的数学问题进行思考。这样一来，学生便敢想、敢表达，也乐于表达，最终提升自己的批判性思维能力。

"双减"之下，学生的能力绝对不能够随之减弱，教师更应在有限的教学时间中提高学生的学习效率；运用好教学方法，激发学生学习的积极性，在教学活动中发展学生的思维品质与核心素养。

"双减"背景下音乐课堂模式研究案例

北京市朝阳区垂杨柳中心小学金都分校　◎杨鸽

随着"双减"政策的落地,有效减轻了学生的课业负担,"双减"的前提是提高学校的课堂教学质量,这对教师的教育教学工作提出了更高的要求。为了保障小学音乐教学工作的高效开展,音乐教师在教学中要基于新的政策和课程理念,不断探索新的教学模式,提升自身的教育教学能力。

根据2022年艺术课程标准的课程理念,教师要重视学生在学习过程中的艺术感知和情感体验,激发学生参与艺术活动的兴趣和热情。同时,新课标强调艺术课程的实践导向,使学生在以艺术体验为核心的多样化实践中,提升艺术素养和创造能力。因此,教师要树立以学生为主体的教学理念,在课堂中创设学习情境和氛围,设计丰富多样的活动,提高学生的学习兴趣,引导学生以自主探究、小组合作等方式学习,培养学生的思维能力,提升学生的音乐核心素养。通过高效的学习活动,让学生在宽松自由的环境中,积极、快乐地学习,真正做到为学生"减负"。

在落实"双减"的背景下,根据新课标中对核心素养的具体要求,笔者以三年级上册聆听课《维也纳的音乐钟》为例,进行了教学实践。本节课重视对学生思维能力的培养,通过创设情境、设计学习任务,激发学生的学习兴趣。在课堂中充分发挥学生的主体地位,通过学生自主学习、小组讨论、创编动作、合作表演等活动,培养学生的创造、协作及形象思维能力。

本节课的育人目标为:

1.聆听乐曲,想象音乐塑造的形象,培养学生的想象力和创造力。

2.学生以自主探究的方式学习乐曲,在聆听、演唱、表现、创编等活动中提升音乐核心素养。

3. 引导学生通过小组合作探究式学习，发展学生的协作思维。

4. 通过小组创编，培养学生的创造性思维。

本课的教学过程有五个环节，每个环节都培养了学生思维能力。

一、思维游戏

课前，教师先让学生们玩一个思维游戏，内容是聆听一段节奏音频（下图），并用声音或肢体模仿节奏。

上课前，我对学生的游戏结果预设了两种表现形式：一种是用 da 或 la 来模唱，这也是课堂中常用的读节奏方式；另一种是借助手或脚，用拍手、拍腿、跺脚、拍身体、拍凳子等方式模仿节奏。出乎意料的是，游戏过程中学生们的玩法超出了我的预想，他们借助不同的身体部位发出声音，创造出多样的模仿方式，如"弹舌""打响指"和发出"嘘"的声音等，有的学生甚至还想到了用磕牙声来模仿节奏。除了用声音模仿节奏外，学生们还尝试用动作表现节奏，有的学生捏手指，有的学生眨眼。在这个小游戏中，展现了学生们丰富的想象力。这个课前小游戏不仅让学生的思维活跃起来，也发展了学生的创造性思维。

二、创设"钟声"话题，导入新课

在这个教学环节，笔者分别创设了三个问题和音乐活动，引导学生将音乐和生活建立联系，通过联想、对比、想象、创造等多样化的思维活动，导入本课学习内容《维也纳的音乐钟》。

问题1：请你说出一个钟的类型并模仿它的声音。

问题2：音乐中有没有能模仿钟声的乐器？

问题3：教师提出"音乐钟"这个名词，让学生发挥想象力，描述自己想象中"音乐钟"的样子。

通过这几个问题，引导学生从模仿生活中的钟声，到思考音乐中能模仿钟声的乐器，最后引出"音乐钟"这个名词，导入新课《维也纳的音乐钟》。对于第一个问题，学生说出了不同种类的钟，如落地钟、大铜钟、摆钟、闹钟、电子钟、布谷鸟钟等，并生动地模仿了它们的声音，这个活动锻炼了学生的形

象思维能力。第三个问题，让学生想象音乐钟的样子，充分发挥了他们的想象力，同时也提升了他们的语言表达能力。随后，进行了三个音乐活动。

活动1：让学生聆听乐曲的引子部分，分辨是否出现钟声。

活动2：引导学生分辨钟声在引子的什么位置出现？一共出现了几次？

活动3：学生自行设计敲钟的动作，用自己编创的动作表现。

在每个活动环节，教师没有要求学生用统一的动作表现，而是让学生根据自己设计的动作来模仿，有助于培养学生的创造力。

三、了解音乐背景，学习主题旋律

乐曲《维也纳的音乐钟》表现了一个爱吹牛的老兵，吹嘘自己受到公主的邀请，到维也纳宫做客，人们欢迎他的情景。当学生了解了乐曲的故事背景后，教师让学生带着两个问题完整聆听乐曲，再进行小组讨论。

1. 你觉得谁在欢迎哈里？

2. 听听音乐中有没有一个多次重复的旋律，它代表了谁的形象？

在小组讨论中，学生们思维非常开阔，对于第一个问题，他们想象到各种欢迎哈里到来的不同人物形象，除了"国王""士兵""公主"几种教师预设到的人物形象，还想到了"王子""骑士""仪仗队""大臣""群众""骑兵"等形象，有的学生还描述了自己想象中的欢迎场面。同时，学生们都听到一个多次重复的旋律，判断出它代表了主人公哈里。学生根据哈里爱吹牛的特点，自主设计了哈里的表演动作，有的竖起了自己的大拇指，有的拍拍自己胸脯，有的昂首挺胸大步行走，还有的叉着腰点着头，把哈里爱吹牛的特点展现得淋漓尽致。

四、创编人物形象，表现三个插部旋律

当学生听出哈里的旋律出现了四次后，教师带学生聆听中间出现的三个插部，了解每段旋律的主奏乐器及特点，再以小组讨论的形式探讨以下两个问题：

1. 根据音乐，你来确定欢迎哈里的人到底有谁？

2. 给每个人物形象设计不同的动作，表现欢迎的场面。

这是课堂中第二次小组创编的环节，教师对学生的小组活动提出三个要求：

（1）给人物形象设计不同的欢迎动作。

（2）每个小组派一个代表阐述每个动作的创编意图。

（3）每组根据自己设计的动作跟随音乐完整地表现乐曲，进行小组展示。

在这次创编活动中，每组学生都根据不同的人物形象创编了相应的欢迎动作，并阐述了每个动作的设计意图。有的小组从音乐的特点出发，认为第一个出场欢迎的是士兵，因为他们听到音乐的主奏乐器为小号，小号音色具有嘹亮、刚毅的特点，仿佛表现了士兵的形象。因此，他们设计了踏步走的动作。第二个出场欢迎的是国王，因为主奏乐器圆号的外形像国王肥胖的形象，学生们设计了挺着肚子走路的动作。最后出场的是公主，因为他们觉得旋律优美，认为应该用左右手交替提起裙摆的方式来表现公主的优雅。还有的小组认为出场顺序应该根据不同人物的身份地位来确定，第一个出来的是仪仗队，学生们觉得迎接重要人物时，应该手持长枪、气宇轩昂地迎接。于是，他们设计了举起长枪踏步走的动作。第二个出场的是大臣，学生们认为大臣要先出场来铺垫国王的出场，并用左右手轮番做邀请的动作表现大臣对贵宾的欢迎。最后出场的是国王，因为国王的地位最尊贵，他们觉得国王在给哈里授予勋章，所以设计了向前递东西的动作。

在分享和展示的环节，每个小组的想法都非常独特，他们的创编有理有据。有的小组甚至进行了角色分组，一位学生代表公主的形象，其他学生扮演侍女的角色，在公主身边转圈跳舞。在小组创编的活动中，学生一边表演，一边感知和理解音乐，并且尝试自己编排剧情，深入地体验和感知乐曲。每个人都在其中自由地创编和表演，学生的创造性思维在一个轻松的环境中被激发出来。整节课教师没有进行回旋曲式结构的讲授，通过学生自己设计不同乐段的人物形象及表演动作，他们自然而然地掌握了乐曲的结构。

五、学生分享学习收获和感受

为了了解学生对这种课堂模式的收获和感受，在最后一个环节设计了两个问题。教师提出第一个问题：这样的课堂模式与以往的相比有什么不同？学生都分享了自己的感受，并说明了原因。

学生1：我觉得音乐能传达和表现一个故事情节。

学生2：我认为能用形象来表现音乐，以及音乐表现的故事。

学生3：我们可以从生活的角度去观察声音，例如钟声。

学生4：这节课能发挥我们的想象力，去自己创编形象。

随后教师提出第二个问题：你喜欢这种学习方式吗？为什么？

学生1：喜欢，这节课老师让我们进行表演，在课堂上用我们的实践来让课堂更加充实。

学生2：我们表演了，还可以表达自己的想法，可以用自己的方式理解乐曲，很有意思。

学生3：因为老师在课堂上让我们模仿了一些东西，我觉得这堂课非常有趣。

学生4：老师让我们演一些动作，还让我们自己表演，我觉得分不出好坏，上音乐课最重要的是欣赏到美妙的音乐。

学生5：老师会在课堂上讲解一些有关于音乐的课外知识。

音乐是最具创造性特征的学科之一，这是由其本身的特点决定的，理解音乐不存在一个标准答案，也没有一个整齐划一的聆听感受，更没有一个固定表达音乐的方式。所以作为教师，在音乐课上不能限制学生理解音乐和表现音乐的方式，这样会限制学生的思维，音乐课堂应该是充满活力、不断发展的开放体系，音乐教学应该是动态的、变化的、充满了创造性的过程，要让学生自己感受、理解和表现音乐。教师要关注学生回归学习本身，在学习中发挥学生主体地位；让学生自主地探究问题、解决问题，同时发挥学生的创造力，提升学生的思维能力。最终，让学生在课堂中自主地学习、投入地创造、快乐地表演，让学生在高效并充满乐趣的课堂中提升学习能力。

聚力落实"双减",赋能师生成长

北京市朝阳区呼家楼中心小学团结湖分校 ◎李新宇

2021年7月24日,中共中央办公厅、国务院办公厅印发《关于进一步减轻义务教育阶段学生作业负担和校外培训负担的意见》(以下简称"双减")。"双减"政策的颁布彰显了国家加强教育综合治理、提升义务教育质量水平、落实立德树人根本任务的意志和决心,是贯彻中央决策部署的重大教育改革,事关基础教育体系、教育生态和育人格局。

两年多来,我校纵深推进"双减"工作,践行以学生成长为核心的理念,深入推进课堂教学方式的变革,聚焦核心素养发展,赋能教师专业成长和学生幸福成长,学校也呈现出了前所未有的变化,这为持续推进的基础教育课程改革注入了新的生命活力,促进学校高质量全面发展。

一、聚力"一增+一减",赋能教师共成长

落实"双减",教师是最直接的推动者、实施者。"双减"对教师提出了更高要求,让教师有了更多的责任和压力,付出了更多的时间和精力,因此对于教师的关爱与助力,激活与唤醒显得尤为重要。为此,我校在教师专业发展上努力做到"一增一减",即减的是教师发展的被动性,增的是教师发展的主动性。

(一)创新管理模式,激活教师发展潜能

面对当前核心素养发展的课堂,教与学方式的转变,教师是关键。我校充分利用已有的教师资源,创新管理模式,通过"一增一减",适时适度予以针对性指导,激发、唤醒教师的自我发展主动性,促进教师专业发展内驱力的提升。我校借助教师校本培训、梯队规划和学术引领,整体提高学校师资队伍素质,构建阳光工程育人体系,建立"四阳五星"教师评

选机制，通过教师执行校长制、干部教师标准化管理评价等管理模式，激活教师发展潜能。

（二）深化研训融合，形成教师发展共同体

我校建立教学干部"听、巡、评、讲"课制度、学科领航护航机制、常态教学管理机制、质量追踪制和教学评价制度，加强教学工作的精细化管理，增强教师发展的主动性。以学科核心素养培养为核心，树立科学的课堂教学质量观，夯实教学常规，扎实过程管理，深化研训融合，形成发展共同体。

二、聚力"丰富+开放"，赋能课堂见生长

落实"双减"，丰富多彩的课程是重要的补给，课堂提质增效是最有效的手段。培养全面发展的优秀人才，守正创新，因不同学生而异，因不同形势而变，拓宽途径，全面提升办学品质。为此，我校深入挖掘文化内涵，以"幸福成长"为价值目标，系统构建特色课程体系，实现新课标背景下的新课堂。

（一）丰富课程——实现新课标背景下多元素养补给

建立课程资源库，落实双师课堂。继续进行课程的实践与开发，丰富素养课程补给。本学年学校不断完善"五育"融合育人课程体系，拓宽课程平台，落实素养课程，构建满足学生不同需求的课程体系。课程体系分为四个层面、五个维度，覆盖德智体美劳五个方面。比如，教师结合学科特色创编丰富多彩的拓展类课程，学生结合兴趣特长设计灵动多样的微熹课程。航天教育特色课程将航天精神与学校文化有机融合，成为孩子成长的内在动力。

（二）开放课堂——实现新课标背景下核心素养的提升

核心素养背景下，我校更注重课堂的改变。以学生为中心，讲究策略，细化措施。比如，落实教学评一体化、大单元设计、结构化思维教学、跨学科主题学习和项目化学习、作业与命题设计改革五项对策，提高复备实效。课堂结构从"线下35+5"到"线上25+15"模式，让学生有时间练习、有空间思考，切实减轻学生课业负担，进而促进学生核心素养提升。

三、聚力"三化+三变"，赋能作业促生长

作业是教学的延伸和拓展，是检测学生掌握学习内容的重要方式。以前的作业基本面向中等学生，全体学生作业内容一致，缺乏差异，无效性、机械性、重复性的作业较多，教师教学和学生作业脱节。随着"双减"政策的

实施，作业数量要做减法，质量要做加法。如何根据教学内容和学情，科学、合理、有效地设计作业，是目前教学需要重点探索的内容。学校努力探索作业设计凸显"三化"，作业管理体现"三变"，实现作业赋能成长。

（一）作业设计凸显"三化"——实现科学减负提质

作业的设计凸显"三化"，即作业内容体现科学化，作业类型体现多样化，作业布置体现兴趣化。我校借助"三化"，引领教师在分析学情基础上，以问题为切入点，优化作业设计，开展小而实的专题化研究，探索信息化与学科融合、生态语文、学科特色作业等方面的研究与实践。这样的作业核心词"兴趣＋发展"，尊重差异又能让不同层次的学生在原有基础上得到发展，同时关注学科核心素养，让学生们获得成功的体验，趣味盎然地完成学习活动，实现科学减负提质。

（二）作业管理体现"三变"——实现管理提质增效

作业的管理体现"三变"，即变整本评价为重点评价，变点评性评价为示范性评价，变补短性评价为扬长性评价。"三变"作业管理让教师的批阅水平得到提升，抓问题补短更要抓亮点扬长，让教师远离"作业恐惧症"。每一位学生与教师都能愉快作业，是学校管理必不可少的一环。"双减"背景下的作业设计改革创新，势在必得又绝非一朝一夕之功，有效的作业得益于高效的管理，"减负"更要"提质"，"三变"作业管理为"提质"保驾护航，作业有了可喜的改变，实现管理提质增效。

四、聚力"评价＋习惯"，赋能学生成长

（一）完善学习评价机制，为学生全面发展赋能

落实立德树人根本任务，重视学生自我认识、独立思考、学会生活、自主发展，培养学生责任担当意识。我校完善教育评价机制，出台《阳光少年评价方案》，评价在乐美、乐知、乐健、乐雅、乐行五育维度的基础上，提出个性特长发展的乐彩少年，建立了校级、班级实施机制与评价表彰机制。

首先是以评促学，以评促教。通过评价促进学生的学习，让学生有获得感，让学生能改变自己的学习方法。通过评价来促进老师教育教学的改变，提升教育教学效率，提升教育质量。

其次是丰富评价方式，使评价维度多元化。评价的方式丰富，包括口头

和书面测验、活动报告、课堂观察、课后访谈、在课内外的作业、成长记录等。同时评价不仅仅留存于知识与技能层面,更多关注思想和素养。

最后是改进结果评价,强化过程评价。以往是结果评价,一个薄薄的分数,或者一个冷冰冰的数字,就对教师进行了评价。现在强调过程评价、增值评价,发现师生的变化与成长。在此基础上,研发制作《阳光少年自主成长手册》《阳光少年成长记录袋》,引导学生自主制定目标、策略,记录成长足迹,促进家校协同,形成教育合力,赋能学生幸福成长。

(二)落实学生习惯培养,为学生学习成长赋能

我校制定符合学情的学习习惯培养标准,着眼于学生学习规范、书写倾听、阅读表达、作业完成习惯等方面的培养,鼓励学生敢于质疑、善于思考、常于总结,课堂体现生生互动,有效交流。比如,一年级组召开交流研讨会,分享学生习惯培养的策略。教师们运用小儿歌、对口令等规范学习的行为,培养学生认真倾听的习惯;借助心愿卡、小印章、评比栏等激发学习兴趣,调动学生的积极性;依据学科特点,使用学科专业术语,培养学生的学科素养,发掘学生的潜能,养成良好的学习品质。

聚力落实"双减",我校不断探索,扎实推进,取得了一定的成效。教育教学运行机制的良性循环,转变教与学方式,推动课堂多元化,更好地承载了每个学科对学生的发展价值,促进教师专业素养和学生学习能力的提升。学生学科素养展示、学习成果交流、阳光工程等系列教育教学活动,显现出学校教育教学质量稳步提升态势。学生由被动接受走向主动汲取,从浅层学习走向深层探究;教师从讲授课堂走向多元课堂,从智力劳动走向智慧劳动,真正实现"双减"背景下的提质增效,实现美好的教育愿景。

面对教育高质量发展的需求,我校将进一步落实"双减",聚焦核心素养发展,加大教育教学改革力度,落实幸福成长共同体理念,赋能师生幸福成长。

匠心巧设作业,"双减"助力成长

北京市朝阳区呼家楼中心小学团结湖分校　◎任振杰　杨静

随着"双减"政策的落地,在保障学生作业质量的前提下,对教师的作业设计提出了新的要求。教师要合理调控作业结构,优化作业设计,满足学生多样化的学习需求,真正做到"减负增效"。作为一线教师,要设计多形式、广角度的作业,激发学生兴趣,实现学生多元生长;着眼单元,围绕不同主题,激活学生思维,助力学生习得素养;借助多方位的作业评价,激活学生的学习内驱力,形成学生发展的良性循环。以下是我们的点滴思考。

一、多形式、广角度,实现多元生长

依据多元智能理论、发展性理论及新课程改革要求,我们在作业布置时要面向全体,关注学生的差异,有弹性地为学生的发展提供合适的学习方式。

以《所见》这首古诗为例,教师询问学生学完这首古诗想给自己设计一份什么样的作业,根据学生的回答,师生一起设计作业"1+X"。"1"即"完成自己设计的一份喜欢的、力所能及的作业","X"就是自主选择他人设计的且自己感兴趣的作业,数量没有限制。具体的作业设计包括七个"语"你一起:"语"你一起读、"语"你一起写、"语"你一起画、"语"你一起讲、"语"你一起找、"语"你一起做、"语"你一起唱。

多形式、广角度的作业设计,涵盖了"识字与写字、阅读与鉴赏、表达与交流、梳理与探究"四大领域,培养了学生的观察能力、阅读能力、表达能力、动手能力和创新能力等。除此之外,在有效提高学生兴趣和积极性的同时还引领学生走进生活、体验生活、感悟生活,最终实现了真正的多元生长。

二、着眼单元、聚焦主题,落实素养发展

小学英语教材多以话题为单元主题,因此以话题为导向,关注单元的整

体教学目标，从而将一个单元的教学内容、知识点整合起来进行作业的设计，使其形成合力。

例如，北京版教材四年级上册 Unit7 的主题是 Nature，话题是谈论天气的状况、人与自然之间的关系。教师将本单元的作业分为三个模块：强基模块、拓展模块和延伸模块。强基模块：这类作业设计以基础为主导，除了听读课文、模仿音频、视频外，还指导学生制作单元词汇卡、短语思维导图、朗读评价表等，检查单元基础知识掌握的情况。拓展模块：这类作业设计培养对学生进行日常口语操练，提升学生的口语输出表达能力，如结合 Nature 相关的阅读文本进行拓展阅读，给学生提供更丰富、更真实的语境。延伸模块：根据单元学习主题，进行仿写或续写、制作海报、手工和微视频制作等。

通过开展单元主题板块作业，学生在学习过程中逐渐构建对单元主题的认知，学习了语言知识，积累了丰富的学习体验，发展了思维能力，提高了学生核心素养的发展水平。

三、多方位、组合式，激活学习内驱

美国教育者迪伦·威廉（*Dglon Wdialm*）在《融于教学的形成性评价》一书中指出：在课堂教学中融入形成性评价，就是提升教学质量最有效的方法。有效的评价能够充分发挥评价的诊断、指导、激励、导向功能，用好评价可以提升学生学习的热情，发展学生完成作业的内驱力。

教师可以采用"评语＋评比＋展示＋奖励"的组合式评价策略，列出不同作业的评价量规。这种多方位的组合式评价方式，使得学生完成作业的过程变得有效和有趣。比如，作业的评价主体不再只是教师，可以是教师＋学生、家长＋学生、学生之间的互评等；反馈形式可以是查看听读卡＋抽取课文朗读＋积分奖励、班内分组表演＋展示、等级＋评语＋分级展示等。教师针对不同的作业类型对应相匹配的评价策略，这样的作业评价方式大大提高了学生完成作业的积极性，同时也发展了学生完成作业的内驱力。

随着作业改革的推进，小小作业蕴含了丰富心得，学生学习的兴趣更加浓厚，学生也更具有主动性。我们也更有信心在作业布置上将"减负""增趣""提能力"的理念贯穿其中，继续探究作业新模式，为学生的成长助力前行。

保底与提升并行　减负与发展并重

北京市朝阳区呼家楼中心小学团结湖分校　◎龚霞　胡琳

2021年7月，中共中央办公厅、国务院办公厅印发《关于进一步减轻义务教育阶段学生作业负担和校外培训负担的意见》(简称"双减")，不仅是对教育体制和结构的重大改革，也是减轻学生过重课业负担的一种有效举措。学生过重课业负担始终是"减负"政策的核心要点，很值得我们重新认识和审视。教育部《关于加强义务教育学校作业管理的通知》指出，作业要"体现个性差异原则"，作业要针对不同学习水平的学生进行分层布置，要让不同层次学生在适合自己的作业中获得成功的体验。这一指导意见，要求教师及教学管理者必须进行相应的调整和变化，客观认识班中学生学习能力的差异，在作业设计上既能保底，又有提升，努力让"双减"扎实落地，同时做到减负不忘提质。

一、自主类作业让学生有选择权，减负源于兴趣提升

作业布置形式单一也是作业管理中亟待解决的问题，走进每个班进行课后作业检查，教师能拿得出手的作业无非是字、词、目标或不同主题的小报，仅此而已。透过作业，看不出特别明显的学生差异，后进生的基础没过关，优秀生的成长仍未见。

为此，我校推行常规作业基础上的自选作业，旨在进行分层化作业管理，体现对差异的尊重，让不同层次的学生都学有所获。自主作业体现了学生拥有自主选择作业的权利。

低段：从"写"的单一形式中走出来，听、说、读、写上留有自主的空间。

中段：从难度上留出自主的空间——保基础、考虑知识的宽度与深度。

高段：在作业设计上，教师可以放手引导学生自己总结，自己设计相应

的习题来巩固延伸课堂教学。学生自己给自己设计作业、布置作业，体现的是学习的主动性和创造性，激发的是作业的热情和兴趣。

　　自主类作业，充分尊重每一位孩子的选择权，让学生量力而行，根据自己的特长、爱好、需要等作出自主选择，充分体现"学生是学习的主人"这一教学理念。面对自己设计的作业，他们完成时自主性更强，兴趣更浓，作业质量也更高。

二、拓展类作业让学生发展可见可感，减负利于学生发展

　　这里的拓展，指的是对课堂教学内容的拓展和延伸。我们的语文教学不能只局限在教科书中，必须超越教材、超越课堂，引导学生走向更为广阔的语文天地。

　　随着五年级语文下册《草船借箭》一课的学习，学生积累了诸如"鲁肃上了孔明的船——稀里糊涂"和"诸葛亮草船借箭——有借无还"等与人物相关的歇后语。这时，教师适时补充"周瑜打黄盖——一个愿打一个愿挨""徐庶进曹营——一言不发"等歇后语，简单讲述歇后语背后的故事，使学生对《三国演义》中的歇后语产生浓厚的兴趣，再引导学生自己在课外搜集歇后语，去了解歇后语背后的故事。

　　拓展类作业以教材为生发点，挖掘适合拓宽学生知识视野，提升学生语文素养的着力点，引导学生基于教材，超越教材。

三、跨界类作业让学生素养得以发展，减负聚力素养提升

　　语文学科的跨界类作业，从本质上来说，是基于语文学科的特点，体现语文学科与其他学科的融合，从而更进一步促进学生对语文知识的理解和把握。

　　五年级语文上册《四季之美》是一篇意境优美的散文，这一单元也是教材第一次以单元编排的方式专门对学生进行文学品鉴能力的培养。课堂上，教师引导学生想象画面，诵读美文，但对于文学品鉴来说，如果课后能让学生在理解的基础上，把想象到的画面画出来，会取得更好的效果。全文"春夏秋冬"四季的画面感很强，学生通过画画再现课文情境，感受祖国语言文字的优美，个别学生还可以借助自己的画来帮助背诵，激发想象力，提高审美能力。

作业类型还有很多，如探究类作业、表演类作业等。但不管怎么创新，不管怎么个性化，任何一种语文作业，其最终目的都是促进语文能力和语文素养的提高，应该避免看起来热热闹闹的非本体性作业，立足学科本位，回归语文学科的本质属性，促进学生对语言文字的建构与运用。

"双减"背景下有效的作业设计，实现保底与提升并行，这样的作业管理尊重差异，落实减负提质，又能让不同层次的学生在原有基础上得到发展，实现减轻负担与发展素养并重。

落实"双减"提质增效，培育阳光智慧学子

北京市朝阳区教育研究中心附属学校　◎喻江

"双减"政策是落实立德树人根本任务，促进教育高质量发展的重要举措。一直以来，我学校秉承"为学生而改变"理念，培育阳光智慧学子，希望每个学生走进来增长智慧，走出去报效祖国，成为有家国情怀，包容大气；身心健康，富有朝气；善于学习，富有灵气；乐于展示，富有雅气；勤于践行，富有神气，具有合作、沟通、创新和批判思维能力，传承中华优秀传统文化，有责任心的优秀公民。

基于以上理念，我校深入落实"双减"政策，做到一减一增，即减负增效，从四个维度系统地推动"双减"工作落实。

一、文化建设促"双减"，营造氛围达共识

以文化建设引领高质量发展。我校持续推进"阳光智慧"正能量文化建设，时间与空间聚合，线上与线下结合，媒体与环境融合，营造氛围，达成落实共识；创设家校社协同育人体系，形成合力落实双减；采用全域推进方式，全方位、全过程、全员助力学生身心健康成长。

借助学校文化节建构文化氛围。采取"一主题，四节日，一盛典"方式推进。"一主题"就是厚植爱国情怀；"四节日"是传统文化节、劳动文化节、红色文化节、生态科技节；"一盛典"即校园文化荣耀盛典。学生通过实践体验，拓展探究，传承发扬中华文化精神，将红色文化融入教学实践。

开展"一班一品"班级文化建设。根据学生群体特点和思想教育主题，明确班级重点发展方向，确定班级文化特有品行，建设特色班级目标、载体与方式。召开"育阳光智慧学子品质"主题班级特色建设总结会，凝聚集体智慧，展示班级教育品行，彰显班级育人思想与方法，从理念到行动

落实"双减"。

创设舒适友善校园生活学习环境。通过"灰红黄"三色文化和立体绿植布置校园，设置音乐铃声，通过开展主题思想教育、进行优秀作业展示等方式，多维立体助力学生。依托公众号宣传"双减"精神，表彰"双减"工作中有突出表现的教师、党员和班主任，树立师德榜样，以典型案例引领，借助媒体宣传学校"双减"经验。

文化建设促进学校发展，丰富学校办学内涵，师生家校达成共识，为提质减负增效创设一个安全而有人性、有温度、有美感、有故事的校园成长环境。我校成为首批朝阳区教育文化示范校、教育部一校一案典型案例校，文化节活动获得区十佳优秀奖。

二、丰富课程促"双减"，五育融合助成长

建立课程体系。我校聚焦育人目标，围绕"生活与健康、艺术与审美、人文与社会、科学与创新、劳动与实践"五个关键领域，"五育"融合实施，以"基础、拓展、提高、活动"四种课型，将核心价值观融入课程体系和课堂教学。创新颜色系列主题精品课程，与学校"灰红黄"三色文化融为一体，寓意"恢宏，辉煌"。红色为思政和德育课程；黄色是"龙"主题课程；灰色为传统文化课程；绿色为三生课程，即生命、生活、生态课程，涵盖心理、运动、劳动、环保科技等教育；蓝色为思维和阅读课程，培养学生核心素养。通过"阳光智慧"小组合作课堂落实，倡导学生在真实情境中，合作体验、拓展探究，提高学习热情，提升课堂效率，师生共同成长。

五育融合实施。阳光智慧课程，为学生全面而有个性发展提供多样可能。我校深入推进以传承传统文化为核心的"龙主题"课程，围绕"探龙"主题，从"寻龙迹、展龙姿、树龙神"三个层次探究龙文化课题，形成"一年级一主题"课程探究学习体系；依据"展龙"主题，围绕"舞龙、绘龙、塑龙、颂龙、咏龙、写龙、编龙、创龙、演龙"，让龙文化内容与学科融合，在课后服务中以校本必修、选修、社团活动的方式推进，实现了龙主题课程与文化节的交融贯通。

同时，我校还在多学科教学中融入"永远跟党走"主线，开展跨学科主题综合实践，如科技、劳动、冰雪、心理、读书节主题等特色嘉年华活动，促进学生全面而有个性发展。

三、"三研"培训促"双减"，提升队伍共发展

促进教师发展，立足学生成长，通过"三研"，即教研、科研和考研提升育人质量。按照区"双名工程"要求，依托区教科院支持，建设学校专家资源库，围绕"三研"，采取师资培训、基本功比赛、特级教师工作室、名师工作坊、党员导师制等方式，提升队伍培养人才。

科研指引方向。依托市级课题"提升初中生核心素养的全学科阅读实践研究"，把提升核心素养与学校育人目标结合，以全学科阅读为抓手，开展实践研究。研究如何通过全学科阅读提升学生核心素养，实现学校育人目标。在全学科阅读实践中，拓展时空，结合课上课下、校内校外、线上线下，根据学生发展状况，结合具体学科，设计和确定不同学科提升学生学科核心素养的策略和方法。教研组根据学科及教学实际，开展子课题研究，在本学科阅读策略和方法探索，以及统一主题的跨学科阅读实践等方面，形成教材主题任务包；"阳光智慧"小组合作阅读模式，具有学科特色的阅读实施策略，以及多样化的阅读评价，为拓展教师专业视野、丰富学生学习资源提供了可能。

考研突破瓶颈。依托专家资源，开展高屋建瓴的培训和指引，对课标、学科核心素养进行深度解析，对"双减"背景下如何促进教学质量提升给出具体建议，使教师们更加明确学科知识和能力培养的途径和重要性，并积极应用于教学实践。同时，专家们走进课堂，参与和指导教师的听评课活动，给予教师具体指导，使高深理论落到实处。

教研常态实施。建立班主任工作坊、党员导师制，共同关注拔尖创新人才培养，提升学生能力和素养。从教师队伍建设、学生思维提升两方面发力，激发师生内驱力，促进学生高阶思维提升。

四、作业设计促"双减"，提质减负增实效

作业是反馈学生学习效果，进行自我学业课前预习和课后检查的重要学习环节。为此，我校以"提质减负增效"为目标推动研究实践，重点强调优化作业设计、丰富作业形式。立足"五育"并举，强化作业基础性和选择性，根据不同学生基础和需求，满足不同学生发展需要。

细化作业类别,将作业分为:预习性作业,即口答与预习;基础性作业,即常规纸笔作业;拓展性作业,即使用绘制知识结构图、思维导图、手抄报等形式,完成知识整合;个性化作业,即以反思随笔、特色视频、研究报告、主题论文等形式,促进学生个性发展。根据学情,教师分层落实作业设计多样化。如下表所示:

作业类型	设计意图	作业内容	作业形式	作业载体	作业时长
预习性作业	诊断新课学习基础、分散课堂难点等	前置单元或课时的达标检测、反思梳理等	完成前置测试题、温习笔记或板书照片、口答前置问题串等	教材、目标、学案、小条、笔记等	可分开设计时长,总时长不超过本学科规定时间(具体情况由学校和班级统筹安排)
基础性作业	巩固当天课堂教学内容,夯实基础等	基础知识积累题	纸笔练习	教材、目标、学案等	
拓展性作业	迁移方法、理解运用、知识整合等	拓展题、梳理知识结构、整合思维、典型题目理解与讲解等	纸笔练习、知识结构图、思维导图、讲题视频等	教材、目标、线上资源、自制笔记纸或笔记本	
个性化作业	个性发展	课外阅读、主题研究	反思随笔、特色视频、研究报告、主题论文等	自开发资源	

"双减"背景下,为满足不同层次学生需求,教师们探索如何利用分层作业、分层学案,在课后和课堂对学生进行思维训练。例如,拔尖学生作业类型多以课堂拓展为主,用思维导图、知识树等形式进行单元知识点梳理、阶段学习计划制订、考试知识归纳、阶段学习总结、写作构思、个人学习计划设计,有效培养学生思维品质。课堂上,教师尝试使用分层学案,对同一个主题的学习内容,设计不同学案。拔尖学生学案侧重系统性、条理性、开放性、拓展性和自主探究性。相对学科潜力更大的学生的学案,则侧重细节性、逻辑性,以

及教师的引导性。最终通过分层的作业设计，满足学生的不同需求，让所有学生有获得感。

综上所述，我校从顶层宏观设计、具体微观落实两个层面，通过"文化氛围营造、课程体系建构、特色课程实施、'三研'导向推动、作业设计优化"五个方面，"五育"融合全面落实"双减"，实现减负提质增效，培育"阳光智慧"学子。

"双减"背景下初中语文个性化作业设计探究

北京市朝阳区教育研究中心附属学校　◎张山青

"双减"背景下,提高作业设计质量成为当下必须遵循的一条基本原则。初中语文作业设计要与时俱进,相应作出系列调整。那么,如何才能在这种调整中借助作业的优化来提高学生学习的效率呢?笔者结合自己的教学实践,在此谈谈如何开展语文作业个性化设计,实现减负提质。

一、"双减"背景下初中语文作业个性化设计的目的

"双减"和新课标都强调了提高作业设计质量,增强针对性,笔者在作业设计方面进行以下思考和探究。

(一)初中语文个性化作业设计有效落实语文核心素养

《义务教育语文课程标准(2022年版)》强调:学业质量是学生在完成课程阶段性学习后的学业成就表现,反映核心素养要求,要注重"教—学—评"的一致性。其中评价的重要环节就包括每天的作业。

例如,在七至九年级,语文学业质量非常强调从多角度揣摩、品味经典作品中的重要词句和富有表现力的语言,通过多种方法呈现对作品的深入理解。笔者在教授了鲁迅先生的《阿长与〈山海经〉》后设计了"我为阿长选名言"作业,学生在这个作业的驱使下细读文本,筛选语句,思考讨论,更深刻理解人物内心情感和文章主旨。一句"哥儿,有画的'三哼经'我给你买来了"也成为学生心目中的经典名言。

(二)初中语文个性化作业设计注重分层,尊重差异。

针对不同学生的情况精选作业内容,进行作业分层设计,将作业分为基础类、提高类、创新探究类,让不同发展水平的学生都得到训练。

例如,在学习部编版初中语文七年级下册古诗词(陈子昂《登幽州台歌》、

杜甫《望岳》、王安石《登飞来峰》、陆游《游山西村》、龚自珍《己亥杂诗》）之后，笔者根据学生的群体特征设计了"古诗分类建群"作业，结合诗歌内容和助读资料，按照"踌躇满志、壮志难酬、矢志不渝"三个层次分类。

二、"双减"背景下初中语文作业个性化设计的实践探索

首先，语文作业设计尝试将书面作业转变为实践作业。

在新的教育形势下，初中语文作业现有的形式已经不能满足学生成长、发展的需求。笔者尝试在作业设计的过程中将书面性作业转变为实践性作业。

例如，部编版初中语文七年级下册第三单元主要借助《阿长与〈山海经〉》《老王》《台阶》和《卖油翁》四篇文章，引导学生掌握细节描写及其作用等。在学习这一单元内容时，不仅可以借助该单元细节描写的这一主题引导学生展开一系列的交流、辩论、读书分享实践活动，还借此进行实地走访、读书卡片制作、情境演绎和与主题相关的游戏等一系列的实践活动，从而使学生在精彩、有趣的实践活动中感受细节的巧妙运用。

其次，以语文学科为核心，设计跨学科实践性作业。

新课标提出："设立跨学科主题学习活动，加强学科间相互关联，带动课程综合化实施，强化实践性要求。"跨学科作业有助于发挥作业的课程育人功能，拓宽学习时空。

我校开展"寻根齐鲁"研学活动，以语文学科为核心，联合地理、生物、历史、美术等学科开展了"共赴泰山之巅，探究多彩文化""由'庄''城'运河文脉里探寻龙的精神""走进'三孔'——探寻礼仪文化，寻究智慧之根"等综合性实践学习活动，目的在于引导学生综合实践、探究启智、走向生活，使学生在生活情境中实践探究，培养学生综合运用知识解决实际问题的能力，提升学生综合素质。

总之，优化语文作业设计要落实"双减"政策，依据语文课程标准要求，立足学生的实际特点进行作业设计，注重个性化、实践性、综合性，有效完成语文学科的育人价值。

"双减"背景下初中数学单元作业设计的实践

北京市朝阳区教育研究中心附属学校　◎李明超

作业对于学生建构生活意义、增进学习体验、提升学习效能具有积极作用。因此需要教师通过设计层次丰富的作业形式，帮助学生走出书本、走向实践，最终达到提升学生核心素养的培养目标。

"双减"工作中，笔者在优化作业设计、落实减负提质方面进行了积极探索。

一、单元作业设计案例

（一）四层次单元作业

1.基础巩固类作业：关注"双基"，即巩固基本知识和基本方法。

2.综合运用类作业：使用多种方法解决问题，写清每一步骤的依据，在完成作业的过程中培养学科核心素养。

3.拓展性作业：挖掘教材内容，设计开放性的问题或让学生提出新问题并探究。

4.单元学习作业：关注知识网络的建立、对研究方法的认识等，考查整个单元的学习效果。

四个层次的作业既关注了基础知识的落实，又巩固了对研究方法的认识，相比一课时作业能更好地促进学生形成知识网络，发展学科核心素养。

（二）平行四边形的性质与判定单元作业设计

1.基础巩固类作业

（1）如图，剪两张对边平行的纸条，随意交叉叠放在一起，重合的部分构成了一个四边形。转动其中一张纸条，线段 AD 和 BC 的长度有什么关系？为什么？

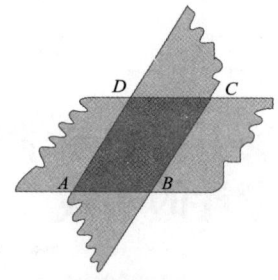

（2）如图，▱ABCD 的对角线 AC、BD 相交于点 O，EF 过点 O 且与 AB、CD 分别相交于点 E、F。求证：OE=OF。

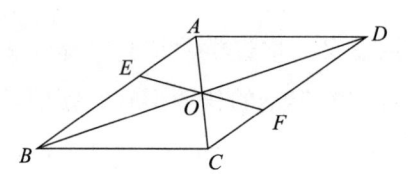

（3）如图，在▱ABCD 中，AC 是它的一条对角线，过 B、D 两点分别作 BE⊥AC，DF⊥AC，E、F 为垂足。求证：四边形 BEDF 是平行四边形。

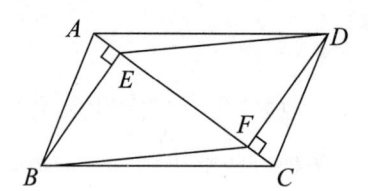

2.综合运用类作业：

（1）如图，四边形 ABCD 是平行四边形，∠ABC=70°，BE 平分∠ABC 交 AD 于点 E，DF∥BE 且交 BC 于点 F。求∠1 的大小。

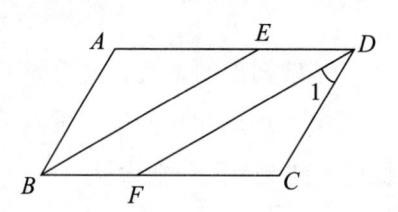

（2）四边形 ABCD 的对角线 AC、BD 相交于点 O，下列条件中，能判断四边形 ABCD 是平行四边形的有_____。（填序号即可）。

① OA = OD，OB = OC；　　② OA = OC，OB = OD；

③ AB=CD，AD=BC； ④ AB=DC，AB∥CD。

3. 拓展性作业

（1）如果点 O 为 ▱ABCD 内任意一点，连接 AO、BO、CO、DO，猜想并证明分得的四个三角形面积的等量关系。

（2）请概括借助平行四边形证明与借助全等三角形证明解决问题的区别与联系。

（3）绘制平行四边形的性质与判定的结构图。

（4）写出借助"三个条件"判断一个四边形是平行四边形的猜想并验证。

4. 单元学习作业

探究一个新图形（筝形或等腰梯形）的性质定理与判定定理。

二、单元作业设计实践反思

（一）以课标为方向，以教材为素材

课程标准是教材编写、教学、评估和考试命题的依据，是评价课程的基础。设计作业的目的要与课标要求的方向一致，这样才能更好地发挥作业的育人功能。

目前处在"新"课标与"旧"教材并存的时间段，需要教师以新课标的要求挖掘旧教材中的素材，通过教师的智慧使旧教材中的题目适应新课标的要求。

（二）以学情为参考，以任务为驱动

教师应通过学情分析确定具体作业，做好预设。作业设计要有层次，基础知识、基本方法的巩固是必要的，同时要给学生自由选择的空间，调动学生挑战困难的积极性。拓展类作业不是解某一道题，而是以"任务"的形式出现：可以没有标准答案，但学生要言之有据，利用已有知识进行"输出"，这样才能引导学生活学活用。

（三）以"双减"为契机，以提质为目标

要符合数学课程的要求。把提高作业设计质量作为减负增效的关键，加强作业设计实践研究，优化好基础类、综合运用类、拓展类和单元学习作业的数量和质量。要时刻以"减负提质"为目标，坚持实践，才能最终达成"减负提质"的效果。

四"课"发力 成就幸福
——"双减"工作报告

北京市中央商务区实验学校 ◎宋妍妍

北京市中央商务区实验学校始建于1982年,是一所九年一贯制学校。学校地处CBD核心区域,始终秉承着"和谐发展,幸福起航"的办学理念和"健康、阳光、乐学、善思"的校训,以"培养具有全面素质的学生,打造提供优质教育的教师"为办学目标,立德树人、全面发展、科学管理、追求卓越。

"双减"政策出台后,学校以学生健康成长为出发点,坚持"五育"并举,尊重学生成长规律,构建"四维"课程体系;守正创新,打造高效课堂,关注师生实际获得;因材施教,合理利用课后服务,倡导尊重个性和特色发展;通过课题引领,聚焦重点难点研究,提升教研考研能力。通过深度挖掘家、校、社教育资源,丰富课程建设,提升师资水平,把握课堂质量,协同育人途径——四"课"发力,成就每个人的幸福。

一、课程——坚持"五育"并举,尊重学生成长规律,构建"四维"课程体系

(一)学习政策精神,强化课程特色

"双减"政策落地后,我校在原有课程方案的基础上,围绕本校实际情况,补充发展适应"双减"政策要求的课程内容。强化课程九年一贯的连续性,依据学生身心发展的规律和学科知识的内在逻辑,搭建课程体系;强化课程的综合性和课程呈现的主题性,突出"整体育人"的基本理念,设置跨学科综合学习、主题学习及实践活动课程;强化课程呈现的多样性和创生性,鼓励和倡导充分利用社会大课堂资源与家、校、社各类资源丰富知识的呈现方式,增强学生对于知识的认识深度与广度;强化课程的选择性,完善课程选修机制,为学生提供个性化、多样化的选择,在课程支持上进行整体设计及完善,凸显学校的课程特色。

（二）坚持"五育"并举，补充发展"四维"课程

通过补充发展，学校课程体系在原有的三大课程板块，即基础类课程（国家必修课程）、拓展类课程（地方必修课程）、发展类课程（校本选修课程）基础上，构建了以培养学生综合素质为核心，涵盖体能、智能、技能和情感四个维度的"健身课程、广行课程、博知课程、怡情课程"，形成了具有我校特色的"四维"课程体系。通过激发学生的学习兴趣，提升学生的创新精神和实践能力，塑造学生健壮体魄和良好心理素质，养成学生健康的审美情趣和生活方式，使之全面、协调、可持续发展。其中，"无废践行"综合实践课程、"二十四节气"传统文化课程、体科艺劳特色社团课程等深受学生欢迎，形成了我校德才兼备、博专并重、学思结合、知行统一的课程模式。

二、课堂——守正创新，关注师生实际获得，立足高效课堂打造

课堂是学生学习的主要场所，也是育人的主渠道。以课堂为核心，充分利用课堂时间，提高课堂效率，是减负提质最核心的内容。

（一）把握课堂，教师理念先行

面对"双减"工作，我校要求教师们理念先行。通过培训、交流、学习等方式，将先进的理念植入教师头脑。针对教师的教学困惑，我校聘请专家引领大单元备课，强调回归课堂，进一步明确教学研究的新方向。通过明确方向、静心研究、精心备课和细心辅导，以不变应万变，确保课堂高效，使学生在校内学足学好，减轻学生课余负担。

（二）关注高效，营造研究氛围

每学期，我校都会围绕课堂教学的焦点问题开展全员研究工作，使教师们聚焦课堂，抓住"上课—观课—研课"三环节，倡导"4+X"课堂。

"4"即为课堂4个关键点，即兴趣点、生成点、训练点、提升点。"X"就是以学科特色为基础的教学环节，包括情境导入、巩固练习、拓展延伸等内容，由教师根据教学内容自主取舍，自主确定。

"4+X"范式的基本结构（流程）旨在尊重教师的创造性劳动和尊重学生的个性发展，突出"以学定教"思想，具有可操作性和开放性。优质问题教学研究，唤醒学生课堂内驱力，让全体学生参与课堂，提升效果。

（三）聚焦素养，强调实际获得

课堂教学是学生学习的主渠道和基本形式，也是师生长期坚持的双边活动，课堂教学是实实在在的事，一定要做实。在课堂要求中，我校强调追求基于研究课标、教材、学情的"三实"课堂——真实、欢实、扎实。教师真实地了解学情，关注教学规律，符合学生学习实际，才能真实地提高课堂教学的效率。实现课堂教学的目的，需要一步一个脚印地扎实教学，分层"落实"，既要以"扎实"为出发点，又要以"扎实"为收获点。要有知识技能学习的扎实，要有过程方法训练的扎实，更要有情感体验、学科素养逐步提升的扎实。当然也离不开课堂的欢畅及乐趣，这是学生持续学习的催化剂。我校一以贯之，要求教师每节课后做到三个重视：重视基础知识，把握关联，回归本质；重视基本技能，关注过程，体会原理；重视知识应用，结合实际情境，深化理解。我校认为，只有这样的课堂，最终才能实现学生知识、能力和情感的增值。

三、课后服务：因材施教，合理利用课后服务，按照需求个性发展

"双减"政策出台后，学校课后服务成为一项重要工作落实推进。我校基于学生需求调研，很好地利用课后服务时间，开展个性化教育教学活动，旨在满足学生个性发展需求。

（一）探索跨学科实践活动，形成特色学习内容

针对学生的实际情况，我校通过综合实践扩大学生的视野，提升学生理论联系实际的能力，开发了系列学科类校本课程和跨学科综合实践课程。课程设计从核心素养培养出发，多学科融合，学生以小组合作的形式完成学科及跨学科综合实践任务，不仅掌握知识，还在学习过程中学会沟通、理解与合作。现阶段，我校开设的"无废践行"综合实践课程、"二十四节气"传统文化课程等从内容到形式上初见效果，学生参与度高。

（二）充分利用家、校、社资源，开发特色社团及活动

以"双减"政策为指导，立足培养和发展学生的个性特长，充分挖掘家、校、社资源，让学校社团课程及活动成为学校特色发展的一道亮丽风景线。我校开拓视野，调研家长、社区、教职员工特长资源，为社团的广泛性提供可能。我校现有社团中，除本校教师开设的社团和聘请专业机构到校开设的社团外，

还有校工师傅做指导的种植社团、由社区为我校提供场地的志愿者服务社团、以及家长参与的家长"百家讲坛"活动等。

（三）利用分层答疑，因材施教个性提升

落实"双减"政策，我们利用课后服务时间，以分层答疑的形式，开展有针对性的辅导提升。学生结合自己的情况，针对不同的专题，或拓展，或补漏，个性化开展有效学习，形成不同层次的学习共同体，从而提升教学质量。

四、课题：课题引领，聚焦重点难点研究，提升教研考研能力

学校质量的综合提升，教师是关键。面对不断变化的考试形势和教育教学新问题，唯有通过研究引领，不断突破重、难点，方能持续提升。近年来，我校坚持以小课题为抓手，引领教师关注新形势，发现新问题，合作创新，共求突破。

（一）让课题研究成为教师的动力

通过确定研究主题、观摩交流、日常数据记录分析等，发现问题并研究解决问题的方法，通过优秀课展示和经验交流的方式，推广优秀做法。让老师们明晰方向，加油前行。

（二）让课题实践铸就教师的实力

我们会在不同阶段进行课题实践展示，通过一人一课的高阶思维活力课堂，精心打磨，实践、改进、再实践、再改进，经过数据分析，反复研究，总结出可推广的解决真问题的高效课堂流程，挖掘学科本质，让每个学生在每节课中有获得。

（三）用课题效果形成家校的合力

积极开展家校协同研究，继续畅通家校沟通渠道，加强家长学校建设，开设家庭教育大讲堂，解决家长最关心的问题，并开展问题反馈交流会，全局协同，汇聚众智众力，形成一盘棋，形成家校共育的良好局面，实现全局赢才是最大的赢，整体赢才是最好的赢。

通过全体师生的努力，我校的"双减"工作取得了一定的成绩。我校将以此为基点，发挥优势，继续努力前行！

"双减"背景下道德与法治精细作业设计探析

北京市中央商务区实验学校 ◎邓艳红

"双减"是党和国家基于新时代教育事业发展全局作出的重大教育决策，旨在将多年来追求的中小学生"减负"目标真正落到实处，从根本上实现教育回归生命原点的本真追求。"双减"减的是校外培训负担，"减作业"减的是数量，要的是质量，所以在作业设计上，就必须是优质高效的作业，是能培养学生的学习兴趣、启发学科思维、落实立德树人、提升学生核心素养的作业。因此，作为道德与法治教师，就要精心设计作业，构建道德与法治知识结构，提高学生学科核心素养，落实立德树人目标。

为落实"双减"的要求，减轻学生的课业负担，培养学生学习的积极性和自主性。本文拟以"关爱他人"的作业设计为例，从课前、课中、课后三个方面去精准设计作业，提高作业设计的科学性和有效性，启发学生深度思考，从而发挥道德与法治课程培根铸魂、启智增慧的作用。

一、课前作业设计

从初一入学开始，教师就要求按小组分任务进行课前2分钟时事播报，鼓励学生与老师、同学谈时事，对时事发表自己的看法，这对于培养学生分析事物的能力和增强学生的社会责任感是非常有利的。

在《关爱他人》一课前，教师要求学生搜集被他人所温暖的案例。在本课前的时事播报中，小组成员讲述了自己的亲身经历：在上学乘坐的公交车上，司机对每一位上车的乘客都非常关照，很细心，尤其是对老人，等他们坐好了之后再启动车。学生通过观察到的这些小细节，感受到了司机的善意和爱心。感同身受，让学生体会到了关爱他人、被关爱的温暖。这启发了学生从小事做起，关爱他人。

二、课堂作业设计

课堂作业不仅仅体现在纸面上，为了引导学生树立正确的价值观，教师可以举办一些活动，通过小组合作、与同学交流等方式，让学生对课堂内容有更深入的了解。这样既让学生轻松地接受了知识，同时也为学生创造了更良好的学习环境。

在《关爱他人》这节课上，教师以学生的切身体会为导入，设计了两个作业：第一，让学生说一说自己被他人所关爱的事例；第二，小组讨论交流关爱他人有什么意义。在这个过程中，学生们对整堂课的重点知识进行了很好的梳理，在相互交流中体会到了关爱他人不仅是一种幸福，也是一门艺术，要学会关心他人，从而让学生产生服务社会的意识，养成亲社会行为。

三、课后作业设计

课后，教师设计了两类能体现学生自主性、实践性和德育功能的创新性作业。

（一）设计搜集资料作业，培养搜集和处理信息的能力

让学生利用图书馆、阅览室、网络等渠道搜集有关资料。比如，在《关爱他人》的课后，让学生搜集近两年来被评为"感动中国"的人物，从中选出最让他感动的人物，并说明理由。这既开阔了学生的视野，也增加了学生学习的兴趣。

（二）设计实践性作业，强化学生良好道德行为

通过作业，把学生引向家庭，引向社会，引向生活，成为丰富学生生活的向导。以《关爱他人》为例，教师布置的课后作业就是让学生们在放学回家的过程中，去感受这一路上是否得到过别人的关爱。在这个过程中，让他们明白关爱他人是一种幸福，关爱无处不在、无时不在。通过这一过程，学生们用自己的切身感受体会真实情感，有利于他们情感态度价值观的形成。

在《关爱他人》这一课的教学中，教师坚持了多样性与发展性并举的做法，将口头作业与实践作业等多种形式相结合，设计出符合学生特点也更有针对性的作业。优质的作业设计能助力学生智慧成长，既减轻学生学习上的课业负担，又减轻学生心灵上的负担感，也锻炼了学生的思维发展。教师要以思维为核心，深入作业、根植作业，设计"思维型作业"，真正做到减量增效，发掘本课程的启智之美，从而落实立德树人根本任务。

课后服务，让爱延时

北京市中央商务区实验学校 ◎张怡

一、情景描述

学校课后服务工作全面推进半学期了，在期中班级学情分析会上，教师们不约而同地提到了班上的一个孩子，都在赞叹这个孩子发生的变化。要知道这个孩子原来可是"一颗炸弹"，让每一个上课的老师如履薄冰，不知道何时他的坏脾气就会爆发，撕作业、跑出教室、放声大哭是常态，更令人烦恼的是老师难以与他沟通。现在，这个孩子的性格、处事都有明显进步，发脾气的次数减少了许多。半个学期变化巨大，这几个月来孩子经历了什么？这不禁让我陷入思考，力图找到其中的"奥秘"，以便积累教育经验。

通过调查分析，这个孩子的变化源于学校课后服务的延时托管。这个孩子的家庭情况比较特殊，他是国家计划生育政策放开后出生的二孩，年龄与姐姐相差十几岁。由于平时父母工作较忙，照顾他的精力有限，姐姐又高考在即，全家人的关注点都在姐姐身上，对这个刚刚进入一年级的小孩极为忽视，家人的"冷落"导致了孩子性格的扭曲，变化无常的情绪影响了正在备考的姐姐，于是这个孩子成了我校"课后服务，延时托管"的唯一一个学生。为了照顾好他，学校安排了14位教师参加延时托管，相当于全校一半的教师都参与其中，每天一位教师陪伴，这样使孩子很有新鲜感，避免了因长期与一位托管教师相处可能产生的矛盾。于是，"14+1"育人模式就这样开启了。每天负责照顾孩子的托管教师都会在交流群里发布孩子的一日生活情况：一起踢球，一起读书，一起劳动，一起观看爱国影片，一起读课文……总之，无数个"一起"陪伴了孩子半学期的生活。每张照片都能看到孩子微笑的表情。

延时托管学习期间，孩子没有发脾气，而且还主动打扫卫生，甚至会把自己爱吃的零食与托管老师一起分享，要知道这在以往是万万不可能的，在班里谁也别想碰他的东西，更别说分享了。延时托管一段时间后，孩子的爸爸给我发来一条微信："孩子变化很大，回家后主动劳动，也很少发脾气了，自己的东西也能让家人一起分享了，感谢老师们对孩子的教育。"

二、原因分析

（一）师爱与陪伴让孩子健康成长

课后服务是学校教育综合服务的延伸，体现出学校教育主体性角色的回归和强化。课后服务与日常教育教学工作一样，都是为了全面落实立德树人根本任务。课后服务中，教师们付出爱心，给予学生更多的陪伴，"陪伴"是最好的教育、最真挚的师爱。一个缺爱的孩子，通常会用一些偏激的言行来引发父母的关注，爱的长期缺失会造成孩子言行的偏执。陶行知先生说过："没有爱的教育将会使之枯燥，像山泉枯竭一样。"陪伴恰恰是最有爱的教育。尤其对于一些家庭陪伴不足的孩子，教师更要利用在校时间给予其更多的关爱。

各学科教师的通力配合，强化了学校育人主阵地作用，促进学生全面发展健康成长。对学校而言，增强了教育服务能力，提高了教育质量，形成了良好教育生态，可谓一举多得。

（二）课后服务减轻了家长负担

课后延时服务让家长安心工作，回家后也无须为孩子学习辅导产生焦虑。家长情绪稳定，有助于为孩子营造和谐的家庭氛围。在和谐的家风中，孩子的性格也发生了变化。"双减"真正有效地解决了家长急难愁盼问题，促进家庭及学校全面育人的落地生根。

三、实践反思

细细思考，我们的14位教师并没有跟孩子讲什么大道理，也没有进行专门的训练。在随后一个课间与孩子聊天时，孩子高兴地跟我说道："还有2年，我妈妈就退休了，到时就能陪我了。"孩子一语道破其变化的原因。

"双减"工作的开展，其实给教师创造了更多与学生亲密交流的时间与空间，在课后服务这个时间段多与孩子沟通交流，了解他的思想，发现他的优点和不足，及时鼓励与指正。教师们半学期的真心陪伴，让这个太有个性的学生变得平和与开朗，同时激发出其心中的善良与爱，学会了关爱别人。半学期延时服务，为孩子的家庭创造了更多的亲子时光。和谐的亲子陪伴与氛围让孩子变得开朗和平和。

课后服务给了我新的启发，要关注学生的个性培养，教师通过对孩子的陪伴让教育回归本真，让师爱落到实处。学校的延时服务改变了一个家庭的教育氛围，为家长创造了陪伴孩子的时空。陪伴在学生成长中占据了重要的地位，老师、家长都不要吝啬那一点点时间和那一点点精力，要让爱的陪伴不错过孩子每一刻的成长，让爱陪伴孩子成长的每一时刻。陪伴是一颗爱的种子，一定会在孩子心中开出最美的花朵！

聚焦内涵建设，推进学校高质量发展

北京市朝阳区教育研究中心附属小学　◎王蕙

习近平总书记在党的二十大报告中指出："高质量发展是全面建设社会主义现代化国家的首要任务。""教育、科技、人才是全面建设社会主义现代化国家的基础性、战略性支撑。教育兴则国家兴，教育强则国家强。回顾历史，国家繁荣昌盛、经济持续发展、人民生活美好的背后，无一不体现出科技立国、教育立国的基本逻辑。"

基础教育高质量发展体现在学校的整体面貌、教师队伍状况、学生发展水平等方面。

北京市朝阳区教育研究中心附属小学始建于1959年，为促进区域优质教育均衡发展，自2002年7月起先后整合周边4所学校，实现一校四址办学。目前，学校有49个教学班、1800余名学生和120余名教师。其中，研究生学历4人，区级及以上骨干教师占专任教师人数的42%。

一、文化引领促进价值认同

学校文化是一所学校在长期的办学过程中形成的精神文化积淀，它是学校的灵魂，是体现在师生身上的特质、精气神，是看不见摸不着却在影响着师生思想行为的精神力量，是学校发展的动力源。

（一）和谐教育的提出赋予学校发展的内涵

学校从马克思主义人的全面发展的理论视角，结合学校的办学实际和培养目标，提出了"和谐教育"的办学理念，即为每名学生创造适宜的成长环境，让他们享受环境宜人的快乐；建构多元供选择的课程，让学生体验实践探究的快乐；开展丰富多彩的活动，让学生享受身心健康的快乐；形成家校社共育体系，让学生感受协同教育的快乐，从而促进学生成为身心健、品行正、

学识广、能力强、特长显的和美少年，最终实现每名学生全面而有个性的和谐发展。

（二）和谐教育的提出是对高质量育人的诠释

高质量的学校是遵循教育规律和学生身心发展规律实施教育的学校。学校确立了儿童立场下的"和谐教育"办学理念，努力构建教师乐教、学生乐学和家长乐育的和谐校园。"和谐教育"面向全体学生，既能满足为培养拔尖创新人才奠定基础的需要，又能促进每名学生全面而有个性的和谐发展。学校坚持儿童立场，以促进学生的发展为本，成立了"四个中心"，即学生成长中心、教师发展中心、课程研发中心和服务保障中心。"四个中心"的成立把教育教学管理的重心放到了年段组（教研组），真正实现学校从以行政为中心转向以教学为中心，年段组（教研组）既是教育教学实施载体，又是教育教学管理部门，它下移了管理重心，减少了管理层次，确保学校教学工作和德育工作及其管理的有机结合。

二、课程建设打牢学生成长根基

课程是人才培养蓝图的具体体现，是实现教育目的与培养目标的基础，它规定了学校教什么和学什么这样两个基本问题。"和谐教育"的提出，就是要培养全面而有个性的和谐发展的学生。

（一）基于育人目标的课程整体设计

学校基于育人目标，整合国家课程、地方课程、校本课程，统筹课内课程和课后服务课程，贯通学段和内容，构建了"一核心两主线三层级五领域"的"和悦课程"体系。课程结构以灯塔为模型，将"五育"有机融合，以育人目标为核心，以培根和启智为两条主线，自下而上分为基础性、拓展性和发展性三个层级，构建了人文与社会——和之品、数学与科学——和之思、艺术与审美——和之彩、体育与健康——和之健、实践与创新——和之创五大领域课程。其在动态交错融合中，相互渗透、相互促进，实现了学生素养发展的螺旋式上升。（见图1）

（二）满足多样化需求的课程设置

学校把握育人导向，强化课程整体设计，通过学科内拓展、跨学科整合、超学科整合，加强课程内容与社会生活、知识与实践之间的联系，构建多元可供选择的课程，在激发学生兴趣、挖掘学生潜力、发展学生特长中，使其学知识、长见识、增能力，培养其独立精神、批判思维，提升创新能力和实践能力，增强社会责任感，成为身心健、品行正、学识广、能力强、特长显的和美少年。例如，在开齐开足开好国家课程的同时，学校为了帮助一年级学生尽快适应小学的校园生活，开设了幼小衔接课程，发展学生适应能力。课程分为四个模块，分别是"我爱上学""我爱学校""我爱生活"和"我爱健康"。又如，学校把课内时间与课后服务时间打通，对于在发明创造方面有兴趣和潜质的学生，开设了"小小工程师"课程等。

三、活动设计赋能学生可持续发展

正如顾明远先生所言："学生成长在活动中。"学校围绕育人目标，从整体性、主体性、实践性、发展性入手，构建了丰富多彩主题鲜明的学生活动，学生培养真正做到学思结合、知行合一。

（一）富有特色的五彩主题活动

秉承学校"和谐教育"理念，学生发展中心携手党团队部门，构建了以文化浸润为基础、主题活动为载体、自主管理为辅助、协同育人为保障、榜样育人为特色、多元评价为手段的和润德育范式。其中，通过五彩主题活动，丰富育人内容，延伸育人途径，变革育人方式。（见图2）

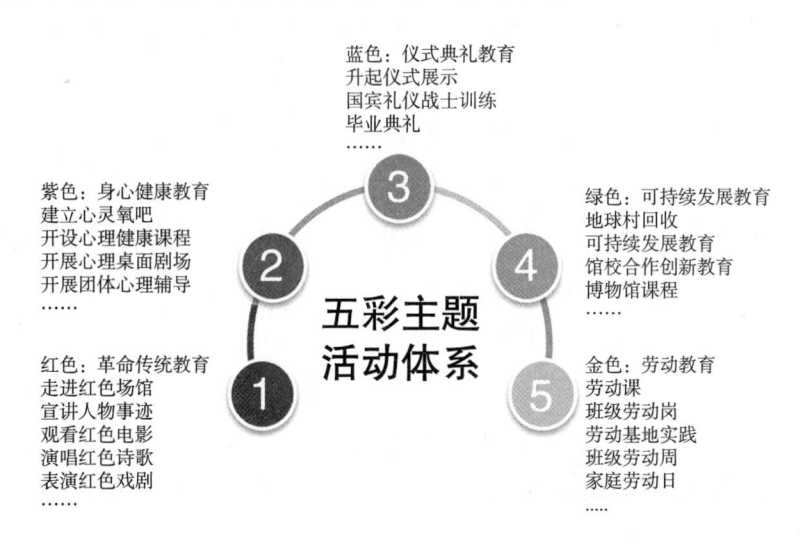

蓝色：仪式典礼教育
升起仪式展示
国宾礼仪战士训练
毕业典礼
……

紫色：身心健康教育
建立心灵氧吧
开设心理健康课程
开展心理桌面剧场
开展团体心理辅导
……

绿色：可持续发展教育
地球村回收
可持续发展教育
馆校合作创新教育
博物馆课程
……

红色：革命传统教育
走进红色场馆
宣讲人物事迹
观看红色电影
演唱红色诗歌
表演红色戏剧
……

金色：劳动教育
劳动课
班级劳动岗
劳动基地实践
班级劳动周
家庭劳动日
……

五彩主题活动体系

图2

红色主题即革命传统教育，在坚定学生理想信念、厚植爱国情怀、加强品德修养、培养奋斗精神上花心思、下功夫；紫色主题即身心健康教育，引导学生正确认识自己，珍爱生命；蓝色主题即仪式典礼教育，通过庄重的仪式，引导学生树立良好的品格，塑造良好的人格形象，培养志学励行、公正正义的精神；绿色主题即可持续发展教育，鼓励学生参加绿色生态实践，将传统美德铭记于心、外化于行；金色主题即劳动教育，让每个学生在活动中成长，实现活动中体验，生活中实践，培养创新精神和实践能力。

（二）榜样教育点亮育人工作亮点

榜样教育是德育教育的重要方式，典型榜样能够引领学生确立生活目标与方向，给他们前进的动力。多年来，学校坚持以党建引领班集体建设，开展雷锋班创建活动。例如，通过深入挖掘榜样人物雷锋的精神，把弘扬雷锋精神作为激励雷锋班建设的目标。在这一目标的导引下，学校共设计了五个弘扬雷锋精神的活动内容：学雷锋，讲礼仪；学雷锋，爱劳动；学雷锋，肯钻研；学雷锋，乐助人；学雷锋，勇创新。此外，依托绘画、戏剧、快板、讲故事、写日记等形式，引导学生把自己参与雷锋班创建过程的感悟、成长展示出来。

四、家校社携手护航学生健康成长

在"和谐教育"理念的引领下，学校将家长作为教育的重要合作伙伴，在学校办学理念、育人目标等方面积极宣传，与家长形成理念认同和行动共识，建立长效机制，探索协同新途径，形成合力育人体系。

（一）组织"PTCA"为育人护航

学校组织了"PTCA"协会为育人护航，"PTCA"是 Parents and Teachers and Community workers Association 英文缩写，即家长、教师和社区志愿者协会。"PTCA"协会的成立致力于搭建家长、教师、社区工作者与学生之间的桥梁，在教师与学生、教师与家长、家长与家长、家长与学生、学校与社区之间营造良好的、互动的、协作的教育环境，共同促进学生的成长。学校充分发挥"PTCA"组织的作用，定期开展活动交流育子经验、分享育子心得，并把社区中对教育的有益资源引入学校。

（二）开展系列品牌活动伴学生成长

在"PTCA"的积极组织下，学校开设了"四个大讲堂"，即教师大讲堂、家长大讲堂、志愿者大讲堂和学生大讲堂。与此同时，每月绘画联展、志愿者服务实践、走进红色基地等成了学校的品牌教育活动。

64年的办学历程，学校在踔厉风发、赓续前行中以"和谐教育"孕育了"和美少年"，未来教研附小的师生将以自信自立、开放包容、和谐共进的姿态，在基础教育高质量发展的征程中再谱新篇。

让"双减"视域下的劳动教育向阳生长

北京市朝阳区教育研究中心附属小学 ◎门卫华

为落实"双减"政策,让学生体会劳动创造美好生活,热爱劳动,培养勤俭、奋斗、创新、奉献的劳动精神,我校创新劳动教育实践,努力构建校本化劳动教育课程体系,为学生搭建劳动实践体验的平台,积极探索向阳生长的劳动。基于劳动教育目标,按照学生年龄阶段,我校把劳动分为"自我成长型劳动""服务他人型劳动""智能美化型劳动",结合"双减"背景,对不同类型的劳动设计了具体的劳动时间和地点,让劳动教育在"双减"视域下,巧妙融入学生成长,成为生长的劳动。

第一阶段:自我成长型劳动。

北京市朝阳区教育研究中心附属小学劳动"大课堂"任务单

劳动任务群	劳动场域	任务		
	学校	1.自己整理学习用具;2.会摆桌椅	1.会使用劳动工具做值日;2.会打扫校园、楼道环境	1.会进行班级、校园绿化;2会布置教室文化
	家庭	1.自己叠衣服;2.会择菜、洗菜;3.会摆碗筷和收拾桌面	1.我会收拾床铺;2.我会洗头、剪指甲;3.在家长的指导下,学习做早餐,学做水果拼盘	1.安全使用电器,会用洗衣机清洗床单等大件衣物;2.会看电表、水表;3.会收拾自己的房间
	社会	我能做到垃圾分类,爱护社区环境	能主动打扫楼道,创造和谐、干净的生活环境,积极参与力所能及的社区服务活动	积极参与力所能及的社区服务活动,捡拾社区白色垃圾
	学校	了解班级植物常见的养护方法	能识别五谷杂粮和常见的蔬果	了解动植物的生长周期,懂得珍惜劳动成果
	家庭	参加一些简单的种植、养殖劳动	掌握常见的蔬菜和家庭绿植的种植、养护方法	坚持长期劳动,养成持之以恒的劳动品质
	社会	初步具有关系、照顾身边常见动植物的责任心	初步学会与他人合作劳动,增强农业生产劳动中的安全意识	了解一些关于农村、农业、农民的基本知识,热爱自然、热爱土地情感

这一阶段，我校结合"双减"政策，让家长知晓孩子居家生活应掌握的劳动技能，通过家庭劳动岗、周末家庭劳动日等活动，让学生掌握应会的劳动技能。低年级以家务劳动实践为主，比如扫地、擦桌子、给花浇水、洗碗、整理书包等，培养学生自己的事情自己做；中年级开展家校合作的劳动实践活动，学生回家做力所能及的家务活动，比如洗自己的袜子和内衣、整理床铺、择菜洗菜、自己热饭菜等，让学生成为家庭管理的小主人；高年级开展"学校、家庭、社会"三位一体的体验活动，学生回家后做力所能及的家务活，比如和父母一起开展大扫除、洗自己的衣服、整理自己的房间、学做简单的饭菜、参加校内外劳动教育基地实践活动等。

为了让学生热爱劳动，养成劳动的习惯，做生活的小主人，我校结合劳动周开展"我劳动我光荣"劳动技能展示考核活动。考核中，学生通过参加集体叠衣服、穿衣服、系鞋带、系红领巾、洗红领巾、钉扣子、做水果或蔬菜拼盘等项目，锻炼劳动能力。学生们通过比赛，充分体现了自己在日常生活中的动手能力、审美能力和创作能力，以及对劳动的热爱、对生活的热爱。

为了实现以上目标，我校加强家校配合，在学期初就联系家长，让家长明确孩子应该掌握的日常生活劳动技能，通过设立家庭劳动岗和周末家庭劳动日打卡活动，让孩子初步掌握简单整理与收纳的基本方法，初步养成及时整理与收纳的习惯，初步具有管理自己的生活用品、学习用品的能力，初步感知劳动的辛苦和乐趣。

第二阶段：服务他人型劳动。

在这一阶段，我校依托学雷锋班集体的创建，组织学生学习雷锋精神，用自己的劳动服务他人、服务社会。为了给学生提供更多的劳动空间，我校在各校区建立了学雷锋实践基地，"雷锋班"学生定期到基地打扫卫生、种植蔬菜。有的雷锋班学生还把自己的实践基地建在校外，建在最需要他们服务的小黄车停放处，他们用自己的实际行动服务社会。"双减"落地后，学校将课余时间用于劳动，不仅培养了学生的劳动意识，更激发了学生的社会责任感和担当精神。

一位学生在劳动中，不慎划伤了手，其家长通情达理，不但没有找学校要求赔偿，还鼓励孩子说："你是雷锋班的学生，要向雷锋学习，这点小伤算什么。"家长的鼓励，让孩子感受到服务他人的快乐，感受到精神成长的重要意义。

第三阶段：智能美化型劳动。

在不断的摸索中，我校劳动教育逐渐形成体系，最终形成了融合化、项目化劳动课程。在活动过程中，学生们动手实践，出力流汗，磨炼了意志，培养了正确的劳动价值观和良好的劳动品质。

一是与思政课和语文课融合。每次劳动主题活动结束后，语文教师及时指导学生记录劳动感受。学生们有了真实的劳动体验，写作文不再"无话可说"，很多写作素材信手拈来。"文字源于生活"，劳动体验提高了学生的写作水平。

二是道德与法治教师结合劳动实践课进行适时教育，引导学生体会"一粥一饭，当思来处不易；半丝半缕，恒念物力维艰"的深刻道理，教育学生不浪费粮食，懂得感恩他人。

三是与科学课融合。让学生在给植物拔草、浇水时观察植物的向水性、向光性、向肥性等，培养了学生认真细致、科学严谨的观察习惯。

四是与美术课融合。为了丰富学生的校园文化生活，陶冶学生的艺术情操，我校开设了"乐动手"创意手工坊特色课程，石头画、布艺、纸浆画、刺绣、纽扣画等动手实践课程，通过创意、设计、制作、展示等环节，培养学生的想象能力、创新能力、动手能力和审美能力。母亲节到来之际，学生们为妈妈制作贺卡，展示了动手制作能力和绘画水平。

五是与传统文化教育融合。学生们在劳动实践中既提高了劳动技能，又提高了审美能力，感受到劳动是创造美好生活的源泉；在"找寻劳动主题背后的故事"活动中，激励学生了解祖国传统文化，激发爱国情怀。

"日出而作，日落而息。"学生们在劳动中学习，在劳动中收获，学会了自己的事情自己做，学会了感恩他人。我校将一如既往坚持"有生长的劳动教育"的主线不松懈，"劳动"教育的成果必将更加丰硕！

"双减"背景下小学语文作业设计探究

北京市朝阳区教育研究中心附属小学 ◎汪丽华

2021年7月,中共中央办公厅、国务院办公厅印发《关于进一步减轻义务教育阶段学生作业负担和校外培训负担的意见》,明确提出要"全面压减作业总量和时长,减轻学生过重作业负担"。

减下去的是作业,增上来的是教育质量和效率。对于语文学科而言,作业是语文教学中的重要环节,它是学生巩固运用课堂所学知识的重要载体,也是教师检查学生课堂学习效果的重要手段。新课程理念下作业的设计应当是开放的,应努力实现课内外联系、学科间融合,真正让作业成为培养和发展学生能力的重要抓手。

一、基础作业精而少

"双减"背景下的基础作业设计,立足学生学业基础,以巩固当天所学的基本知识和基本技能为主,力求做到精而少,"精"是对作业设计的思考,"少"是对作业量的把控。语文基础从形式上来讲,是音、字、词、语、段、篇的载体。作业设计中,特别关注单元语文要素与"交流平台"的"示例"指向,关注单元导语页、课前阅读导引、文中的"泡泡"、课后思考与练习等提示,把这些要求过程化、具体化,不另起炉灶,不拔高要求,实现设计者意图。

二、拓展作业精而活

对于拓展作业,学生可根据自己的学习情况及基础性作业完成情况自主选择。可以因循统编教科书单元统整的编撰的特色,以"单元习作"为核心,牵连"读"与"写",综合发展能力。例如,对统编教材六年级语文上册习作《让生活更美好》,教师让学生在习作前阅读冰心的《童年杂忆》节选、丰子恺

的幽默短篇《口中剿匪记》节选等，拓展阅读面，培养语感。再如，五年级教师根据《牛郎织女》一课的教学提示，让学生尝试为课文绘制连环画。又如，一年级在学习了《秋天》一课后，让学生走进大自然寻找秋天，并制作落叶画；三年级让学生观察植物的生长，通过图片和文字写观察日记等。

三、融合作业精而实

（一）融合不同学科

不同学科知识间存在相通性，并没有清晰的界限。小学语文教师通过设计学科融合性的作业，能够帮助学生开阔眼界，丰富语文作业的具体内容。比如，教师在讲解关于《宇宙生命之谜》这部分内容时，教师可在作业设计中将天文学、生命学科的内容融入进去，让学生利用网络探寻太阳系里除去文章中所介绍到的地球、火星之外，还有哪些天体？并试着绘制各天体的位置图，分析为何太阳系当中只有地球存在生命等。这样类型的作业，学生需要进行资料查找，还要动手绘画操作，还要综合课文和所学的科学知识点，把语文学科、科学学科、美术学科的知识进行融合，对比单一形式的语文作业，更具探索性，能够帮助学生锻炼综合能力，让学生在实践中更深入理解文本内容。

（二）融合现实生活

生活中处处有语文，生活是学生学习语文的重要平台。语文是一门具有工具性、实践性特点的学科，实践是提高学生语言运用能力的关键。例如，在教授《只有一个地球》一课时，教师设计出下面的作业：地球是人类赖以生存的家园，当前的地球备受荼毒，垃圾随处可见（教师出示地球环境遭受破坏的图片）。作为守护地球的一分子，请同学们仔细调查一下我们能够从生活中的哪些小事入手，为保护地球贡献自己的一份力量。利用调查问卷的形式让学生完成作业，引导学生对不同职业的人进行询问，得到调查结果后再总结归纳，在讨论会上与大家一同分享。在自由的氛围中，学生不仅能够顺利地完成作业，还能增强实践能力。

四、探究作业精而趣

（一）短期合作探究作业

比如《鸟的天堂》这篇文章，作者具体描写了鸟儿的生活环境，呈现出美不胜收的图画，字里行间充满着勃勃生机。

结合这一节课的具体内容，教师为学生安排下面的合作探究作业：首先，要求小组成员分别研究新生命的意义，并且罗列出成员的想法，制作成表格；其次，要求小组成员结合文章描写手法一同运用画笔绘制出一幅精美的《鸟的天堂》图画；最后，要求小组成员一同在公园当中收集鸟的叫声，制作成声音合集。通过这样的短期合作探究作业，帮助学生深入理解这一节课的内容，具有较高的趣味性，可以提高学生完成作业的热情，提高完成作业的有效性。

（二）长期合作探究作业

在设计长期合作探究作业时，教师需要先对单元的主题展开规划。比如教师在教学五年级上册第三单元的过程中，让学生了解不同类型的民间故事。教师由此为学生们设计出下面的作业：第一，小组成员一同观看民间故事改编成的电视剧或者电影，参考影片选择一个片段来展开表演，深入了解角色情感。第二，小组成员对《后羿射日》进行阅读，由小组成员一同制作相关的手抄报。第三，选择一个民间故事，小组成员每人选择一个段落进行描写，最终连成一个完整的故事。利用长期合作探究作业，让学生深入对这一单元的内容进行了解，从而助力学生建立起更完善的知识体系。

总之，"双减"政策背景下，小学语文作业如何在减量、控量的前提下做到提质增效，需要对学科作业性质、目标、功能更精准地定位，"教者有心，学者得益"，用心设计具有趣味性、层次性、实效性、生活化的语文作业，不仅能够达到巩固学生课堂所学知识的目的，而且还能发展学生的语文水平和能力，为今后的学习打下坚实的基础。

"一班一省"构建学校德育课程新模式探索

北京市朝阳区花家地实验小学　◎张冬云

2019年6月，中共中央国务院印发《关于深化教育教学改革全面提高义务教育质量的意见》，明确提出了构建德智体美劳全面培养的教育体系，健全立德树人落实机制，着力在坚定理想信念、厚植爱国主义情怀、加强品德修养、增长知识见识、培养奋斗精神、增强综合素质上下功夫。

北京市朝阳区花家地实验小学依托"慧心教育"办学理念，自2019年全面开启了"一班一省"为载体的"五育"融合课程实施探索，构建了以班级为单位，以项目学习为驱动，以多元整合的方式创新实施，打破了以往的学习活动壁垒，实现了多学科联动、跨学科融合、整体育人的课程功能。形成了"一班一省一绘本（原创）""一班一省一非遗（绘画作品）""一班一省一故事（讲好中国故事）""一班一省一名人""一班一省一文化""一班一省一风情"等系列成果。通过班级实施、年级流动、校际联动、云端互动，引导学生学科融合、学科跨界、穿越学科边界探索"一班一省"特色班级课程，坚持知行合一，夯实五育并举，更好地挖掘课程实施的广度、宽度和深度，引导每一个学生成为生活和学习的主人。

一、以"一班一省"为载体，树立立德为先的课程思政

教育大计，德育为先。《中共中央关于深化文化体制改革、推动社会主义文化大发展大繁荣若干重大问题的决定》中指出，坚持育人为本、德育为先，实施素质教育，促进中小学生健康成长。花家地实验小学深入学习贯彻习近平总书记关于教育的重要论述，全面贯彻党的教育方针，落实立德树人根本任务。我们以"一班一省"为载体，传承中华优秀传统文化，引导学生探寻该省市中华优秀传统文化蕴含的思想观念、人文精神、道德规范，并结合时代

要求继承创新，落实学生真实体验，引导学生在活动中丰富知识，在实践中拓展眼界，在交流中激活灵感，厚植家国情怀，培育精神家园，帮助学生系好人生第一粒扣子。

在班级课程建设中，依托项目学习，将"一班一省"与党史学习教育有机结合，引导学生深入了解我党的艰苦发展历程，激发学生的爱国、爱党、爱社会主义之情，将理想信念教育融入学生自主发展培养中。

在项目实施中，学生们自主收集各省的著名革命人物、革命故事、革命歌曲、革命榜样、红色足迹等，自主组成学习研究小组展开学习探索，通过读经典、做答题、拍视频、写书信等多种方式，学习党员榜样，讲好党的故事、革命的故事、英雄的故事，厚植爱党、爱国、爱社会主义的情感，用实际行动讴歌新时代、记录新气象、书写新篇章，助力每一名学生将爱国爱党成为日常自觉的行为。同时依托"家校社共同体"架起资源链条，结合学校博物馆课程、工作坊基地、家长讲堂、学生论坛、班级代言，从课内课外到校内校外，从学校、家庭到社会，多维度补充学生的教育资源供给。定期组织学生到博物馆、文化基地，置身文化情境中，体验不同省市的传统艺术文化。

我校开展家长讲述家乡变化的课程探索，以班级为单位，来自各省市的家长向孩子们介绍自己家乡的风土人情，介绍家乡的变化和他们小时候的一些生活情景；结合孩子为家乡代言等活动，引导孩子们成为自己家乡的宣传员，介绍宣传自己家乡的文化特色等。"一班一省"家长讲堂系列课程，实现了学科间融合、课堂内外贯通、校内外连接，综合利用社区社会资源，家校社协同育人，丰富了课程实施形态。"我是朗读者""云端话中国"和赞美我的"家"等课程，带动全体师生共同参与，爱国主义、文化自信的种子在学生心中生根发芽。

二、以"一班一省"为纽带，构建增智育人的思政课程

智育是实现人的全面发展的重要途径，是培养适应新时代发展需要的接班人的教育基石。充分挖掘各门类课程蕴含的教育资源，将社会主义核心价值观体系的育人目标和内容具体化是聚焦学生的核心素养发展的关键。依托"一班一省"班级课程，教师们深耕课堂教学，积极探索实践学科教学的育人载体，将不同学科的内容、活动、知识等有机地整合在一起，在学科融合、

联动过程中形成核心素养，共同展开课程育人。

在探究"一班一省一文化"的课堂教学中，道德与法治教师带领学生感受各省多姿多彩的民间艺术，引导学生通过小组探究了解感受中国民间美术的魅力，用自己的方式表达想保护传统文化的感受，以及愿意为保护传统文化做力所能及的事的愿望；美术教师通过图像识读方式，引导学生观察各省有代表性的民间美术、非物质文化遗产等，了解其独特文化特征及寄托的美好的寓意和祝福，在浓浓的文化氛围中继承与创新，在实践体验中引领每一名学生都成为中华优秀传统文化的"小传承人"；语文教师结合各省的地域特点寻找有代表性的诗歌，引导学生品味经典诗歌传诵文化，一起诵读诗歌，倾听乡音，感受语言艺术，品味传统文化，学生们对诗歌与本土文化拥有了更深的热爱与信仰；音乐教师则借助古典诗词的节奏感，自主进行音乐创编，进而加深对古诗词意境的了解，充分挖掘学科课堂体系与中华优秀传统文化的多元关系，从多角度传承中华优秀传统文化，培养学生核心素养。

随着以班级为单位的"一班一省一文化"全学科学习的开展，学生们在各学科教师的引导下，自发自主地开始了对本班所代表省市的深度学习，了解它的文化、感受它的风俗，探索它的非遗，寻找它的特色服饰、特色小吃、特色建筑，以及有代表性的榜样人物等，树立民族自信，培养家国情怀，增强民族自豪感。

三、以"一班一省"为桥梁，架起健体增慧的冬奥教育课程

体育是提升学生综合素质的基础性工程。我校充分挖掘"以体育智、以体育心"的独特功能，以班级为单位，以冬奥教育为载体，关注学生成长需要。通过合作探究、搜集整理冬奥知识、模拟"小小冬奥组委会"，研发冬奥项目游戏、冬奥项目课程，践行冬奥精神，开发"一班一省"做本省冬奥文化代言人系列课程，在冰雪文化的传承中激发学生的奥运情怀，更好地践行爱家乡、传播家乡文化的责任感，促进学生的发展。

在课程实施中，我校注重营造校园奥运文化，从内而外彰显奥运教育。在学习冬奥知识、践行冬奥精神的基础上，学生们深入了解各省市参加过奥运会的运动员，以及参与冬奥项目的运动员，了解他们的训练历程等，学习中国体育健儿顽强拼搏的精神，既是对2022年冬奥比赛项目场所进行深度

学习，提升了学生的研究型学习意识，同时也在校园里掀起了冰雪运动的热潮，真正落实了人人开展奥运教育、人人参与冬奥主题教育活动、人人践行奥运精神。课间操时间，践行社会主义核心价值观的"一班一省"自编健美操成为校园里一道亮丽的风景；体育节上，"一班一省一项特色运动"让每一个学生感受到体育不仅能使人掌握知识和技能，还能锻造人的精神和意志品质，更承载着国家强盛、民族振兴的梦想。

四、以"一班一省"为平台，创新尚美而行的美育单元板块

美育作为落实立德树人根本任务的重要支点之一，其重要性不言而喻。学校挖掘艺术教育的落脚点，以"一班一省"为平台，一班研究一个省市，采取挖掘课程资源，探究艺术的形式美、精神美，以美育人。通过艺术学科融合贯通，丰富美育育人资源，以美化人，丰富艺术课程渠道，培育精神家园，通过以美培元的实践探索，激活学生弘扬中华美育精神。

在开展"一班一省一民间美术"课程的学习中，我校对艺术教材中的民间美术内容、表现形式等进行内伸外延，引导学生自主收集自己所喜爱的各省市的民风风俗，探索该省市的非物质文化遗产，寻找民族特色服饰、特色小吃、特色建筑、特色文化等，启发学生回忆自己在出游过程中所见过的建筑、吃过的特色小吃、玩过有意思的玩具和特色文化风情等，让学生做创作中国民族风情美的代言人，一起寻找美、发现美、欣赏美、表现美、创造美……绘美悦心，用艺术美滋养生命活力，很好地丰富了学生民间美术教育资源，助力学生健康成长。

五、以"一班一省"为路径，探究以劳创新的劳动教育课程群

以劳育德、以劳树德，是劳动教育的首要育人目标。劳动教育与现实世界直接联系的教育，是培养学生的劳动观念、劳动精神和劳动技能，促进学生身心健康发展的重要路径。

我校基于"一班一省"课程体系，找到劳动教育的契合点，着重培养学生的技能、职业理想和社会责任感，将课程设置、课程内容与"一班一省"巧妙结合、与学生生活实践紧密联系，将课程实施和课程评价与学生综合素养培育有机整合，充分利用校园内的土地资源，为学生们创造生命成长的场域。

我校遵循"一班一省一土地，人人参与其中"的原则，打造校园内的"菜园、

粮园、花园、果园",在此基础上构建"慧心百花园"课程群,建立特色劳动实践基地,将劳动教育与其他学科教育相互融合渗透;通过"劳动践于行美德润于心"的劳动实践教育活动,达到"以劳树德"的教育目标。学生劳动的过程中体会到,无论是体力劳动还是脑力劳动,即便没有轰轰烈烈、惊天动地的作为,没有引人注目的劳动成就,但也必须持守自食其力、勤勉向上的劳动态度。

  以种植劳动体验为例,学生最先观察认识种子,探究种子萌发的条件,然后小组共同播种,观察种子发芽长大,开花结果,做好观察记录。学生在亲历植物的生长过程中,尝试解决种植过程中出现的各种问题,获取直接经验,体验感悟,以劳增智,积累劳动知识,培育劳动技能,培养劳动思维,感悟劳动成果的来之不易。我校在此基础上深化劳动教育实践,结合种植活动探索各省农作物的特点,学生动手实践,以劳健体,锤炼意志,增强体质,在劳动体验中感受劳动的快乐,亲近自然,增强劳动意识与责任意识,并在劳动教育过程中落实"家校有联动、师生有行动、社区有活动、校区有特色"的全方位劳动教育,真正从多渠道落实育人实效,提升育人品质。

  在"一班一省""五育"融合课程实施探索过程中,我校牢固贯穿"立德树人"这一核心理念,深入落实习近平总书记提出的"培根铸魂,启智润心"思想,借力发力,穿越学科边界和时空边界,学科融合,课堂内外贯通,校内外连接,综合利用社区社会资源,实现了以课程为育人核心、以实践为育人基础、以文化为育人指导;课程内容、实践活动、育人目标更加贴近学生实际需要、让学生有更多实际获得感,更好地回归教育的本质,实现对生命的唤醒和涵养,促进每一个生命个体健康成长,这也是我校践行"为党育人、为国育才"的生动写照,更是我校对新时代背景下如何落实"五育"并举的积极探索。

"双减"视角下小学美术绘本育人路径的探索

北京市朝阳区花家地实验小学　◎马燕

2021年7月，中共中央办公厅、国务院办公厅印发《关于进一步减轻义务教育阶段学生作业负担和校外培训负担的意见》。"双减"政策指向教育价值所在，聚焦"立德树人"，坚持以学生为中心，把保障学生权益和身心健康发展作为根本出发点，让义务教育回归立德树人"初心"。

小学美术绘本育人路径，是指基于小学生认知发展特点，以小学美术绘本教学为载体，落实美术学科核心素养，践行以美育人；依托小学美术绘本创作，弘扬中国优秀传统文化，浸润学生心灵，以美化人；借助小学美术绘本实践，培育社会主义核心价值观，筑实以美培元的教育目的。

在小学美术绘本课程实施中，笔者采取课内"加"、学科"整"、跨界"联"三种途径，进行探索。

一、课内"加"——立足课内，深挖教材，有效延展

在探究过程中，笔者立足课堂教学，强调学科的独特属性和学科价值，充分挖掘学科内的逻辑关系、关联，利用教材内容，引导学生分析其表现手法，拓展延伸小学美术绘本课程创作的表现形式，形成从单一课程探索转向多态化课程实施的形式，更好地发挥学科核心素养的育人功能。

（一）借形造型，拼摆添加，丰富绘本课程创作表现方法

结合教材中的绘本作品欣赏，展开实践探索。借助自制教具，借形造型，通过拼摆添加、组合等，引导学生在体验中大胆想象，探究新知；借助情景再现、局部画面延伸、主题续编等方法，从绘本欣赏入手，延展到绘本创作，丰富绘本创作的表现内容与表现方法。

（二）借题发挥，恰当补充，丰富绘本课程创作表现题材

通过采取借题发挥、恰当补充、合理延展的方式，整合课程资源，从绘本欣赏入手，引导学生仔细观察绘本的线条、形状和色彩是如何安排及组合的，观察所选的媒材和表现效果，观察画面所呈现的蕴意，对接美术教材的主题，进行绘本创作，弥补学生在绘本创作中主题不突出的弱点，丰富绘本创作的表现题材。

（三）借助资源，有效整合，丰富绘本课程创作表现形式

利用学校特有资源，结合实践活动、特色美术社团活动，以及学校独有的课程安排，与其他学科内容进行整合，结合课程，结合活动，对接研究主题进行资源补充。比如，借助绘本专家资源，开展与大师面对面活动；借助北师大绘本课程研究室资源，与课程对接，开展原创绘本教学研究；借助实践活动，让学生亲身体验，借力给力；结合画面的构图、线条、色彩及文本的布局，引导学生多感官体验，感受画面中美术元素的运用，引导学生体会到这些美术元素不只表达所画的内容，本身也具有独特的内涵、绘画风格、表现形式等，进而提高学生的图像识读能力及美术表现能力，绘本创作表现形式更加丰富多彩。

二、学科"整"——有效整合，内外延伸，优势互补

学科"整"的目的，是在学科属性相通、学习规律及学习方式相融合的情况下，跨越学科边界，将不同学科的内容、活动、知识等整合在一起，在学科融合中形成核心素养，共同展开课程育人。

（一）主题统整，多学科融合，多维构建特色绘本课程

多学科整合是以学科知识学习为中心，教师围绕某一主题组织各学科的学习内容。在实施中，教师之间围绕同一单元教育主题展开研究，寻找教育落点，开展教学活动。可以结合适合学生的教育主题，可以结合同一绘本内容，多学科融合，切实挖掘绘本教学的育人深度，形成一条深挖延展的教学途径。

（二）内容共享，跨学科共研，多渠道显现绘本"说话"功能

跨学科整合是教师围绕各学科的共有学习内容组织课程，共同挖掘各不同学科中共有的学习内容，强调跨学科技能和概念的学习，各学科结合学科本体采取多元联席共研，结合绘本的重要知识点实施教学，凸显学科本体。

三、跨界"联",优势互补,超学科共生,全方位立德树人

跨界学习在于超越学科边界,将学生的学习与社会生活实践打通,基于学生立场,在实际生活情境中提升学生发现问题、解决问题的综合能力。可以采取课内挖掘、课外延展,课内外有效联动,引导学生在自主发现、自主体验、自主探究中,制作属于自己的绘本作品。例如,结合学校"一班一国""一班一省"主题教育,对接教材,提高学生绘本创作主题的针对性;结合小学生日常行为规范,结合冬奥主题教育,结合传统节日,对接美术实践活动,提高学生绘本创作内容的人文性;结合热点话题,对接学校特色社团及校外资源,提高学生绘本创作形式的丰富性,将立德树人浸润在学生创作活动中。最终,让学生画出自己心中的原创绘本,培养学生的想象力、表达能力、创新能力、实践能力,以及欣赏美、表现美的能力,在创作中感受原创绘本的魅力,激发创作热情,发挥想象,发展心智,获得成就感。

通过实践探索,笔者深切体会到在小学美术绘本育人创新实施路径的探索中,教师要从学生的实际发展水平与需求出发,借助各种丰富资源,与美术课程深度融合,融入文化特色,进行学科间整合;要以能力素养为核心,开展拓展性绘本课程的探索,更好地拓宽学科的维度;要通过学科跨界,打通课程壁垒,丰富学生的创作视野,用美术学科特有的精神和文化去打造学生的学科素养,点醒学生追求真理的方向;要用美术科学特有的魅力和美感,激活学生热爱生活的渴望,引导学生发现生活中的美、表现生活中的美、创作生活中的美,在一次次原创绘本过程中抒发情感,获得积极的学习态度和良好的审美情趣,让学生在绘本创作中张开翅膀、自由翱翔。

以过程性评价提升学生英语学习能力

北京市朝阳区花家地实验小学 ◎王素梅

开学初的一个早晨，学生们进教室后都在有序地上交作业，正当我在低头批改作业时，有一个学生走到我的面前，问道："老师，您看看我交作业了吗？"当时我一听就很纳闷——怎么还问老师交没交作业呢，交没交作业难道你自己不清楚吗？我停下笔，抬起头。哦，原来是他——班里的"小淘气"，开学了还没进入学习状态，课后自学时间不是东张西望就是磨磨蹭蹭，反正就是不写作业。看着他满心期待表扬的目光，我赶紧在一摞作业中找到了他的作业，然后用鼓励的语气回答他："交了，非常棒！"于是，他心满意足地回到了自己的座位。回想"小淘气"昨天定下的按时交作业目标，我也笑了。

促进学生树立正确的学习目标，保持学习兴趣，是《英语课程标准》2022年英语学习能力指标之一。而学习能力是学生英语核心素养发展的关键要素。我在英语教学中通过建立过程性评价体系，采取一些激励措施，帮助学生树立学习目标并努力达到。

一、即刻奖励"小笑脸"

在英语教学中，我以即刻奖励"小笑脸"的方式，给予学生评价。比如，对课堂表现的奖励形式是课后立即对课上努力思考并积极发言的学生进行口头表扬，并在其书上贴上一枚小红花。对书写作业的表扬奖励形式，是在那些作业书写认真的学生的当天作业下画一个"小笑脸"。对听写的表扬奖励形式，是对那些听写成绩优异的学生的听写书页上画一个"小笑脸"。通过以上三种表扬奖励形式，学生得到表扬奖励的机会很多、频率很高。善于口头表达的学生可以在课后评价时得到表扬奖励。学习习惯好、书写认真整齐的学生可以通过作业得到表扬奖励。每周，班上的学生无一例外都会受到频次不一的"小笑脸"表扬奖励，满足了全体学生的情感需要，激发了全体学生的学习兴趣。

二、通级奖励小奖状

用于评价学生的"小红花""小笑脸"，学生只要通过几十分钟的努力即可得到，但这种表扬奖励方式对整个学习过程中学生学习动机的激励是非常短暂的。因此，我在班上实行"通级"制度，即学生攒够30个"小笑脸"换得一级奖状，再攒够30个"小笑脸"换得二级奖状。通过递进式的评价机制，让学生持续树立学习目标，并为达成学习目标不断努力。

三、目标设立进步奖

学生的知识、能力水平各不相同，需要教师"因材施教"。在教育改革不断深入的今天，更要提倡并促进学生的个体化发展，要让学生自己和自己比。因而，教师在表扬奖励学生时，不能用"一把尺子"去要求所有的学生，衡量标准是学生对自己而言是否有进步。学生上学期间，每月我都会组织学生树立自己下月的奋斗目标，下月结束时让学生对照奋斗目标看看自己是否有进步。通过即刻评价和通级评价的具体实施，大部分学生都知道了自己的弱项，从而比较客观地定下自己的下月奋斗目标，比如大声发言、把字写工整、减少语法错误等，这就使得不同层次的学生都能感觉得到表扬和奖励不是高不可攀的，但也不是轻而易举的。

以上评价体系的设计，在实践中取得了非常好的效果，学生的主动性得到提升，积极性也能很好地发挥。我将在今后的工作中不断改进完善，使其更好地发挥效能。

思维型课堂教学改革助力"双减"落地

中国音乐学院附属北京实验学校 ◎蔺龙燕 刘世涛

2021年7月,中共中央办公厅、国务院办公厅印发《关于进一步减轻义务教育阶段学生作业负担和校外培训负担的意见》(以下简称《意见》)。《意见》明确提出,学校教育教学质量和服务水平进一步提升,作业布置更加科学合理,学校课后服务基本满足学生需要,学生学习更好回归校园,校外培训机构培训行为全面规范。我们认为,要想实现这个目标,主战场在学校,主阵地在课堂。对此,中国音乐学院附属北京实验学校以"幸福教育"为根基,在思维型教学理论的引领下,创建了思维型课堂教学体系,以此提升学校育人质量,提升学生实际获得感。

一、以思维型教学理论确立幸福教育育人目标

中国音乐学院附属北京实验学校创办于1990年,自建校以来,我们与幸福结缘,在继承"为每一位学生的幸福成长奠基"办学思想的基础上,提出了"创造幸福教育,享受教育幸福"的办学理念,坚持"用艺术激扬生命活力,用文化提升教育品质,用改革推动持续发展"的思路,不断深化艺术教育的办学特色,构建幸福教育的文化体系,推进科研兴校的发展策略。

围绕党的教育方针,学校进一步明确育人目标,构建起"168"幸福文化体系,以培育"幸福观"为逻辑起点,以打造幸福文化为中枢支点,以开启幸福导航为常态要点,通过立根、浸润、导行的过程,最终实现"为党育人,为国育才"的办学目标。

学校"幸福教育"的办学理念,应该在思维型教学理论的引领下,从培养学生具有正确的思维方式开始,帮助学生在人生漫长的旅途中面对各种挫折、各类问题,能够突破思维瓶颈,改变思维方式,积极地寻找解决问题的方法与

路径，并最终获得人生的意义和积极的成就，从而铸就孩子们的幸福人生。为此，学校将育人目标确立为培养具有憧憬和创造幸福能力、情趣高雅、德智体美劳全面发展的社会主义建设者和接班人。

幸福的缘起可以从生物学、心理学、社会学、物理学、哲学等不同角度进行科学分析，其核心都是要从改变人的思维方式开始。米哈里·契克森米哈赖从物理学中的"熵"这一概念引出"精神熵"，即资讯对人们意识中的目标和结构的威胁，将导致内心失去秩序，只有从无序走向有序的趋势，才能体验到"心流"（最优体验）。马丁·塞利格曼开创了积极心理学，从治疗心理疾病，转为发现并培育人的优势和美德，从而抵挡不幸的心理疾病。马克思主义哲学也不断通过科学的世界观和方法论，引导人改变思维方式，从原有理论中"解释世界"的唯心主义，看不到事物的运动、变化和发展，看不到人的能动性，走向实践中"改变世界"的唯物主义和辩证法的统一，指导人们认识世界和改造世界。因此，我们需要通过思维型教育理论的研究，将人的发展从"固定型思维"引向"成长型思维"，引领教师培养学生的发展思维和创新思维，正确认识事物的发展要从量变开始，发展过程是质变和量变的统一，破除与客观事物进程不相符的旧观念、旧理论、旧模式、旧做法，发现和运用事物的新联系、新属性、新规律，更有效地组织学生开展认识世界、改造世界的活动。

二、以思维型教学理论构建课堂教学评价体系

教育改革的核心在于课程改革，课程改革的核心在于课堂改革，课堂改革的核心在于教师的专业发展。为使核心素养的教育能够通过课堂主阵地加以有效落实，北京市朝阳区教育科学研究院经反复研磨，制定出《朝阳区课堂评价量表3.0》，充分体现了新课改的理念与方向，对学校的课堂教学改革具有较强的指导价值。

从学校角度，育人是一个系统工程，需要整体设计、推进、实施，必须从学校的办学理念、办学特色、育人目标、改革策略等进行顶层设计，加强校本化研究，做到全员、全程、全方位落实。为此，我校围绕办学理念，将"启智求真明德尚美"作为校训，分别打造以思维型教学理论为基础，"启智求真"的课堂文化；构建以艺术教育为特色，"明德尚美"的课程体系。提出让思维

撬动课堂教学改革的策略，用评价的指挥棒引领干部、教师学习提升，对标反思，实践探索。

"启智"直接来源于姜子牙的《六韬》："心以启智，智以启财，财以启众，众以启贤，贤之有启，以王天下。"间接来源于《论语·述而》："不愤不启，不悱不发。举一隅不以三隅反，则不复也。"不仅要求学生在启发前要积极思考，而且要求学生在启发后能进行积极思维，以求举一反三。

"求真"来源于教育家陶行知提出的"千教万教教人求真，千学万学学做真人"，以及哲学家笛卡尔的名言"要以探求真理为毕生的事业"。学习就必须求真学问，求真理、悟道理、明事理。要通过学习知识，掌握事物发展规律，通晓天下道理，丰富学识，增长见识。

"启智求真"的课堂教学评价体系，依据《中国学生发展核心素养》和《朝阳区课堂评价量表》，以培养学生的必备品格和关键能力为重点，在课堂教学中关注教师和学生双主体发展，充分体现"教学相长"，教师在教学中主要运用启发式、讨论式、探究式、参与式等教学方法，学生在学习中主要运用自主发现式、问题导向式、主题探究式、团队实践式等学习方法，教会学生求知的思维和方法，让思维撬动课堂教学的改革，帮助学生有效地吸纳知识，进行积极的思考和创造，从而发展智慧，造福人类。

同时，教师要通过创设真情境、提出真问题、自主真探究、合作真互动、反思真评价、拓展真应用的"六真"，体现培养学生追求事物发展的真理所在和寻找事物发展的客观规律，内蕴一种实事求是、批判创新和执着追求的精神，倡导说"真话"、干"真事"、求"真理"、做"真人"。

"六真"的设计则基于思维型教学理论。

一是动机激发。在整个教学活动中要激发学生的学习动机，特别是内在的学习动机，以保证学生积极主动地学习和思维。

二是认知冲突。在课堂教学中教师要根据教学目标，联系生活经验和已有知识，涉及一些能够使学生产生认知冲突的两难情境，启发学生积极思维。

三是自主建构。社会建构强调师生互动和生生互动，教学过程中学生在探索、实验、观察、讨论的时候，都需要教师的指导、点拨和鼓励。

四是自我监控。强调师生反思，特别是要求教师引导学生对学习内容、学习方法、经验教训等进行总结和反思，培养学生的自我监控能力。

五是应用迁移。强调所学知识和方法的应用，并迁移到日常生活、生产实践、本学科及其他学科中去，提高学生分析问题和解决问题的能力。

三、以思维型教学理论转变干部教师理念行为

首先，提升干部教学研究的指导力。通过持续学习、研究、实践，干部能够聚焦教学研究方向，以"思维型课堂为抓手促教育教学质量提升"，主动学习思维型理论知识、解读高阶思维、探索深度学习。干部在阅读、学习的基础上，积极开展分享交流。结合《国音实验"启智求真"课堂评价量表》的研究、探索，深入课堂，变听课为课堂观察，变评课为专题研究。通过1.0版本的试行，到2.0版本的全面落实，化繁为简，有效地整合并建立起区级课堂教学评价量表与学校课堂文化间的联系，使评价体系更具可操作性。

其次，提升教师课堂教学的行动力。教师通过学习新理念，结合评价量表，自我观察、自评自测，提升备课能力，愿意围绕评价要求尝试突破自己，精准制定教学目标，并下定决心一定要去实现。《国音实验"启智求真"课堂评价量表》在整合朝阳区的课堂评价要求的同时，改变课堂评价的方式：变分数评定为观察点评量；不设定具体的评分标准，而是以数据统计、问题点提出的方式，促进教师自主进行课堂反思。带着研究点进入课堂，再寻找新的问题点，在这一过程中，教师也在不断尝试中应对着课堂带来的全新的挑战，从而有效提升了教师课堂教学的行动力。

最后，提升学生深度学习的学习力。通过课堂评价方式的转变，课堂悄然发生变化，学生的学习更加积极、主动、投入。他们逐步有能力提出自己的问题，能够根据所学的方法，或者在同伴的帮助下解决问题。学习是为了促进学生的可持续发展，深度学习是为了促进学生的终身学习。

小学语文教学中实施综合素质评价的实践与思考

中国音乐学院附属北京实验学校 ◎薛楠

新课改倡导综合素质评价，提倡课堂从"知识传递"向"生命活力"转变，这意味着要让真正的师生互动在课堂教学中得到充分展现。而评价是最直接的师生互动渠道，有效的课堂评价可以强化学生的主观能动性，唤醒学生学习知识的欲望，同时也可以让学生品尝到成功的快乐，增强学习的自信心，有助于学生人格发展的健全。

自"双减"政策落地以来，我在语文教学中，把综合素质评价贯穿于教育教学的各项活动之中，通过评价，发现并发展每个学生的潜能，通过评价关注学生在发展中的需求，从而帮助学生在评价中找到自己的闪光点，在原有的层面上更好地发展。

一、秉承因材施教，发现学生闪光点

营造良好的评比氛围，能够激发学生的参与热情。我会针对小学生的年龄特点进行学生之间的评比。比如，在教室里，我用彩色毛毡布制作展示专栏，努力营造浓厚的学习氛围，激励学生认真完成作业。学生每周可以把自己满意的作业张贴到专栏上，在展示自己的同时，也完成了一次自主评价与自主欣赏。学生在展示过程中，不仅可以与同伴分享心得与体会，互相学习、借鉴、改进与提升，还完成了同伴之间的互评。

在教室外墙上，我还分别设计过展示专栏，如"我是朗读者""背诵我能行""书法对对碰""动脑小能手"等，并在专栏下面贴着学生自主设计的名字，分阶段进行评选。在评选中，首先由学生自评，再开展生生互评，最后教师再进行点评。通过这一过程，学生找到了自己的长处与不足，闪光点也更容易被挖掘。

除了公开的展示平台外，学生记事本首页是特殊的"小小加油站"。学期初，学生们在记事本首页记录下自己的优点并与同伴进行交换撰写。同伴之间互写出对方的优点，最后再由教师写出每人的优点。到期末，学生会在记事本首页中记录自己一学期来的优点，并再让同伴和老师进行评价，判断经过一个学期的学习自己是否有进步。这种做法能够让学生发现自身的长处，在进步中成长；能让学生正视自己的闪光点，变得更加自信。

这些评价方式为学生提供了一个自我展示的平台和机会，通过正视自身的长处与不足，能够鼓励学生展示自己的努力和成绩，激励他们积极参与到综合素质评价中来，同时也能让他们意识到自身的不足之处，完善自身的成长。

二、发挥语言魅力，帮助学生张扬个性

无论是心理学研究还是每个人的成长经验，都印证了"孩子需要老师的赞赏"这句话。因此，我特别关注学生们的点滴变化与成长，及时针对他们的表现进行赞扬，以帮助他们取得更大的进步。上语文课时，敢于发言的学生会得到老师的充分肯定，特别是那些能够积极思考、有独到见解，甚至敢于对老师的观点提出疑问的学生。在教授部编版五年级上册《落花生》一课时，在最后的总结阶段，我向学生们提出了一个开放式问题："同学们通过学习这篇课文，有什么感受和想法？"大部分学生回答："我也要像落花生一样，学习它默默无闻、甘于奉献的精神。"针对这样的回答，我及时评价："相信在默默无闻的付出下，你会拥有一个充实的人生，这样的人生充满了意义。"还有个别学生回答："我认为落花生表里不一，既然有那么大作用就应该让所有人都知道，而不是埋在土里。这样谁会知道它？"听到这样的观点，其他同学纷纷皱起了眉头。但是这样看似与众不同的观点，也需要被肯定，于是我说："通过深入的思考，你的见解特别独特。常言道：酒香不怕巷子深。但是在当今这个竞争激烈的社会里，如果都像落花生一样，注重内在，而缺乏一些恰当的宣传，可能也是行不通的。希望你能充分发挥自己，做一个对社会有贡献的人。"

在类似的教学过程中，我都会鼓励学生大胆表达，充分展示自己的想法。学生在成长过程中，需要不断得到他人的肯定及鼓励，这样才能保持学习的热情，激发各方面潜能。教师要有一双善于发现的眼睛，努力营造开放和谐的课堂学习氛围，帮助学生在平等的课堂氛围下，张扬自身个性。如果把每个学生

比作一种花，那必定有人是玫瑰，有人则是牡丹，还有人是无名的小花。无论是哪一种花，都需要教师温暖而有针对性地评价，在这样有爱的评价浇灌下，学生就会开出属于自己的花朵。

三、发挥自主评价，促进学生全面发展

学生是课堂的主体，是学习的主体。充分发挥学生的自主评价，有助于他们的全面发展。比如，在教授部编版五年级上册的《地震中的父与子》一课后，我在班上举办了朗诵比赛，学生在充分练习后，可以站到讲台去朗诵这篇感人的课文。学生对自己的朗读进行自我评价，再请一位同学对他进行评价，教师最后再进行总评。对于能够给予他人充分肯定的学生，我会说："生活之中并不缺少美，而是缺少发现美的眼睛。如果大家都像他一样善于发现他人的优点，相信你们能够收获良多。"在这样的启发下，学生逐渐能够发现他人的优点，如有的评价是"他虽然读错了一个字音，但他流利的朗读给我留下了深刻的印象"；有的评价是"他能够将文章朗读得抑扬顿挫，能够准确处理重音、停顿，特别值得我学习"；还有的评价是"他朗读的声音真好听，像唱歌一样，让我十分享受"……这样一来，越来越多的学生拥有了发现美的眼睛。同学之间的感情也因为这样的评价而变得更加亲密了，关系也更加融洽了，学生们的学习积极性也随之提升。教师要在课堂教学中发挥引导与示范作用，只有评价主体、方法呈现多元化，综合素质评价才能实现，学生才能在评价中得到全面发展。

总之，在教学中，学生的综合素质评价对于学生的发展具有极其重要的作用。教师要始终贯彻"以人的发展为本"的教育理念，坚持以"多一把衡量的尺子，就会多出一批好学生"的原则去评价学生。只有这样，才能在促进学生全面发展的同时提高教学效率，培养出德智体美劳全面发展的社会主义建设者和接班人。

音乐让道德与法治课堂如此美丽

中国音乐学院附属北京实验学校　◎李丽

《义务教育道德与法治课程标准（2022年版）》明确提出："课程资源是提高教学质量和增强教学效果的重要支撑，包括图书、音像资料、数字化资源，以及现实生活中鲜活的案例。"我校艺术教育特色鲜明，学生有着较高的音乐素养。那么，如何充分开发并合理利用各种课程资源，实现课程目标，让学生充分享受关键课程的魅力呢？笔者从课堂教学的角度出发，让音乐飘进道德与法治课堂，使音乐成为道德与法治课程的宝贵资源。经过实践摸索与尝试，证明了道德与法治课堂教学中恰当运用音乐这一艺术手段，能使道德与法治课堂更加有声有色、绚丽多彩！能够凸显道德与法治关键课程的魅力！

一、妙用琴曲，创设情境，营造课堂氛围

有人说，课堂就像一个大舞台，教师的角色是导演，学生的角色是演员，师生共同合作，才能创作出精彩的艺术作品；能够让每一个学生走进角色，即"入戏"，才能称得上是教学的高境界。那么，营造适切的课堂氛围便显得尤为重要了。苏霍姆林斯基说过："音乐有时比话语更有效。"在课堂教学中，教师在引导学生深入理解问题时，恰当地将音乐作用于学生的听觉，创设情境，营造氛围，就会收到激发学习动机兴趣、调动情感体验、促进深入理解的功效。

笔者在教学统编版道德与法治五年级下册第7课《不甘屈辱奋勇抗争》第二个栏题《圆明园的诉说》时，当学习到"万园之园"被西方列强烧成灰烬时，利用多媒体设备并配上低沉的大提琴演奏再现圆明园被列强抢烧之后的惨景，哀婉的音乐震撼着学生心灵，"情感具有伟大的力量"，学生看着听着，有的眼里竟泛起泪光。"此时此刻，作为中国人你想说些什么？"问题刚一提出，

学生们便慷慨陈词，表达自己的心声，师生的情感产生了共鸣。就这样，学生在音乐和思想中摩擦出强烈的爱国火花，收到了良好的教学效果。

二、欣赏乐曲，加深体验，促进目标达成

课程改革要求教师在教学时要善于调动和利用学生已有的经验，结合学生现实生活中实际存在的问题，共同探究学习主题，不断丰富和发展学生的生活经验，使学生在获得内心体验的过程中，形成符合社会规范的价值观。此时，教师可以用音乐作为抓住激发学生情感的诱导物，以缩短学生与教材之间的距离。

例如，在教学五年级上册第6课《我们神圣的国土》第二个栏题《好山好水好风光》"天山牧场"时，教师在学生充分合作探究之后，让学生自由说说："面对这美丽的天山牧场，你有什么话想说？"此时，配上一段《牧歌》。乐曲再现出教材里描写的天山南北好牧场的美景。在音乐的浸润下，学生加深了对教材内容的理解和体验。优美的旋律和歌词，好像为学生们插上了一对想象的翅膀，智慧的闸门立即打开："天山，你是新疆儿女的摇篮！你是伟大祖国的骄傲！""啊，祖国的人间天堂！我爱你！""我放假就去天山旅游！"……思维的火花在音乐和体验中点燃，情感目标的达成水到渠成。

三、巧借歌曲，升华情感，突破教学难点

《义务教育道德与法治课程标准（2022年版）》"道德修养"这一核心素养的第二学段和第三学段分别提出"孝敬父母，尊重师长，体会父母的养育之恩和师长的辛劳"和"孝敬父母，尊重师长，懂得感恩，养成孝敬父母、尊敬师长的良好品质"，第二学段"道德教育"中也提出"尊重劳动者，懂得职业没有高低贵贱之分，感受并感激他们的劳动给人们生活带来的便利，珍惜他们的劳动成果"。这都是赋予道德与法治课程教学的一项重要任务。然而，对于很多学生而言，得到父母、老师和其他人的关爱似乎是天经地义的事情，对低中年级的小学生来说，他们往往无法深刻感悟父母、师长与其他劳动者的关爱，更谈不上对其发自肺腑的感恩之情了，这样就给三年级上册第5课《走近我们的老师》、四年级下册第9课《生活离不开他们》栏题三《感谢他们的劳动》的教学带来了一定的难度。如何促成学生对文本主题更深入地领悟，激发学生的感恩之情，从而有效

地强化重点，巧妙地突破难点呢？在教学这几课的过程中，一首《听我说谢谢你》悄然响起："送给你小心心，送你花一朵……听我说谢谢你，因为有你，温暖了四季，谢谢你，感谢有你，世界更美丽……"音乐震撼人心的力量，使学生为之动容，很多学生随着音乐动情地唱起来。此时，音乐对于课堂教学起到了推波助澜之效。

四、唱歌品词，明理励志，形成良好品质

道德与法治课程是落实立德树人根本任务的关键课程，使命重大，仅靠"一张嘴巴讲道理"的方式显然行不通，作为道德与法治教师，理应寻求让学生喜闻乐见的方式来进行爱党爱国教育。唱歌品词不乏是一种理想的活动形式，因为一首歌曲的流行，既取决于这首歌优美的旋律，也取决于歌词反映出的深刻内涵和深远意义。

统编版道德与法治五年级下册《百年追梦　复兴中华》这一单元，以时间为脉络，精神为核心，以近代以来中国人民为实现民族复兴走过的历史进程为载体，帮助学生了解、认识和感悟先辈们走出苦难、复兴中华的艰难历程，树立奋发图强的爱国志向。但是教材内容涉及的一系列重大历史事件和重要历史人物，离学生的实际生活较远，给学习带来一定难度。恰逢人民日报新媒体推出了建党百年版《少年》这首脍炙人口的好歌，优美的旋律备受学生喜欢。仔细倾听，又燃又潮的歌词完美体现了中国共产党的百年征程。"1921壮丽篇章开启，自强不息一定能够创造奇迹……所有的成绩都值得被铭记，未来在即，梦想一定可期……我还是从前那个少年，初心从未有改变……这个世纪少年，使命永远放心间……"教学中，我大胆把此曲引进课堂，让学生聆听歌曲，品读歌词，提出了问题链："世纪少年"指的是谁？"初心"和"使命"是什么？受到了哪些"挫折"？创造了哪些"奇迹"？"所有成绩"有哪些？是什么力量让这位"少年""勇往直前"？作为新时代少年的你，有什么感受和计划？……问题链刚一提出，学生们就纷纷成立合作小组，积极查阅相关资料，开展探究性学习，在汇报分享交流和教师引导提升的过程中，学生深入理解了中国共产党的成立和党带领中国人民取得革命胜利的历史，感受到"五四"精神、伟大建党精神、井冈山精神、长征精神的内涵，增强了对中国共产党的认同和向往，

促进了政治认同核心素养的形成。最后教师带领学生齐唱歌曲，唱出了奋斗百年的风采和精气神。

"音乐是比一切智慧、一切哲学更高的启示。"作为道德与法治教师有责任在丰富多彩的音乐中，去粗取精，去伪存真，精选经典的音乐作品，成为道德与法治课程的优质资源，合理地开发和利用这些资源，为道德与法治教学服务。让更美妙、更合适的音乐飘进并扮靓道德与法治的课堂，让道德与法治课堂随着课程改革的脚步变得更加美丽！

"幸福交响课堂"样态的实践研究

北京市丰台区第五小学　◎李磊

丰台五小"幸福交响课堂"的建构，坚持以中华优秀传统文化、马克思主义关于人的全面发展理论及积极心理学理论和教育哲学为指引，全面落实党的教育方针，坚持贯彻国家教育政策，努力践行《习近平新时代中国特色社会主义思想学习纲要》中所强调的："要让人民有更多、更直接、更实在的获得感、幸福感、安全感。""落实立德树人根本任务，发展素质教育，推进教育公平，努力让每个孩子都能享有公平而有质量的教育。"

一、缘起：为了解决现实中的问题

"幸福交响课堂"样态的实践研究，是为了解决三个问题：一是根深蒂固的应试教育破坏、影响学习者的学习兴趣和发展潜力；二是传统课堂模式不利于教育微观公平的推进；三是"以学生为本"难以真正在课堂教学中落地生根。

历经十年，我校研发了"幸福交响课堂"模式，为基础教育课程改革提供了一种新的样态：学生不再是学习的机器，教师也不只是教书匠，每个人都应该与新的自己、与世界相遇。课堂是师生共同成长的空间，尤其在当下"双减"背景下，创新教学方式，提高教学质量，构建和谐与协作的幸福课堂，在各美其美、美美与共中实现课堂"幸福交响"。

二、价值：给每个学生提供最适合的教育

"幸福交响课堂"的价值内涵为：给每个学生提供最适合的教育，使每一个学生都能通过教育收获更好的自己，内心充满幸福感。将每一位学生看作一位乐手，尊重每一位学生的特长和选择，帮助他们发现自我、喜爱自我、发展自我、丰富自我、提高自我、成就自我。在"幸福交响课堂"中，每一个学生都要发展，但不是一样的发展；每一个学生都要提高，但不是同步的提高；每

一位学生都要合格，但不是用唯一的评价标准。

"幸福交响课堂"的核心价值理念是自主、公平、包容、协同成长。

自主：强调自觉主动地学习，主动质疑、倾听、对话、探究、实践，实现对知识的自我建构，具有终身学习的意识和动力。

公平：强调让每个学生都有学习权，实现学习在每个学生身上真实发生。

包容：强调以尊重为基础，理解他人的观点或思想，并在他人观点中汲取自我成长的力量。

协同成长：强调基于倾听与有效表达，面对挑战性问题进行对话性研讨的互学形式，协同的结果使大家个个获益、整体加强，共同发展。

三、路径：在真实的教育环境中破解真实问题

"幸福交响课堂"采取行动研究法，在自然、真实的教育环境中，破解教育教学中的真实问题，再通过不断反思与修正，提高课堂质量。

（一）变革教师的教育教学理念

强调教师树立五个理念，完成五个转变。

一是以学习者为中心。教师从"教明白"转变为学生"学明白"，促进学生学习能力的发展。

二是关注学习起点和任务难度。研究学生的学情和学习起点，用最近发展区理念，帮助学生突破难点。

三是聚焦目标任务驱动。设计教学从目标不准确不清晰，聚焦到学生学习的核心和关键。

四是从学生需求出发。教师跳出固化的思维模式，转变为更加灵活的、适应学生需求的思维方式。

五是追求意义和价值。帮助教师从关注学科知识的掌握，转变为关注知识建构和应用价值。

（二）变革教师教学行为

着力改变教师授课的五个行为。

一是增加教师课堂积极语言比率。语言方向明确，指向清晰精准，情绪阳光积极。

二是教学行为从知识讲授为主，走向基于关键问题的任务挑战。历经自主

思考—小组探究—全班发表—问题返回—提供支架—互学共进—小组评价等环节，激发学生学习内驱力。

三是教师从一言堂走向善于倾听。善于向学生学习，善于捕捉生成的资源促进学习。

四是有效利用教师站位和行动路线。从高高在上到蹲下身子走近学生，进一步观察和反思，对学生进行体察和引导。

五是科学设计教师讲授时间。根据课型帮助教师让出更多表达的时间，充分尊重学生的学习权利，拓宽学生的学习空间。

（三）科研项目引领课堂教学变革

围绕"幸福交响课堂"的建构，我校申报了国家级课题3个、市级课题4个、区级课题47个，形成了定向研究的场域。通过对2017年至2021年连续5年论文成果的专业分析比对，从共性来看，连续出现的高频关键词有目标、倾听、支架、协同、探究、思维、核心、聚焦，体现出研究始终聚焦一个核心，把握一条主线，实施一个路径。从差异来看，高频关键词出现了从思考到思维，从实践、探究到深度、挑战，从尊重到倾听的变化，体现出研究的逐年具体深化、层层递进。

四、效果：十年磨一剑，形成新的文化样态

今天的课堂，学生被高挑战性和高技能的学习任务所吸引，学习观及学习行为变化为：敢于挑战我要学、幸福协同互相学、包容接纳集体学。

教师主动教研和科研，课堂上给予学生学习的时间和空间，满足需求，从关注"教"到关注"学"，再到关注"人"，注重能力培养、思维提升、品格塑造、价值观的形成等，变成成就学生成长的重要他人。

通过家长课堂等途径给予家长理念引领与方法指导，建立与社区资源的联系，营造了"农校社"共育的交响文化氛围。

近年来，学校多次承办市、区级教学展示活动，多次承担国际、全国级峰会等各层次论坛发言；累计培训各省市校长300余名，跟岗团、学习团30余个；多次送教"京津冀一体化"学校，承担"北京市城乡一体化发展项目"，将"幸福交响课堂"范型应用于大兴区魏善庄二小乡村学校，推动该校面貌改变，带动了大兴区十几所学校参与这项教学改革。

创造真实的环境，解决真正的问题

北京市丰台区第五小学　◎李健

"双减"背景下课堂提质增效，让学习真正发生，很重要的一点就是教师要关注学生的学习过程，在学习中激发学生的学习兴趣和发展潜力。教师要真正做到以学生为本，就应努力做到以每一个学生为本，在关注每一个学生知识习得的同时，更要关注其情感、价值观目标的达成，培养"完整"的人。

《手术台就是阵地》是统编教材语文三年级上册第八单元的第三篇课文，这一单元以"美好品质"为主题，对接的是语文核心素养中的文化自信，属于革命文化内容。革命文化题材单元，在凝聚信仰、传承文化、立德树人等方面具有重要的教育价值。本单元的语文要素是"学习带着问题默读，理解课文的意思"，要求学生边读边思考。此类文章对于中年级学生来说存在以下"三远"问题：

一是时空距离远，由于生长在和平时期，因此很难感知战争的残酷性；

二是认知距离远，很难在一节课上用常用的学习方法充分理解白求恩大夫的精神品质；

三是情感距离远，需要建立与其生命相勾连的情感桥梁。

因此，基于学生的起点，关注任务的难度，笔者在本课的教学中，努力创造真实的环境，真正解决学生的"三远"问题，破解学生站在课文外面对人物进行贴标签式评价的难题。

板块一：接受任务，置身战场。开课创设文本情境，赋予学生一个文中人物的身份——你就是跟在白求恩医生身边的"小卫生员"，并布置任务——快看看救治伤员的小庙周围的环境是怎样的。以此拉近学生与文本的距离，并配合图片和音效，用朗读的方式回顾第一课时找到描写战斗激烈的语句，帮助学生进入情境，感受到战场的危险和任务的艰巨。

板块二：聚焦对话，体会内心。让学生带着问题默读人物的语言——你看到师卫生部长匆匆赶来，他和白求恩大夫之间说了些什么呢？你"听"到了什么？又"听"懂了什么？——借助资料引导联系白求恩大夫的语言，助力学生读懂白求恩大夫"两次拒绝"和"我是一名八路军战士"的内心读白。

　　板块三：聚焦描写，感悟品质。引导小卫生员用眼睛和心灵观察白求恩大夫三天三夜手术中的动作、神态等，通过人物表现与环境比对，学生在完善导图中感受到医院当时的环境越来越危险，而白求恩大夫临危不变，坚持把手术做完，从而读懂了课题"手术台就是阵地"。

　　板块四：拓展人际，表达心声。将情境贯穿始终，让学生了解"小卫生员"确有其人——他就是"七一勋章"获得者、新中国胸外科事业的开拓者和奠基人辛育龄。当年他曾与白求恩大夫并肩作战100多天，一生创造胸外科领域的无数奇迹。模拟采访辛育龄："是什么让你不断创造奇迹，坚持到底？"学生从辛育龄的身上感受到白求恩精神的深远影响，从英雄人物的行为中汲取力量。

　　在语文教学中，教师要立足学生本位，遵循学生的认知规律，精心设计和创设特定情境，在具体情境中激活学生的情感体验，突破教学难点，让知识的习得更具价值和意义。

"双减"背景下学生深度学习的发生

北京市丰台区第五小学 ◎邢艳

"双减"背景下"减什么""怎么减""提什么""怎么提",是学校和教师落实提质减负工作的关键所在。"双减"工作中,笔者从"任务"上下功夫,通过设计高质量的挑战性任务,促使学生变"要我学"为"我要学",引发学生深度学习的发生。下面,笔者以二年级《角的初步认识》一课为例进行说明。

一、"神秘"任务——调动深度学习内驱力

低年级学生好动、专注时间短,主动学习不易发生,于是在挑战性任务设计上,通过神秘有趣的任务,将学生"身份"进行转变,由"学生"变"侦探",由"学习"变"破案",由"要我学"变"我要破案"。这一系列的"变化"中,沉浸式的深度学习悄然发生了。

"同学们,今天我们要上一节不一样的数学课——数学侦探破案课,看看谁能成为优秀侦探。飞机带着我们降落在神秘的图形王国里,这里发生了一系列离奇的案件,图形王国中混进了嫌疑人,有个图形被带走了。这个图形在消失之前偷偷留下了线索,小侦探们需要秘密调查,通过留下的线索找到消失的图形!"

就这样,笔者巧妙引入活动,激活了数学课堂。

二、破案线索——支撑深度学习的支架

深度学习,是指在教师引领下,学生围绕着具有挑战性的学习任务,全身

心积极参与、体验成功、获得发展的有意义的学习过程。深度学习的发生不是盲目的,而是需要有效支架支撑的,支持着学生思维自然地一步步走向深入。在《角的初步认识》一课,笔者设计了"线索提示",引导学生在"破案"过程中直击核心目标,落实本课学科本质。

1. 寻找"消失"的图形——感知角的概念

(1) 线索1:屋顶尖的房子

(2) 线索2:打开的电脑

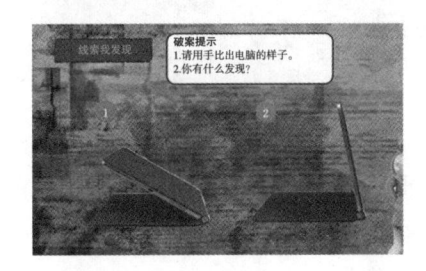

学生用直观的手臂动作,通过"尖""张开"的生活体验,初步感知角的概念。通过对"线索"深入分析,从而找到"消失的图形"是"角"。"破案"研究的成功体验,引导学生继续"深挖",数学思维持续提升。

2. 救出隐藏的"角"——深化角的概念(特征)

"嫌疑人把角带走了,同学们要把角救出来,找出嫌疑人。"

破案提示一:

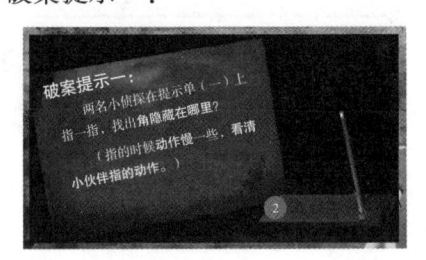

破案提示二：

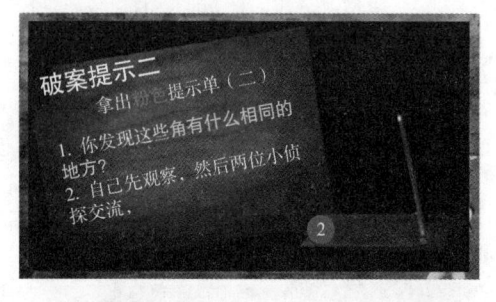

破案提示三：

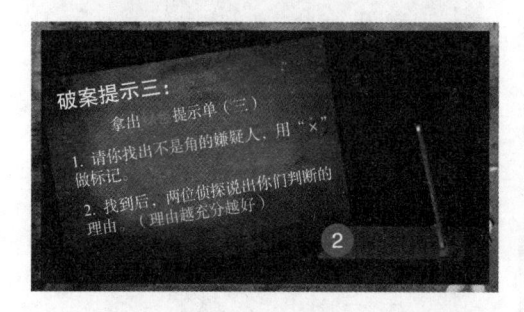

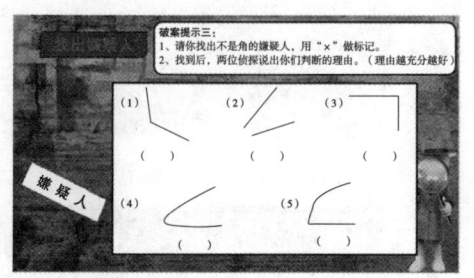

通过"破案"支架，学生深化角的概念，让深度学习有了"路径"，让数学思维的发展可视化。

3. 维护角王国和平——深挖角的特点

嫌疑人干的坏事可真不少呀，它挑拨角之间的关系，企图破坏角王国的和平。看，两个角吵起来了，你们猜它们吵什么呢？（谁才是大角）

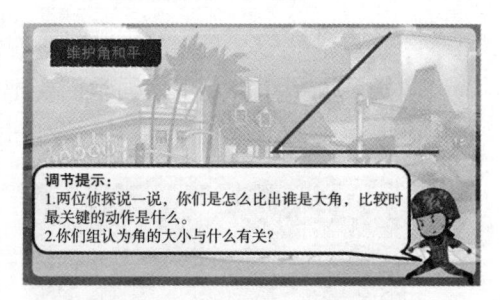

小侦探们通过"证据"，明确了角的大小与两边张开（开口）的大小有关，与长短无关。

4. 创造"新"成员——内化角的概念

"经过大家的努力,角家族相处越来越和谐,我们帮助它们创造一些新的角成员。"教师引领学生,理解"内化角"的概念。

创造提示:
1.每人选择一种学具,创造一个角。
2.有时间可以再选择另一种学具,创造一个大小不同的角。
3.两人说一说,你创造的角一定能被接受吗?理由是什么?

通过创造"角"的任务,促使学生将抽象的角概念的理解变成真实的、可视的、外显的实物创造,从生活中抽象出概念,再将概念应用到生活中去。

本课通过具有目标性、挑战性、驱动性和协同性的学习任务,引发学生"沉浸式"深度学习,让我们40分钟课堂,通过减"学习心理"的负、"枯燥内容"的负,提高思维的"质"、素养的"质"。

"双减"视域下学校课后服务策略研究与实践

北京教育学院附属丰台实验学校 ◎罗琳

2021年7月,中共中央办公厅、国务院办公厅印发《关于进一步减轻义务教育阶段学生作业负担和校外培训负担的意见》(以下简称"双减")。"双减"政策的实质,是对教育观念的纠偏,是对"立德树人"根本任务的强化,这就需要教育者再次深入思考教育本质和教育规律。

学校在落实"双减"政策过程中,或多或少会遇到一些困难,比如"课后服务"工作。课后服务的显性表现是学生在校时间延长,首先有学生在的地方就必须有教师在,教师工作时间的调整和教师资源调配是学校首要解决的问题;其次,有学生在的时间就必须有课程相伴,课后服务不是单纯地"看孩子",如何科学设置课程也是学校同时要解决的问题;最后,学校如何统筹社会资源为校内所用也是要思考的问题。针对以上问题,北京教育学院附属丰台实验学校摸索出了一些具体策略,归根结底还是需要在学校课程上做文章。

一、升级课程体系,坚持课程建设一体化

要做好课后服务需要正确理解"课后"的含义。必须认识到"课后"和"课内"是一个整体,都是学校教育的内容,需要学校作出整体规划和系统设计。课后服务的内容主要有组织学生做作业、自主阅读,开展体育、艺术、科普活动,以及娱乐游戏、拓展训练,开展社团及兴趣小组活动,观看适宜儿童的影片等,提倡对个别学习有困难的学生给予免费辅导帮助。这些服务内容,是在学校发生的,就必须成为学校教育的一部分,不能脱离学校的课程单独成为一个"体系",而应该属于学校课程的一部分,也就意味着在设计这些服务内容的时候必须从学校的整体课程体系考虑,使之与学校课程融为一体,成为学校课程体系不可分割的一部分。

我校在原有的三元全息课程体系基础上深入研究，并对原有的课程体系进行相应的解构和重构，把课后服务课程开发全部纳入"三元全息课程体系"，实现"5+2"课程建设一体化，实现了课程体系的迭代升级。学校原有课程体系是以国家课程为中心，结合地方课程、校本课程创建了"个人与健康、自然与科学、社会与人文"三个领域，语文、数学、英语、体育、艺术等学科根据各学科的核心素养分别归类到三个课程领域。三元全息课程体系努力实现"突破教室，走向社会；突破教材，走向学习；突破学科，走向育人"的开放性、人本性、综合性的特点。

我校创新的"三元全息课程体系"凸显了"融通"的特色，即一横的学科联通，一纵的同一领域纵向贯通，一环的三元交叉领域的融通，一点的主题式打通。结合这样的体系架构，我校从三个领域出发，结合学生需求、教师开发等实际情况，设计了100多种服务项目。这些项目打通了学科、学段、校区的局限，为学生提供了课程菜单，最大限度地满足不同层次的学生需求。

二、做好师生调研，坚持供给需求一致性

要做好课后服务，还需要正确理解"服务"的含义。课后服务课程主要满足的是学生的不同需求，解决每个学生在校内都能够"学得会、学得好、学得足"的问题。"先调研，再设计"是学校课后服务课程开发的正确思路，所以调研学生的具体需求是课程开发的首要工作。课后服务课程只有满足学生的需求，才能把学生吸引住，愿意留在校内，双减工作才能真正落地。

我校采取调查问卷的方式，对1300多名学生和家长进行了课后服务需求调查。学校根据调查结果，深入分析家长和学生提出的相对具体的知识、技能等需求，然后根据课程目标，对应三元课程体系，提炼出相应的课程领域，设置课程架构，最后组织课程开发团队进行课程研发和设计。

在调研的基础上设计课程，真正做到了"满足学生学业个性化需求"的目的。个人与健康领域32门课程，社会与人文领域32门课程，自然与科学领域22门课程。基本上涵盖了学生和家长提到的所有项目。比如个人与健康领域，一般球类运动自不必说，还设置了桥牌、武术、空竹、轮滑、跑酷、旱地冰壶等一系列特色课程；自然与科学领域，开设了无人机飞行课、大疆机器人、航天科学、长征运载火箭、明日科学馆、机器人等紧扣航天技术等科技前沿发展

的课程；艺术类课程开设了画脸谱、京剧、小提琴、大提琴、中提琴、木管乐器、铜管乐器等10多门课程。基本满足了学生曾经在校外培训机构参加的兴趣类培训。丰富的课程让学校教育更具有吸引力，学生回归学校教育，享受快乐学习，追求健康成长。

三、激发学校潜能，坚持资源配比最优化

《北京市关于进一步减轻义务教育阶段学生作业负担和校外培训负担的措施》强调，课后服务要拓宽服务渠道。"课后服务一般由本校教师承担，校级干部、特级教师、市区级学科带头人、骨干教师应主动承担课后服务工作任务，也可聘请退休教师、具备资质的社会专业人员或志愿者等优质师资，引入校外优质资源，共同做好课后服务。"这就要求学校要重新统筹学校、社会等资源，激发教师、学生、家长、社区的潜能。

我校是一所九年一贯制学校，现有三个校区，学生1500多人，教师150多人。我校对三个校区、两个学段、十大教研组和行政后勤教师进行整体规划，打通校区、学段、岗位等限制，统筹师资，合理分配。我校在课后服务课程中推出三类讲堂——教师讲堂、学子讲堂、家长讲堂。

教师讲堂主要是充分挖掘学校教师的潜力，教师可以不受原有学科背景的限制，不受原来所教学段的限制，根据自己的特长，自主选择课程领域，自主确定课程内容、授课形式、听课学生范围等，充分发挥教师课程开发的自主性。一个学期，我校共举办教师讲堂63场，自然与科学领域30场，社会与人文25场，个人与健康7场。《星星离我们有多远》《京剧初体验》《科学玩音乐》《天地之间有杆秤》《揭秘古今时钟》……一个个有趣的题目，激发了学生的好奇心，再加上讲师的宣讲，几乎场场都座无虚席。学生的热情也点燃了教师们的热情，激发了他们的潜能。

学子讲堂是由学生主讲的课程。学生可以根据自己熟悉的领域设计内容，课程通过我校课程审批小组的审核后，就可以自己制作宣传海报进行招生，并发放"入场券"。学子讲堂不仅丰富了课后服务的内容，更为学生展示个性、展示才华提供了舞台。

家长讲堂主要调动的是家长、社区等社会资源，让他们也参与到学校的课程建设中来。家长讲堂的开设，不仅融洽了家校关系、协调了社会资源，更是

让学生通过"家长讲堂"这个窗口更多地了解社会，为学生高中的职业规划做一些常识铺垫。

三类讲堂的开设，促使学校的课程建设视野更广，打破了学科壁垒，扩展课程外延，深化课程内涵，坚持五育并举，促进学生的全面发展。凸显我校"突破教室，走向社会；突破教材，走向学习；突破学科，走向育人"的新时代教育特点。

开展课后服务，本质是落实立德树人根本任务；落实课后服务，关键是重塑学校育人生态；评价课后服务，核心是看学生有没有实际获得。这就要求学校必须以立德树人和学生发展为根本原则，做好课程的顶层设计。不折不扣地落实"双减"政策，是每位教育工作者必须坚守的底线，让我们为"坚守办学定力，回归教育本真，做人民满意的教育"毅然前行。

"双减"背景下的暑假作业设计探索

北京教育学院附属丰台实验学校 ◎王若愚 韩二斌

"双减"政策出台之前,每年的寒暑假都是学生既期盼又焦虑的日子。期盼的是在假期里可以调整、休息,做一些自己喜欢的事情;焦虑的是害怕家长安排一个接一个的课外补习班,疲于奔命。

2021年7月,中共中央办公厅、国务院办公厅印发《关于进一步减轻义务教育阶段学生作业负担和校外培训负担的意见》。"双减"的核心是让教育回归学校,让教学在减负中增效。我们认为,假期是学生调整休息的时间,教师不能直接参与学生的假期,但是可以引导学生的假期生活。于是,各年级精心设计寒暑假学习活动手册,引导学生度过一个快乐充实的假期,让"双减"政策真正落地。

四年级组设计了以"清凉一'夏',赋能成长"为主题的暑假学习活动手册。手册由"阅读一夏""浪漫一夏""益智一夏""健康一夏"四个板块组成。

"阅读一夏"板块为学生推荐了《中国古代神话故事》《银顶针的夏天》《夏洛的网》等6本书籍,并提供了圈点批注的阅读方法;还设计了夏季诗句"飞花令"活动,建议学生跟家人一起比赛,可以把印象最深刻的诗句用画笔再现,体会诗歌诗中有画的特点。

"浪漫一夏"板块有三个连续的任务:一是完成夏日五件事,体味夏日烟火气,引导学生聆听大自然的声音,听听蛐蛐、知了和青蛙等小动物的叫声;二是和家人一起来一次采摘,看看西瓜、黄瓜、西红柿等常见的水果和蔬菜是怎么生长的;三是暑期遇到伏天,鼓励学生们亲手为家人熬制一锅绿豆汤。学生选择自己暑期中有意义的一件事,可以用文字记录下来,也可以用画笔定格,引导学生走进生活、记录生活、感悟生活。浪漫一夏离不开音乐和色彩的点缀,活动手册为学生提供歌曲曲目和简单的乐理知识,引导学生学唱歌曲《让我们荡起双桨》；还为有设计爱好的学生准备了特别的作业——让学生为自己设计一套衣服，用色彩诠释清凉。

"益智一夏"板块由三个任务组成：一是学生自主测量家里的茶几、餐桌、毛巾、电视等物品，试着计算它们的周长和面积，开动脑筋，在生活中学习数学；二是观察一种植物或动物，记录观察的过程和结果，完成观察笔记；三是观看英文版《国家地理》，挑选其中的一个内容制作百科知识卡片。

"健康一夏"板块主要是完成身体基础体能的训练，体育组的教师们为学生提供了包括耐力、速度、柔韧、上肢力量、下肢力量、腰腹力量6个类型17个项目在内的体育活动，要求学生每天选择3个项目完成训练，并自制打卡表。

"清凉一'夏'，赋能成长"主题暑假学习活动手册的设计，体现了如下理念：

一是课程视域下的整体设计。暑假学习手册是在学校三元全息课程体系指导下进行的，设计体现了"个人与健康""社会与人文""自然与科学"三个领域的集中与融合，体现了跨学科、项目式的学习特点，注重跳出知识、培养能力、关注思维的设计原则。

二是跨学科指导下的融合设计。暑假学习手册四个板块的设计以项目为引领，通过具体任务解决实际问题，打通学科，融合语文、数学、英语、科学、地理、体育、艺术等多个学科，每个任务不局限某一个学科，改变了学科教师"各自为政"布置作业的方式，在减量的同时真正体现学科的联通。

三是素养引领下的实践设计。四个板块的设计贴近学生的生活，在生活中发现问题，在生活中学习解决问题。从学习效果来看，由于选取了生活实践素材，给学生以深度体验，更能锻炼和提高学生知识运用的关键能力，体现出学习的有效性，真正实现了学生运用素养解决问题、在解决问题的过程中培养素养的成长路径。

我校通过以教研组为单位加强作业设计研究，促进了教师专业水平的不断提升，给学生带来"减负增效"的学习体验。这样的学习手册受到了学生和家长的欢迎，也取得了较好的效果。从反馈结果看，家长角度的评价主要涉及下列关键词：作业量、减少、多样化、形式、主题、教育、量变等。部分家长还看到了教师们精心为学生们设计假期作业的细节，说道："原来的暑假手册都

是题，总量很多，孩子很累。现在这种主题式的学科综合类作业，让我们明显看到了减量的变化。""每一项暑假作业在内容之外还有评价标准，通过'定评价'来告诉孩子过程中如何做，做到什么程度是优秀的？这样给定标准的'评价'让孩子们的作业有标准可循。"

　　学生及家长对手册的欢迎和认可，让我们更加坚定了优化作业、增强育人实效的信心。我们将再接再厉，为学生们设计出更好的假期作业，助力"双减"政策落实落地，促进学生全面发展健康成长。

"双减"背景下小学一、二年级"乐考"模式的探索

北京教育学院附属丰台实验学校 ◎王玲玲 王云

"双减"政策的出台，让学生能够有更多的时间去休息、去玩耍、去体验身边美好的事物。学校是落实"双减"政策的主阵地，小学一、二年级传统的笔试变成了"乐考"，刚开始时还真是难倒了教师们。到底应该怎么考才能让学生们学有所得？怎么考才能称得上"乐考"？怎么考才能与以往的考试真正有所区别呢？

我校年级组经过多次的研讨和试验，推翻再重来，终于探索出了"乐考"的整体模式。

一是"双减"背景下的考试，应该是一个集趣味性和知识性于一体的活动，比如"闯关活动"，这样才能体现"乐"。

二是要把学生所学的重点内容巧妙地变成"关卡"，让学生们通过"套圈""掷骰子""抽签"等方式获得题目，并说出答案或完成任务，在"乐"中完成"测试"。

三是除了语数英以外，要把音体美等学科都融入进来，考查学生们多方面的能力。

四是设计不同的场地，让"闯关"的情境变得真实有趣。

五是以一个主题为线，把所有的学科串联起来。当时恰逢北京冬奥会即将开幕，大家一拍即合，最后以"快乐迎冬奥，一起向未来"为主题，各学科围绕"冬奥"及相关的学科知识制订了乐考方案、设计了学科试题和乐考成绩单，并定制了吉祥物图案的印章给学生积分。

乐考各学科小主题

学科	主题一	主题二	主题三	评价
语文	冰上运动我来写	冰雪转盘我来背	冰上滑行我来读	3个吉祥物印章代表一个小主题的优秀，2个为良好，1个为合格。
数学	计算数学家	赛场计时员	冰上拼图师	
英语	阅读冰雪王国	字母雪球我来拼		
音乐	唱响冬奥之歌	冰上舞起来		
美术	黏土制作：奥运吉祥物			
体育	奥运乐园	健康乐园		

最后，各班录制了"一起向未来"歌曲的演唱和舞蹈，每个学生都制作了属于自己的吉祥物。学生还可以拿到一张有冬奥会项目，印满了吉祥物印章的成绩单，既有玩又有学。

反思是成长的路径。尽管"乐考"的氛围开开心心，但我们知道初次的尝试并非完美无缺，肯定需要进一步改进完善。因此，教师们在"乐考"结束后，就开展了学生调查。大部分学生表示很开心，但是仍有部分学生说："我很开心，但是题目都太简单了。"还有的学生说："不是很好玩，大家考完了，成绩差不多都一样。"学生是乐考的主要参与者，他们的体会是最真实的，通过这样的反馈，教师们进一步复盘"乐考"的内容和形式，并进行深入的思考。大家认识到，"乐考"的背后不仅仅是"乐"，还要考虑到学生的知识储备量、知识提取能力及综合知识的运用能力的不同。所以"乐考"也要像课堂教学一样有分层，不能仅仅考虑简单的知识点，还要考虑知识点的运用和学生的操作实践，从方方面面对学生进行考查。另外，还要注重平时的过程性评价以及综合素质评价。改进以后的"乐考"达到了预期的效果，教师们都感到非常欣慰。

我们认为，"乐考"只是教学改革的一个点，教师不能仅限于思考"乐考"这两个字的含义，要深挖"乐考"背后的实际意义，要真正考虑到学生的综合素养需求，把培养"德智体美劳"全面发展的目标融入平时的教学中去，让"乐考"落实，让"双减"落地。

落实"双减","1351 工程"让每个生命都出彩

首都师范大学附属中学大兴南校区　◎张英

"双减"政策的落地,让教育生态渐行渐从容。"双减"工作让首师大附中大兴南校区再一次深刻而深远地思考教育,思考作为教育者的根本任务与使命。

教育的本原就应该是充盈着智慧、幸福与美的事业。崇高的教育信仰、深沉的教育情怀、端正的教育轨道,是我们做好教育的前提,也是"双减"工作的落脚点。首师大附中大兴南校区以"1351 工程"推进"双减"落地落实,即"统筹好一个学院,使用好三个中心,打造好五个课程群,深化好一个家校协同育人功能",努力实现"让每个生命都出彩"的办学愿景。

一、统筹好青年教师成长学院,实现教师成长学院化

科学赋能,提升教师专业素养,是落实"双减"、提质增效的智力核心。我校融合校内品牌项目"师德师风引领""专业素养提升""职业幸福情怀"三大工程,整合"群翔雁阵""新雁行动""智慧课堂"三大项目,借力大兴区"名校长工程",引入高校教授,邀约市区名家,成立"青年教师成长学院",教师成长实现学院化。学院为教师提供学术化学习路径,科研化研修土壤,专业化成长平台,多元化发展机遇。

苦练基本功,成长踏实地——教学基本功是减负提质的基础。我校教师个体成长管理,采取"4+2 教学材料"管理制,即由 1 本教学工作手册、1 本教案、1 本集体备课手册、1 本学习笔记构成的常规教学材料和 1 本雁阵手册、1 本《新雁行动手册》构成的项目材料。引领教师潜心自教研,潜心自成长。团队成长管理,凸显合作共赢。落实备课组"五步走"方案,即每个备课组做到:"一坚持""两公开""三确定""四统一""五准备",发挥集体智慧共智共研;

教研组"九个一"建设，即每个学期每个教研组，都要组织开展一次学科节日、研究一组评价办法、制定一套常规要求、开展一个课题研究、承办一次大型活动、开拓一项创新工作、组建一支研修团队、汇编一本共享材料、实施一个整合项目。

优化主阵地，成长望星空——以"589智慧课堂"建设为抓手，探索以学生为主体的课堂生态。在5个教师关键因素、8个学生主体效能、9个环节上进行深入研究与探索。通过专题培训、专题教研、学科节日等一系列的校本研训活动，更新教师教育理念，推动课堂教学改革。"双减"首月，我校依托智慧课堂，启动"一课一研"活动，将关注点牵引到"双减"之下教师的思维进阶方法的因材施教与学生的人尽其才上，将"提质"落到实处。

二、使用好"双减"三个中心，推进管理纵深化

减负增效，"减"的关键之一在作业，"增"的重点之一在课堂，"理"的效能之一在评价。为扎实推进"双减"工作，我校成立三个中心——作业管理中心、听评中心、评价中心。

统筹作业、科学管理——围绕作业减负，分为三步走，即强化制度、总量控制、创新形式。制定《作业布置与批改制度》《教师批阅作业要求》，对作业设计、作业批改、资源使用、作业时长等提出明确要求。通过定期开展作业调研评估和家长学生反馈，提高作业有效性。每天开展作业时间总量控制监督机制，教室内设置"公示栏""作业小屋"，巩固了减负中作业的核心地位。作业形式上，我校一直将常规作业与实践性作业、长作业与短作业、通识作业与分层作业、预习作业与复习作业相结合，形式多样化，促进学习结构的调整，实现目标达成的多元。

严格听评，机制常态——我校形成每周"五听评""三承包"机制，主要解决听什么、怎么听、听后怎么办的问题。"五听评"，即每周一第1节课为教学干部全员听课时间；每周教学干部进行针对性听评课；每周新教师由"师父"必听评一节课；每周听评中心开展一次听评课；每周校长进行随机听评推门课。"三承包"，即干部包备课组、年级组长包组员、教研组长包学科。多种样态，有数量、有质量、有反馈、有反复，校长或教学干部定期汇总会诊，研究问题，对症下药，不断提升听课、包干效果。

多元评价、结果导向——"双减"后要更加关注学生在校学习生活全过程，关注评价的价值引领意义。既要关注对学生的评价，也关注对教师的评价；既关注过程，也关注结果；既关注智力因素，也关注非智力因素。不同评价主体与评价维度的交互，全方位促进"双减"落地落实。

开展"智慧教研组""智慧教师""智慧班主任"评比、教学常规评价、文明班评价、课堂评价等面向教师的评价体系，要求教师重视"双减"工作中的规范性和创造性。

面向学生，多元评价，引领学生在活动中不断发现自我，突破自我，自信而出彩。并结合学生的核心素养及特长、成长、进步等多个角度，形成"多彩评价"体系。

三、打造好五个课程群，满足课后服务多样化

课后服务考验学校的课程体系的整体设计与特色建设。我校"双减"背景下的课后服务做到"五结合两满足"，实现全员全覆盖。

"五结合"：与答疑解惑结合，弥补课堂教学漏洞；与主题教育活动结合，落实立德树人根本任务；与体育锻炼结合，塑造良好身心状态；与延时托管结合，破解家长接娃难题；与"原色+"课程体系结合，为学生提供丰富、可选的个性化课程。

"两满足"：满足学生对学校的向往，满足家长对教育的期待，是我们对"双减"的积极回应。

"五个课程群"依托学校"原色+"课程体系，为学生提供科技、艺术、体育、人文、心理等多元菜单式课程。课程群分为自主选修和实践必修系列。自主选修，鼓励学生有特长地发展，因选择而出彩，体验兴趣带来的乐趣；实践必修，培养学生成长必备品格，因全面而出彩，获得核心素养提升。

自主选修课程，特色突出，菜单定制——依托"原色+"学生立体成长课程体系，打造丰富可选的课程，力争让学生在南校区的九年，最大化扩大学习空间，最有效提升学习效能。我校为学生开设可选择课程近 20 门，很多课程在开设中不断成熟，为学生提供个性化课程菜单，成为学校品牌，成为课后服务有效保障，让学生足不出校就能学好、学有趣，拥有满满的实际获得感和特长发展的优越感。

实践必修课程，整体设计，贯通培养——通过"我爱科学"课程组群、"出彩德育"系列活动、"出彩体育"系列课程，落实立德树人根本任务，实现"五育"并举。必修时间里，学生获得创新精神培养、品德品格锤炼、体质健康提升。

"我爱科学"课程组，按照低、中、高三个学段，设置不同科技素养目标，课程内容涵盖自然探秘、科学探索、趣味物理、航空航天、人工智能五大科技领域，激发学生好奇心和求知欲，培养学生科学精神、创新精神。

"出彩德育"课程组，将爱国主义教育、理想信念教育、红色教育、劳动教育、中华优秀传统文化教育、生态文明教育系统设计实施，培养社会主义建设者和接班人。

"出彩体育"课程组，由体育教师和德育中心统一安排，通过项目竞赛，有计划开展多元项目比赛活动，培养学生勇于挑战的精神；并通过引入传统体育，如中国武术、中国摔跤学，增强学生文化认同，传承中华传统体育精神。

答疑解惑，确保每个学生都学会——教育要面向个体，正视差异，生生有获得，生生得发展。我校成立以一线领导干部、学科带头人、学科骨干教师和教研组长为引领，学科教师全员参与的答疑解惑教师团队，整合教室，统筹时间，自选梯队，分层辅导。

四、深化好家校协同育人功能，构建共育格局

"双减"之下，家庭教育质量、家校协同深度影响着教育的效果。关于家校协同育人，我们要做到两个"先一步"：先一步告知，先一步引领。依托学校打造的"父母学院"，家长调研、座谈、学习、培训与落实"双减"同步铺开。

线下学院，丰富形式，协同育人温情有品——重视调研。了解家长思想动态，多次开展"双减"背景下家长需求调研、作业调研、学生自主管理调研，围绕调研情况，学院开展线下"双减"面对面，干部、班主任为家长解答疑惑、缓释焦虑；专题家长会，深入讲解"双减"政策、学校策略，倾听家长声音，积极及时作出有效回应。

线上学院，系统前瞻，协同育人理论武装——重视学习。学院打造学校家庭教育专属平台，所有家长注册为学员。平台为家长提供一至九年级各类别课

程300余节，涵盖家长同步必修、家长课堂、专题教育、青少年素养四维度课程，让家长学习更具针对性。

重视家访，用"三个深情"让家校同频共振。无论线上线下，班主任每次家访都要完成"一次亲子谈话深入指导""一项亲子问题有效化解""一个亲子盟约愉快达成"的"三个深情"目标。

教育是一项充满爱的事业，校园是一处溢满美的土壤。我校全体干部教师坚守初心，本色育人，多措并举，落实"双减"政策，为每个生命都出彩贡献力量！

"双减"背景下的家校协同育人探索

首都师范大学附属中学大兴南校区 ◎韩学林

家庭教育是学校教育的补充和助手，是整个教育工作中不可缺少的重要组成部分。"双减"背景下，为贯彻落实党的各项教育方针政策，实现立德树人的根本任务，笔者认真思考并尝试如何在"双减"工作中，更好地回应家长需求，切实缓解家长焦虑，提高育人水平和教学质量。

一、提高家长认识，赋能家长科学教养

"双减"背景下，学生在校时间增加，与父母相处时间减少，为了防止家庭教育脱节、家长教育意识淡薄等现象的发生，我首先以微信或电话方式与学生家长沟通，并建立"一生一案"，希望家长配合学校做好作业管理，负起孩子睡眠管理的责任，与孩子协商制定手机管理的家庭细则，做孩子体质管理的卫士，陪伴孩子从家庭阅读到让家庭成为书香门第，做考试不焦虑的智慧家长，让家长认识到"双减"是要在学生课业负担方面做"减法"，但是在育人方面要做"加法"。沟通过程中，我发现有一部分家长存在焦虑，担心孩子会放松学习，成绩下降，沉迷手机，于是我建议家长们在孩子有合理诉求时尽量满足，给予足够的尊重；在孩子情绪低落时，家长们要给予足够的温暖和力量，让孩子在家中有归属感和安全感；最重要的是作为成年人，家长必须要做到言传身教，以身作则，给孩子树立榜样。李镇西老师曾经说过"最好的管理莫过于示范，最好的教育莫过于感染"，家长在教育孩子时应该同样如此。通过深入的沟通，家长们对"双减"背景下如何更好地教育孩子，有了更明确的方向和更好的方法。

二、借助英语课堂，倡导家长积极参与

在新学期到来之前，笔者拿到了本学期要使用的英语教材。通过和备课组教师一起备课，我们发现，本册书第二单元的话题是"family"，我和教师们拍手叫好——这正是鼓励家长们关注并参与孩子学习的好时机。于是，我们设计并开展了"家庭教育"的系列活动——"三个一"：希望家长和孩子拍一张全家福；给孩子录制一段用英语介绍家庭成员的视频（最好家长也入镜）；用英语给孩子一句真诚的鼓励。当我向学生们宣布"三个一"活动时，他们都很兴奋，设想自己和家人什么时间去哪儿拍照、拍什么风格的照片等。恰逢"十一"假期，我收到了学生们传给我的很多视频。视频中，我不仅听到了学生们流利的英语，更看到了父母和孩子们在镜头前的幸福笑容。然后，我与几位家长取得联系，想调研一下他们是怎样鼓励孩子们的。令人出乎意料的是，有些家长为了使鼓励孩子的词汇更真诚，还特意上网查询，例如"You are my proud.""We support you forever"等，我还了解到了家长们参与此次英语实践活动的感受。家长们纷纷表示，希望以后还有这样的活动，让家长参与到孩子的学习中，陪伴孩子进步。我想，这也是家庭教育必不可少的一部分。

三、召开家长座谈，分享家庭教育方法

为了更好地听取家长们的心声，给予家长们更精准的家庭教育方法，促进"双减"背景下的家校协同育人，我利用家长接孩子放学前的半小时，邀请七年级部分家长来到学校进行微座谈。

首先，我向家长们介绍"双减"政策实施后，学生学习方式和教师授课方式的变化。其次，与家长们分享"双减"背景下，更利于孩子成长的九种家庭模式——配合老师的家庭、兴趣广泛的家庭、热爱读书的家庭、喜欢运动的家庭、用心陪伴的家庭、遵守规则的家庭、父母相爱的家庭、爱做家务的家庭、自我提升的家庭，家长们表示很受感染和鼓舞。然后，家长们互相交流切实有用的家庭教育方法，分享"双减"政策后教育孩子的心得。最后，班主任又分别指导家长们如何培养孩子的自主管理能力、如何合理安排业余时间等。家长们表示，虽然座谈只有40分钟，但是收获颇丰，愿意将本次座谈学到的方法运用到自己的家庭教育中，让孩子在"双减"中，实现全面进步和健康成长的"加法"。

四、关注线上资源，促进家庭教育转型

"双减"政策落地实施后，很多家长也想通过多种渠道更好地了解"双减"政策，学习更先进的家庭教育方法，从而指导自己的家庭教育，促进家庭教育的转型。为此，我借助学校成为"家校成长课堂"公众号试点的优势，鼓励家长们积极观看相关讲座，并积极思考，参与讨论，反思并改进平时自己在教育孩子过程中不妥的地方。家长们一致认为，通过参与"家校成长课堂"的多次学习，自己知道了在以后的家庭教育中应尽量减少不必要的说教，多一些参与，每天和孩子进行一次分享、一次运动、一次阅读，指导孩子进行时间管理等。家长们也认识到：孩子的成长需要不断地培养，教育孩子不是一锤子买卖，而是要一直用心、一直倾情、一直探索的大工程，任重道远。

作为一名教师，"双减"政策的实施，既是机遇又是挑战，在今后的教育教学中，我将不断学习和探索，更好地培养学生、引领家长，争取构筑家校协同发展的生态圈，为学生们的出彩人生做好服务。

"双减"背景下小学诗词积累类作业设计案例研究

首都师范大学附属中学大兴南校区 ◎王静

古诗词是中华民族文化的永恒经典。《语文课程标准》（2022版）总目标要求中指出，学生应"认识中华文化的丰厚博大，汲取智慧，弘扬社会主义先进文化、革命文化、中华优秀传统文化，建立文化自信"。然而，当前关于诗词积累类的作业形式较为单一，大多只是机械地抄写背诵。长此以往，不仅难以激发学生的兴趣，也必然导致学生诗词素养的缺失。

"双减"背景下，笔者对古诗词积累类作业分层设计如何做到有效激趣、综合运用，进行了深入的探索。

一、每周荐诗，分类积累

笔者在任教班级推行"每周荐诗"的实践性作业。即在教室的黑板一角，开辟"每周诗歌"园地。每周一名"荐诗官"，推荐一首新诗，引领其他学生诵读。在诗词的推荐上，引导学生遵循以下原则：

1. 针对学生的年龄特点和学习水平，选择适应该阶段学生诵读的诗词。

2. 根据季节选诗词。例如，在春天，可选用《村居》《春夜喜雨》《春日》等；夏天，选用《莲花》《雨后池上》等；秋季，选用《山行》《秋风引》《天净沙·秋思》《山居秋暝》等；冬天，则选用描写雪景的系列诗词，如《夜雪》《终南望余雪》《江雪》《沁园春·雪》。

3. 根据节日选诗词，如清明节选用杜牧的《清明》，七夕节诵读秦观的《鹊桥仙》，重阳节诵读王维的《九月九日忆山东兄弟》，严冬之际推荐《梅花》等。

4. 集中选择诵读某位诗人的诗词，比如推荐诵读李白、杜甫、王维等诗人及其生平经历，激发兴趣，加深印象。

5. 个性选择自己喜欢的诗词，并表达自己的推荐理由。做到先易后难，由浅入深，循序渐进，逐步提高。

二、诵读为本，体悟情感

特别是课外拓展的诗词作业，可引导学生品味诗句的妙处，感悟诗人的情感。比如，在学习了《四时田园杂兴》后，笔者推荐了同作家的同类诗。

冬日田园杂兴（节选）
【宋】范成大
放船闲看雪山晴，风定奇寒晚更凝。
坐听一篙珠玉碎，不知湖面已成冰。

笔者在作业设计中设置了这样的问题："你认为诗中哪个词用得特别好？为什么？"学生的答案不一，但都有自己的个性化解读。有学生认为"闲"用得好，点明了诗人闲适的心境；有学生认为"凝"用得妙，让人感觉空气都冷得结冻了；还有学生认为"珠玉碎"特别好，既有声音的美，又有视觉的美。这样的设计，能引导学生去关注感受古诗词语言的凝练精妙，使诵读积累更有效。

三、玩味诗词，个性展示

作业设计既要面向全体，又要兼顾个体差异。教师要应用敏锐的视角来开发、挖掘、重组、设计……将作业设计在课本知识和生活实际的结合点上，将作业设计在学生兴趣与思维的兴奋区内，让实践作业拓宽学生的视野、激活学生的潜能。

1.以"趣"作为古诗词作业设计的落脚点，能使古诗词也变得好玩有趣。比如：

（1）读诗句，猜谜语。"解落三秋叶，能开二月花。过江千尺浪，入竹万竿斜。"（打一自然现象）

（2）文字线索题。这是一首别具一格的送别诗。诗不谈离别之情，而是鼓励和劝慰友人，告诉自己的朋友董庭兰："天下谁人不识君。"（请说出诗名和作者）

（3）选择题。苏轼除了是诗人外，他还是美食家。下面，哪一项与他无关？

A.东坡肉　　B.东坡鱼　　C.太白鱼头　　D.东坡豆腐

这些趣味性十足的题目，能使学生对古诗词心生向往。

2. 配乐朗诵，浅吟低唱。学生可以通过吟诵、唱诗、表演等形式来诵读诗词。

3. 引导学生积极参加班级、校级"古诗文大会"，可以在比赛中调动诵读的积极性。"飞花令"是古代文人的酒令游戏，让学生效仿古代文人吟诗作对，在竞赛游戏中背诵古诗词，如限定"花""月"等字，在班级中轮流吟诵诗歌，完成接龙，也不失为一种高雅、新颖、时尚的学习方法。

4. 学生在节假日创编古诗词小报，开辟"诗人知多少""我喜欢的诗词佳句"等栏目，鼓励学生查阅作者生平资料并互相交流，了解许多著名历史人物，感受文人的精神世界。

5. 有的学生擅长绘画，可以让这些学生选择"诗配画"，从读诗到画诗，让学生对诗词的体验更有层次。

6. 有的学生喜欢做手工，可以选择制作古诗词手工艺品，制作古诗词书签、漂流瓶等，发挥创造力。

四、尝试创作，读写结合

对于诗词积累量比较丰富的同学，笔者设置一些表达创作类作业。引导学生通过自主创作，在创编和书写中，感受诗词的魅力。对于兴趣浓厚的学生，还可以组建班级"诗社"，教师与学生、学生与学生之间可"以诗会友""切磋技艺"。

比如，在社会大课堂活动中，同学们参观了植物园，于是教师随即设计了个性化表达作业——创作一首秋天的诗词。学生们个个文思泉涌，诗作精彩纷呈。

秋句

一弦秋水意绵绵，枫叶萧萧雁阵寒。

稻谷翩翩腾巨浪，农民个个笑开颜。

卜算子·咏秋

夏去秋已到，天气凉起来，荷花桂花与菊花，都已陆续开。

既没夏日炎，也无冬日寒，不冷不热刚刚好，令人心里欢。

透过这样的文字，真切感受到学生细腻的诗心。显然，古诗的诵读积累，激发了学生的创作热情，而创作表达的愉悦感、成就感更促进了学生对古诗词积累的兴趣。积累和创作互相结合，互相促进，起到了奇妙的效果。

　　"腹有诗书气自华"，诵读积累诗词对培养学生语感、提升写作能力有潜移默化的熏陶和促进作用。"双减"背景下，教师将进一步分类设计、分步实施、分层评价，引导学生有滋有味地诵读、妙趣横生地品味、恰如其分地应用，深入探索个性化作业的实践途径，以满足学生多样化的学习需求，从而实现语文素养的提升。

"双减"政策下的课间新面貌

北京市海淀区五一小学大兴一分校 ◎谭中玲

自"双减"政策落地以来,我校积极响应,努力提高课堂教学效率,探索改革作业形式和学业考查方式,在不断优化课后服务的同时探索更广泛的课余活动。受益于"双减"政策,学生们的课间活动时间段变长了,为了最大限度地挖掘学校活动资源,丰富学生课间生活,让每个学生享受课间十分钟的乐趣,做到劳逸结合、身心健康发展,我校组织开展了"课间我会玩 快乐伴童年"课间游戏推广活动。

我校根据学生年龄特点,不仅将有趣的益智游戏引进校园,还精心打造了"课间游戏大宝箱"。五颜六色的游戏宝箱、丰富多彩的图案和各式各样的益智玩具一经推出,就吸引了学生们的注意,让学生课间生活变得丰富多彩。

一、阳光游戏 文明课间大乐趣

低年级的游戏,天真烂漫,趣味满满。在老师的引导协助下,"七巧板、魔尺、汉诺塔"等有趣小游戏,带来了无数的欢声笑语。学生们专注期待的模样,已然成了校园里一道快乐的风景线。

中年级的游戏,种类繁多,"华容道、魔方、跳棋、五子棋、猫捉老鼠、你比我猜……",不仅仅开发智力,锻炼思维,还融合了室外活动、学科活动,甚至巧妙结合心理游戏,学生们兴致满满,玩得津津有味。

高年级的游戏,在传统游戏的基础上加以改编和创新,融合了传统游戏的趣味性与当代生活的时代性,九连环、孔明锁、围棋、纸上谈兵等游戏突出了健康、快乐、文明主题,促进了学生良好行为习惯的养成。

二、师生参与 乐享浓浓师生情

为了能更加充分地利用游戏器具,确保利用率和安全性,各班学生在教师

的带领下制定了具体的使用办法和游戏规则。

课间，伴随着节奏明快、优美的旋律，在班主任们的带领下，安静的校园瞬间就热闹起来！色彩缤纷的魔方、各种各样的军棋、形状各异的积木等益智活动，走进了学生们的课间。学生们三五成群，他们有的讨论魔方技巧，有的围观围棋对弈，还有的在座位上安静地读书、画画。参与者专心致志，围观者众说纷纭，大家兴致满满、乐此不疲。

快乐的游戏也吸引了教师们的参与，同时还能够避免安全隐患。五年级数学教师王恒深有感触，他表示：与学生一起玩耍是一种更有效的教育方式，教师融入课间游戏，寓教于乐，学生对课间游戏兴趣更浓，比单纯地要求学生文明课间活动更有实效。而这也是学生们最开心的时光，能与老师一起做游戏，感受浓厚的师生情谊。

三、多样游戏 为课后服务添彩

当益智游戏遇上"双减"，携手"课后服务"，校园里又是一番别样风景。随着"双减"的不断深入，我校结合各班游戏大宝箱资源，积极推行课后服务"1+X"模式。

在对所有学生完成第一时段的答疑辅导后，我校除了开设科技、文体、艺术、劳动、阅读等项目，还专门成立了趣味游戏小组，供学生自主选择参加。学生根据自己的兴趣爱好选择自己喜欢的小组，促进个性化发展。

其中，趣味游戏小组十分受孩子们喜爱，老师们还积极地开动脑筋，将学科活动与课间活动相融合，引导学生开展魔方、汉诺塔友谊赛，学生在有趣的数学世界中愉悦身心，养成文明游戏的良好习惯。

除此之外，教师还带着学生们拓展了许多室外游戏，在体育教师的带领下，高年级的学生们跳起了大绳，音乐教师带领低年级的学生跳起了兔子舞，有的学生丢沙包，有的学生丢手绢，玩得不亦乐乎。这些课间游戏既能让学生加强体育锻炼，培养集体协作意识，又能缓解课业压力。

让学生们做自己喜欢的事情，丰富多元的课后服务，还给学生们一个别样精彩的童年！这就是我校实施课后服务的初心。

四、风采展示 训练思维促成长

为了增强课间游戏的趣味性，我校少先队大队部还设计了多样的活动形式：

自主挑战、同伴对弈、小组比拼、班级通关、校级展示……学生们层层闯关，不断突破，在展示风采的同时也锻炼了思维能力。我校以年级组为单位，每月举办一个活动比拼，积分最高的班级可以申请一项新的活动工具。学期末举办了首届"文明课间十分钟"课间游戏展示评比活动。

"双减"政策下，我校积极将"五育"并举落到实处，通过精心打造课间游戏，营造出具有丰富文化气息的校园文化环境，并进一步将校园安全精细化管理落到了实处，让学生在玩中学、学中玩。学生在快乐的玩耍中，培养了团队意识、竞争意识、合作交流能力和创造能力，增强了体质，促进了学生健康和谐发展。

笔者对课间游戏进行了总结：寓教于乐，充分发挥游戏的育人功能，是我校推行课间游戏的目标；在确保安全的前提下，我校将不遗余力地继续发掘、完善、落地更多健康有趣的小游戏，进一步丰富课后服务内容，促进学生身心健康发展，促进学校文化发展。

科学统筹英语作业设计，以"双减"促"双升"

北京市海淀区五一小学大兴一分校 ◎张翠

作业是学校教育教学管理工作的重要环节，是课堂教学活动的必要补充。科学、合理、个性、有效的作业，就像是一盘盘为学生私人定制的作业大餐，可以帮助学生巩固知识、提升能力、培养习惯，提升学习效益；也能帮助教师检测教学效果、精准分析学情、改进教学方法，提升自身能力水平。

一、政策指引有方向

"双减"政策出台，为学校的教育教学管理指明了方向。作为教师，要尊重教育的客观规律和学生身心成长的规律，既要不折不扣落实"双减"政策精神，又要着眼日常，在"减"的基础上还要提升教学质量。

由此可见，教师非常有必要进行科学、合理、有效的作业设计，为学生量身定制，布置分层、弹性和个性化作业，坚决克服机械、无效作业。

为此，我校英语组教师进行了一系列资源开发与整合，探索设计优质作业，以达到提升学生英语学习效果和提升教师专业素质的目的。

二、作业统筹设计初尝试

依托我校"活力课堂"文化和深度学习项目，英语组教师们积极开展大单元备课，并进行统筹设计单元作业的尝试。他们立足于大单元备课，系统设计符合学生年龄特点和学习规律、体现素质教育导向的基础性作业，以及单元的、跨学科的、实践类的作业。

在设计作业时，教师除了要立足于大单元，还要以学生的发展为根本出发点，从学生的角度出发，让学生爱上英语作业。因为激发学生做作业的兴趣和英语运用能力，往往能达到事半功倍的效果。

在英语教学实践中，如何做到以学生的发展为出发点呢？我校英语组教师进行了如下研究：

（一）设置分层作业和弹性作业

依据学生的年龄特点、兴趣和接受能力等情况，将学生划分为几个层次，随时根据学生的学习情况变化，实行动态管理，适时对学生的分组进行调整。

设置"星级套餐"作业和"自助套餐"作业，让学生根据自己的分组情况选择不同星级的套餐作业。

比如，教师在给学生布置阅读绘本的作业时，则会根据学生情况进行分层："一星作业"需要完成 reading log（记录本）；"二星作业"需要完成阅读笔记，记录词语和句子；"三星作业"则需要完成朗读并录制音视频。"自助套餐作业"则会让学生在选择星级作业的基础上再弹性选择制作绘本主题手抄报或写读后感。学生们纷纷选择适合自己的和自己感兴趣的作业，学有余力的学生可以选择多种作业。

通过阅读绘本这一内容设置的分层作业和弹性作业，每个学生都有可选的适合自己的作业大餐，大大激发了他们完成英语作业的兴趣和动力。

学生们对英语绘本阅读有了兴趣，并且在完成作业的过程中养成了做记录的良好学习习惯，积累了词汇量和句式，为英文写作奠定了基础。同时学生还在读故事的过程中学习了道理，积累了语感，英语语言能力、思维品质、文化意识和学习能力都有不同程度的提升，大大促进了学生核心素养的形成。

（二）设置多种形式的专项和综合作业

在大单元设计作业时，教师要立足于提升学生的英语核心素养，设计听、说、读、写、玩、演等多种提升学生语言技能的作业内容，通过这些学习手段，以及大量的专项和综合性语言实践活动，帮助学生在语言学习和交际中，形成语用能力。

为了使学生的英语学习更贴近生活，可以设计一些多样性的作业，让学生充分利用资源，如电视、广播和互联网等渠道，增加信息的输入，丰富学生的英语知识。

（1）"有声"作业

给学生布置"听、说、读、唱"等形式的作业，比如让学生朗读课文、说韵文、听歌并学唱英文歌等，自己录音或录制视频，促进听说能力和口语表达能力的提升，帮助学生增强自信心。

为了让"有声"作业出彩，学生们主动增加练习的次数，以达到较好的效果。教师记录成绩，把好的和有进步的"有声"作业在班上放给全班学生听，大家点评，取长补短，共同进步。学生们对"有声"作业乐此不疲。

比如，一年级下册和二年级上册学习春节和新年主题，教师根据学生活泼好动的年龄特点及《英语课程标准》要求，布置了"欢乐唱一唱，快乐迎新年"的英文歌曲作业。学生们边唱边跳，将课文重点充分融入歌曲中，做到了寓教于乐。这种愉快的心理体验，激发了学生浓厚的学习兴趣。学生由此获得认识、情感，必将迁移到后来的英语学习中去，产生了良好的影响。

（2）"无声"作业

有些学生喜欢画画，就给他们布置"写、画"等形式的作业，在画一画的基础上，用英语加上自己描述性的语言。有些学生擅长做手工，就给他们布置了"做一做"的作业，制作名片、节日贺卡等，将所学的英语知识加以运用，培养了学生的动手能力。

一张张充满创意的单词卡片、贺卡，一份份富有单元主题意义的思维导图、知识树、手抄报，一页页需要跨学科设计的文配画、作文等，都需要学生在制作过程中充分发挥积极性，通过掌握的英语知识，运用跨学科知识，做好查资料、绘画、设计、策划等每个环节的工作。这既培养了学生创新思维和独立思考的能力，又进一步发展了学生的语言技能和思维能力，还为他们今后继续学习英语和用英语学习其他相关科学文化知识奠定了基础，提升了学生的英语核心素养。

（3）"交响乐"作业

"交响乐"作业即综合实践类作业，学生可以合作完成。教师为学生提供真实的、综合的语言实践机会，如调查汇报数据、合作完成英语短剧等，这些作业犹如奏响了一首首动人的交响乐。学生们在完成具有启发性和趣味性的作业的过程中，积极思考，彼此交流，取长补短，充分提高了运用英语的能力。

在北京版英语四年级下册第6单元规则主题的学习时，教师为学生们布置了合作型实践作业——小组合作录制关于规则主题的视频，内容和场景自己设定，给学生充分发挥想象力的空间。

组长先进行了分工，组员们有的负责在网络中下载图片制作PPT背景，有的负责整理绘本的英文介绍，有的负责编排情景剧的台词和动作，有的负责制作头饰，还有的寻求教师配合并帮助他们完成录制，最后进行情景剧展演。整个过程下来，就是学生们交流探究、发现问题、解决问题与共同合作的过程。

随着视频的呈现，学生们解决问题的能力得到了提升。通过小组作业的完成，学生们的学习兴趣被激发出来，交流与合作的能力得到了锻炼，最重要的是英语语言能力也得到了提升，积累了文化意识和学习能力，锻炼了思维品质，促进了学生核心素养的发展。

"双减"在继续，学生在成长，教师也需要不断调整自己的心态、教学方法和教学策略，不断提升自身专业素质和教学水平，不断激发自己的活力和创造力，真正把"双减"内化为动力。科学统筹设计作业，以提供给学生更多的令他们感兴趣的学习方式，这是帮助学生为今后继续学习英语和用英语学习其他相关科学文化知识奠定基础，更是为学生终身学习、适应未来社会发展奠定基础，在"双减"落地的同时，实现了学生英语素养和教师教学能力的"双升"。

"双减"视角下数学学科育人的行与思

北京市海淀区五一小学大兴一分校 ◎任圆

随着基础教育改革的不断深入和"双减"政策的落地，教育越来越注重学生核心素养的培养。"双减"工作中，笔者根据学情制定学生自主学习策略，通过优化作业设计，借助多元活动，探索"双减"背景下的小学数学教学策略。

一、创设教学情境，促进自主学习

在素质教育的背景下，小学数学教育逐渐摒弃了传统教师一味灌输式的课堂模式，在新的教育理念下，作为小学数学教师，需要结合新的课程标准和学生身心发展的特点，为学生创造良好的学习环境，激发学生参与课堂学习的积极性，增强学生自主探究的能力，以确保课堂活动的有效性。

四年级学生学习了用简便算法计算的相关内容，以"97-24-16"为例，不难理解，这个算式就是利用减法的性质，a-b-c=a-(b+c)，总数可以一个一个减也可以减去两个数的和，对于学生来讲容易理解，也方便了计算。在综合练习的过程中，当出现了"97-24+16"这个算式的时候，学生就将两个长得相似的算式混淆了，在讲解时让学生观察两个算式，并通过套用公式发现第一个算式可以用减法的性质而第二个算式不可以用。可是时间久了，学生还会犯之前的错误，如何让学生知其然再知其所以然呢？于是我又一次将两个算式同时拿出来，引导学生像探究乘法分配律那样借助情境理解这两个算式，于是简单的计算激发了学生们的探究欲望，同学们脑洞大开，课堂一下子就变得有活力。"97-24-16可以创设以下情境：报告厅原来有97名学生，出去了24名舞蹈队的同学，又出去了16名武术队的同学，此时报告厅还剩多少人？""97-24+16可以创设以下情境：报告厅原来有97名学生，出去了24名舞蹈队的同学，16名武术队的同学回到了会场，此时报告厅有学生多少人？"两个问题呈现出来，学生们恍然大悟，意识到两个问题中的16与另外两个量存在着不同的数量关系。

从简单的计算到学生借助情境自主学习，这无疑是孩子向高阶思维的转变，同样作为教师来讲，教学方式的变革，不仅可以激发学生的独立思考，而且可以增强他们的自主学习能力，激发了学生参与课堂学习的主观能动性，从而实现学生创新思维发展的目标，为"双减""减负提质"打下坚实的基础。

二、优化作业设计，落实"五育"并举

作业作为检验学生课堂学习情况的最佳途径，应当受到教师的充分重视。从某种意义来讲，小学数学学科作业设计活动需要进行一定的创新调整，这样不仅能够在落实"双减"的过程中有效提升作业的效率，还能够激发学生学习数学的兴趣，发挥了学科育人功能。

"双减"政策明确要求减轻学生的课业负担，并倡导为学生布置智慧创新型、学科融合的作业，使学生在课后有更多的时间用于提升自身的综合能力和素养。基于此，笔者鼓励学生写数学日记，并充分利用每天数学课的课前3分钟分享自己的日记，还为学生们编辑数学日记专辑，让学生们互相传看，给予每个学生更多的展示机会。通过这样的方式，让学生感受数学的乐趣和数学的魅力，从而体现了数学学科的育人价值。有个学生在学习了《一亿张纸摞起来有多高》后得到启发，回到家里用矿泉水瓶观察、记录、计算出家里刷完碗后没拧紧水龙头浪费的自来水量，推算出如果每天自来水都这样不停地滴水，三年的时间就能滴1万瓶矿泉水，水资源浪费惊人。他进而又联想到学校有那么多的自来水龙头，如果不拧紧，一年下来不知道要浪费多少水……于是，这个学生将自己的实践探索写成了数学日记，并在课前3分钟进行了分享，增强了大家的节水意识。

"双减"背景下的数学作业设计，既要遵循数学学科知识的生成规律，同时也要遵循学生的认知规律、心理规律等。要从儿童视角、课程视角和生活视角出发，设计研发层次性、探究性与综合性作业。要充分发挥作业的育人功能，彰显作业的育人价值。

三、开展多元活动，突破教学重难点

《数学课程标准》指出："要重视从生活实践和已有的知识中学习数学、理解数学。"生活是数学的源头活水，心理学研究表明，当学习内容和学生熟悉的生活背景越贴近，那么学生自觉接纳知识的程度就越高。同时，新课标强调"三会"：培养学生会用数学的眼光观察现实世界；会用数学的思维思考现实世界；会用数学的语言表达现实世界。那么在"双减"背景下，教师可以根据教学内容适时地走出教室，让数学走进学生生活，让学生感受到自己眼中的数学不再是简单的数学，而是富有情感、具有活力的知识。

"六一"儿童节期间，我校为了丰富学生校园生活，在风雨操场举办了以"探宝淘珍"为主题的跳蚤市场活动，市场内各个摊位售卖的物品可谓是琳琅满目：二手的作文书9.5元，小号毛绒玩具5.6元，大号毛绒玩具12.8元，钥匙链6.7元，DIY发卡8.8元，拍立得照片6.8元（又顺又发）……考虑到学生年龄小，每个学生最多只能带20元钱到学校。面对琳琅满目的物品，学生们犯难了，20元能买什么呢？此时，一个小女生兴奋地跑到笔者面前，炫耀着手中的"战利品——5.6元的小毛绒玩具、6.7元的钥匙链、6.8元的拍立得"，并骄傲地说道："老师，我用到了数学中的估算，5.6看成6元，6.7元看成7元，6.8元看成7元，6+7+7=20元，我带的钱肯定够。另外，第一样商品多算了4角，第二样多算了3角，第三样多算了2角，所以我还能剩下9角，我觉得数学还真挺有用！"笔者听后追问："你为什么没将三种商品的价钱进行小估呢？"这个小女生急忙说道："小估使得每件商品的价钱降低，不能确定带的钱够不够。"听了她的一番话，笔者感到很欣慰，学生在课堂上缺乏的估算意识，通过生活实践找了回来。笔者想到，学生通过这次活动，对于估算的学习有了更深的理解，同时也对教师的教学方式有了新的启发。课堂教学应该是多元的，适时地走出教室不仅能拓宽学生的视野，同时还能激发学生的发散思维。

作为小学数学教师，要真正意识到核心素养养成的意义，并在教学中大力践行，树立起鲜明的"减负增效"的"双减"意识，围绕多元主题设计，引导学生以更富有趣味性、参与性和自主性的方式开展数学学习。在这个过程中让学生快乐高效学习，继而促进学生核心素养的养成。

落实"双减"政策，实施"12345提质减负工程"

北京市海淀区五一小学大兴二分校　◎高鹏飞

"培养什么人？怎样培养人？为谁培养人？"党的十八大以来，习近平总书记围绕"培养社会主义建设者和接班人"作出了重要论述。我校认为，现今的"双减"正是对这一重要论述的有力回答。我们高度重视"双减"工作，为了更好地开展与落实，认真学习、领悟政策，进行了大量调研，多方协调，召开了不同范围的专题会议，推出了"12345提质减负工程"，深入落实"双减"工作，促进学生全面可持续发展。

一、围绕一个核心

"育才造士，为国之本"，这是教育工作的根本任务。五一小学作为海淀区十三所红色基因学校之一，始终以传承红色基因为己任，以立德树人为核心，以为学生的幸福人生奠基为理念。为此，学校紧抓教育教学这一主线进行落实，并设计开展了一系列活动，即系列主题升旗仪式、系列主题班队会、系列主题实践活动，培养学生坚定的理想信念，深厚的爱国情怀。

二、夯实两条途径

在"双减"政策之下，学校将学生在校时间分为课内、课后两个时段，但将这两个时段视为一个有机整体，全部纳入学校五育并举的课程体系中，整体分析促进学生德智体美劳全面发展过程中需要补充什么、需要调整什么，找准短板做加法，促进学生全面而均衡发展。明确下午3点30分以前的课内时间，严格落实国家课程方案和课程标准，开齐开足开好国家课程，严格按照教学计划开展教学。下午3点30分至5点30分，学校提供优质的课后服务，以学生个性需求、特长发展为目标，整体安排，统筹管理，在一到六年级安排了丰富多彩的课后服务项目，供学生自由菜单式选择。

三、做好三个优化

优化作业设计，做到"有 + 有 –"

为切实减轻学生的课业负担，在总量上做减法，减掉机械、重复性作业；在品级上做加法，增加实践类、融合性作业。通过减与加，让学生拥有更多的自主探究时间、更多的实践空间，促进学生的综合素养得以提升。

为了实现这减与加，我们将作业研究、实施工作纳入校本教研工作体系之中，着力作业研究。逐渐明确了作业优化的方向，实施作业分层设计，探索基础性作业、弹性作业、选做性作业和个性化作业，在实现普适性巩固知识目的的同时，又要给学有余力的学生拓展成长的空间。逐渐确切了设计思路，以单元为单位进行整体作业设计，每日设计基础性作业、拓展性作业，强调分层；每周依据学科特点和本周教学内容，设计学科实践性作业，强调实践；每月围绕各学科融合点，探索设计融合性作业，融合性作业可以大主题长周期，即以月为完成周期分解任务，强调融合。

为了实现这减与加，我们创新作业管理机制，建立了"三双一调"制度。

"双统筹"制度：学科间统筹，学科组开展组内作业研讨，完成作业的整体设计，既要做到单学科内容和时长在学科内进行统筹，更要加强学科间的统筹，整体规划统筹作业总量；教学干部统筹，学科干部从作业总量、作业内容、作业时长等方面进行审核，针对问题提出审核意见，返回学科组后修改，再审核通过后方可提交、实施。"双统筹"提升了作业布置的精准性、合理性，提升了作业的功能。

"双公示"制度：校级公示，设置全校作业公示栏，用于公示全校各年级每周的作业布置情况，让作业人人可见；班级公示，班级设置作业公示栏，让不同学科教师可见，让班级学生随时可见。另外，还要注意提前公示与当天公示相结合，提前公示是根据一周整体教学计划进行设计的作业，当天公示可根据当天"微调"情况，适当调整部分作业，力图保证作业布置既有计划性，又有灵活性。

"双评价"制度：学校评价，通过作业检查等形式了解作业情况，及时进行梳理、总结；召开教师、学生、家长参与的作业交流会，总结优势，发现问题。"双评价"促进了作业研究的规范和进一步优化。

"微调"机制：教师根据本班教学进度、内容及学生实际等情况，在年级作业布置的基础上，可对本班、本学科作业进行微调。班主任就当天作业微调的情况提前上报给学科主管，审批后方可实施，并在班级每日作业记录本上记录微调的内容，在班级内公示。

（一）优化学业辅导，做到"3+3"

课后学业辅导做到三个全覆盖：时间全覆盖，周一到周五；对象全覆盖，面向全体学生；教师全覆盖，教师全员参与。过程实施做到三个整合：整合教师资源，优秀教师进行走班，不同学科的教师为班级学生提供课业辅导；整合学生需求，学生走班，参与骨干教师主持的答疑，解决学生的个性实际问题；整合课程设置，跨年级、跨班级开展培优课程，提高学生的学科素养。

（二）优化课堂教学，完善研究共同体

"双减"后，学生的作业量减下来了，但学习质量不能减，因此，必须要进一步优化课堂。我们充分发挥教学干部、教研组长、骨干教师的作用，形成研究共同体，优化教学过程，优化教学工具，提升课堂教学质量。经过研究与实践，逐渐推出了"双减"课堂要求，中高年级进行"1-6-1"课堂结构的教学研究：第一个"1"指的是课堂前5分钟，对前期作业进行回顾，调研学情；"6"指的是，教师充分利用30分钟时间进行主体教学，精讲精学；第二个"1"指的是，在每节课的后5分钟进行课堂教学诊断，反馈课堂教学质量，了解学生学习效果。

低年级进行"1-15-4"课堂结构教学研究：

第一阶段2分钟左右进行情境创设，提升学生兴趣，明确学习任务。

第二阶段30分钟左右的时间，组织学生进行交流学习。

第三阶段约8分钟时间，进行练习反馈，总结课堂教学。

四、协调四个增加

增加体育课时，提升学生身体素质。

课内，增加体育课时，每个班级每周五天确保每天一节体育课。课后，开设体育大课间活动及体适能课程。两个时段面向全体学生，保障每个学生在校内、在专业教师的指导下，有效锻炼时间达到1.5小时以上。

增加心理课程，确保学生健康心理。

课内，开设心理健康课。课后，开设心理社团，建设心理周、心理月活动。

增加劳动课程，培养学生劳动精神、劳动能力。

课内，各学科进行学科渗透，并开设种植、家政等课程。课后，开设校务、班务课程。

增加艺术课程，提升学生综合审美和创造能力。

课内，增加水墨、书法、手编等非遗课程群。课后，增加形体、朗诵、演讲、主持等课程。

五、牢记五个坚守

（一）坚守育人观

我们要始终以学生发展为中心，坚持促进学生的全面发展，坚持学生的身心和谐发展，坚持因材施教。在"双减"工作中，要不断进行自我审视，关注学生的实际获得与成长，不断调整、优化思路。

（二）坚守课程观

我校从2012年课程改革伊始，就致力于课程研究与建设，促进学生德智体美劳全面发展，提升学生的综合素养。"双减"背景下，我校重新调整课程体系，重视体育、劳动等课程，完善了独具特色的融合课程。课程设置从五育并举走向五育融通，给学生提供了更多高品质的学习课程。

（三）坚守质量观

质量是五一小学的名片，我校多年来通过教学七环节的建设，向每一天、每一节课要质量。现今，我们更加重视常态教学的质量，加强七环节的管理，每一个环节做到有标准、有路径、有检查、有评价。教学干部与教研组形成研究合力，追求教学全过程的有效落实，提升教学质量。

（四）坚守服务观

我校始终以办人民满意的学校为宗旨，时刻关注学生和家长的需求，全心全意为学生服务，为了给学生提供更好、更适合的教育供给，我校进行了广泛的调研，召开了不同形式、不同范围的座谈会，与家长共研共讨，让"双减"走进学生和家长的心中，共同促进学生的健康成长。

（五）坚守发展观

教育不能短视，不能急功近利，我校一直坚守发展的教育观，培养学生在学习中学会学习，在实践中学会实践，在生活中学会生活，成为有自驱力、可持续发展的人。

教育是国之基石，公益性是教育的本质、客观属性。青少年是祖国和民族的未来，是社会主义的建设者和接班人。学校作为教育的主阵地，在"双减"中必须发挥出主要作用。

创新英语作业形式，为学生发展赋能

北京市海淀区五一小学大兴二分校 ◎郭晶

"双减"政策落地，要求教师更新教育教学理念，改变传统教学模式。我校英语教研组以研促改，在教学实践中不断深入理解"双减"政策，开展作业设计与实施研究，将减负提质落到实处。

一、作业公开公示

在每个班级设置作业公示栏，公示当天布置的作业的内容和所用时长，让所有任课教师可以看到本班布置的作业情况，共同监督学生的作业量在规定的范围之内。一二年级不布置书面作业，三四年级英语作业不超过10分钟，五六年级英语作业不超过20分钟，尽量在校内课后延时服务内完成书面作业。

二、改变作业方式

作业是课堂教学活动的必要补充，通过完成作业巩固语言知识，掌握语言技能，提高实践能力。在核心素养背景下，转变传统的作业观，切实做到高效作业、落实"双减"政策。改变作业的方式，强调完成好基础性作业，探索跨学科作业和研究跨学科作业。围绕如何科学合理地设计作业、管理作业，切实减轻学生的课业负担的研究这一课题，英语教研组开展教研活动。

（一）改变作业观

传统的作业过于机械化，枯燥无趣。"双减"之后，就是要把以前对作业旧的认知、错误的认知转换到新的认知理念上来，切实减轻学生过重负担，把学生从繁重的作业中解救出来。作为一线英语教师，需要树立全新的作业观，把作业看作一种课程来对待、研究，真正做到减负、提质、增效。以作业观的改革撬动英语课程教学的改革，促进教师与学生的学习，以此促进英语教学质量。

（二）改变作业形式

作业，是学生学习的重要载体。创新作业形式，能够激发学生学习的兴趣，巩固和深化学生对所学内容的理解，培养学生自主学习的意识，使学生能够更好地运用所学知识赋能。

在北京版小学英语三年级上册第三单元Lesson 9中，新教师张靓颖带领学生共同演唱与月份有关的英文歌曲，借助歌曲和问题帮助学生回忆有关月份的表达，复习旧知。通过"十一国庆节是祖国母亲的生日"，引出生日这一话题。学生在学习文本的过程中学习月份表达和功能句"When is your birthday? It's in….It's on…."在语境中的运用。张靓颖老师与学生真实交流，理解并在情境中运用所学语言。根据本节课内容，教师布置了课后采访的任务，采访自己家人的生日或同学的生日，完成采访信息表格的填写，在下次课中展示交流采访结果。本节课作业的布置与学生生活实际相联系，充分利用所学语言进行交流，增强学生情感态度价值观。

在同课异构的设计中，张旭老师以自己的生日导入，让学生猜一猜老师的生日是在哪个月份，学生们积极踊跃地参与话题，最后猜对老师生日月份的学生得到了奖励。布置作业环节，张旭老师让学生们在整理家人生日的同时，提醒他们要记住家人的生日，并在生日当天送出自己真挚的祝福。此项作业的布置，不仅贴近学生的生活，为学生搭建了英语语言学习与交流的桥梁，同时还提升了学生的英语能力，实现了英语学科的育人功能。

（三）改变作业评价

传统的作业评价往往是单一的，教师可以丰富评价的形式，多样的作业评价可以架起与学生沟通的桥梁。恰当的作业评价，能够激励学生学习的热情和自信心。

1. 文字评价

课堂上，学生需要教师的鼓励与支持，同样，学生的作业也需要教师的激励。教学中，教师们针对不同的学生及其作业进行分层评价。对于优等生提出更高的要求，在作业评价中对学生的书写、创新进行文字评价：Please try to make your handwriting beautiful. 对于学习有困难的学生，教师要善于发现学生的闪光点，对学生的进步与努力给予鼓励。

2. 积分评价

在笔者任教的班级，英语书的首页是印章积分页。学生根据个人的课上表现和小组中的表现，获得相应的印章积分，集齐积分后就可以兑换奖励，比如兑换英文名字卡、喜报、文具、零食，或是当一次老师小助手、免作业一次等。兑换一次，扣除相应积分，激励学生通过自己的努力再次赢得奖励，调动学生参与英语学习的积极性。

"双减"背景下，作为英语教师，我们要不断思考，创新作业形式，打造灵魂课堂，追寻学科教育价值，让学生爱上作业，享受学习的快乐，为学生的发展赋能。

落实"双减"政策，抓实常规管理

北京市海淀区五一小学大兴二分校　◎张继东

"双减"工作是党中央做出的一项重大决策部署，事关国家发展和民族的未来，对促进学生全面发展、健康成长，构建教育良好生态具有重大战略意义。我校坚决贯彻党的教育方针，坚持以学生发展为本，落实立德树人根本任务，把"双减"作为一项重要的政治任务，坚持素质教育，深化教育改革，多举措提升校内教育教学质量，不断丰富课后服务供给，坚持抓紧抓好"双减"工作，促进学生全面健康成长。

一、加强学习，更新观念，明确目标

为深入理解和正确把握"双减"精神，我校层层深入开展"大学习、大调研、大讨论"活动。

校级干部层面，组织开展校级干部研讨交流活动。谭校长带领各校区负责人重点研读中共中央办公厅、国务院办公厅《关于进一步减轻义务教育阶段学生作业负担和校外培训负担的意见》及市区教委《关于进一步减轻义务教育阶段学生作业负担和校外培训负担的措施》相关文件精神，集体研究工作内容、工作要求，制订学校工作实施方案，建立健全"双减"工作长效机制，把握时间节点，全面落实推进。

中层干部层面，多次组织开展研讨会，广泛调研，结合学校具体情况，研究制定了《学校教学基本规程》、《"五项管理"实施方案》，和修订了学校各项管理制度，为"双减"的落实提供了有力的制度保障。

教师层面，定期开展专题培训、主题研究、阶段反馈等活动，学习相关文件、各项工作方案和管理制度。使教师深入理解"双减"工作的目的和意义，了解教育改革和发展的指导思想、奋斗目标和主要任务。在工作中自觉落实课

改精神，切实减轻学生课业负担，提升教育教学质量。

家长层面，我们通过家长会、微信公众号、开设答疑热线等多种方式宣传"双减"工作精神，消除家长顾虑。

二、强化教学全过程管理，规范教学行为

为进一步规范教师的教学行为，切实做到"减负增效"，我校加强对常态教学全过程"七环节"（即备、教、辅、批、研、评、思）的管理、指导、评价与反馈，加大对教师日常教学工作的督促、检查、评价力度，不断促进教师教学行为规范化。

（一）加强备课管理

实施集体备课制度，坚持"大单元集体备课"教研活动，通过"分头主备—集体研备—个人复备"的备课流程，提高备课质量。教导处随时检查备课尤其是复备的质量，及时反馈意见，提高了教师的备课能力。

（二）抓紧课堂监控

上课是教学的中心环节，是学校运转的主轴，是学生获取知识、发展智力、增长能力的主要途径，在提高课堂效率上，我校要求教师要转变教育观念，减少不必要的讲授，要从学生角度设计教学问题，采用启发、探究、合作的教学方法和学习方式，关注学生的思维过程，力求"当堂任务当堂清"。与此同时，学校在领导干部听评课、推门课、研究课、课赛等活动中关注学生的常规、教学常规、班级文化建设等；学校领导不定时查堂和采取学生座谈等形式，进一步规范教师在课堂上的教学行为，实现课堂教学的有效性。

（三）加强课业辅导

学校制定了《课业辅导实施方案》，明确了课业辅导答疑教师工作职责，采用集体辅导、个体答疑、巡视辅导、固定答疑室等形式面向全体学生开展课业辅导服务；组建了由教学干部、骨干教师、教研组长组成的专家答疑指导团队，公布了他们的答疑电话，为家长和学生提供学科教学、家庭教育、心理等方面的答疑服务。同时强调对学生的辅导要做到细致、有针对性，既要注重对学困生的个别指导，又要有对优秀学生的拓展提高。

（四）注重作业布置与批改管理

作业是巩固知识形成技能的重要环节，是反思教学、改进教学的重要依据，

因此我校要求教师要精心布置学生作业内容。作业内容设置必须要有针对性、选择性，要设计分层作业和实践类作业；坚决杜绝"重复抄写"与"罚作业"现象，减轻学生过重的课业负担，使不同的学生得到不同的提高。在精心批改作业方面，教师批改要做到及时准确，不使用"×"，必须用鼓励性语言，或用星级评价等多种形式进行评价。同时，批改的形式灵活多样，通过这一措施，进一步提高学生学会欣赏和正确评价他人。对学生作业中出现的错误，教师要督促学生订正，并进行再次批改。学校教导处通过随堂听课检查、不定期抽查、固定阶段检查等形式对各班作业情况进行监控，并开展"反馈指导"专题教研活动，及时反馈存在的问题，限令整改期限，并追踪整改情况，有力地推动了学生作业质量的规范、高效。

（五）加强教研活动

一是开展教研"1+1"活动。各教研组围绕"课堂文化建设"和"作业改革"两大专题开展教研活动。针对教师课堂教学存在的"真"问题开展研究，并通过集体备课、研究课、交流研讨等过程，研讨本学科的课堂文化，突出学科特点，提高课堂教学质量；通过作业规范批阅、作业创新设计等研究，精心设计基础性作业、拓展性作业、实践性作业。

二是依托总校优质教学资源，广泛开展送课到校、主题式教学研究，促进教师的专业成长。

（六）加强教育教学评价

学校深入贯彻落实教育部《义务教育质量评价指南》《关于加强义务教育学校考试管理的通知》要求，加强各学科评价内容和方式改革研究。初步制定了《考试评价管理办法》，明确一、二年级不进行纸笔考试，采用乐考闯关形式进行教学评价。其他年级由学校每学期组织一次期末考试，不得面向小学各年级组织区域性或跨校际的考试。学校和班级不得组织周考、月考、单元考试等其他各类考试，也不得以测试、测验、限时练习、学情调研等各种名义变相组织考试。引领教师准确把握考试诊断学情教情、改进加强教学、评价教学质量等功能，加强学生学习过程评价，鼓励实践性评价，可以采用课堂观测、随堂练习、实验操作、课后作业等方式开展学生学习情况的即时性评价，通过定期交流、主题演讲、成果展示、学生述评、开卷考试、实验操作、听力测试、辩论、情景测验、成果展示、小论文、闯关乐考和面试答辩等方式开展阶段性

评价，充分发挥评价的诊断、矫正和激励作用。

（七）注重教育教学反思

教学反思是一种有益的思维活动和再学习活动，也是回顾教学—分析成败—查找原因—寻求对策—以利于后行的过程。课后反思是教师及时补救的依据及今后教学改革的借鉴，通过课后反思能达到提高教师自身素质和提高教学效果的目的。我校要求教师重视教育教学过程的反思，通过反思找到存在的"真"问题，有针对性地开展相关学习交流活动，梳理有价值的反思，确定研究课题，引领教师深入研究，促进发展。

三、问题与思考

我校落实"双减"工作正处在不断摸索、不断改进调整阶段，在实施过程中，我校也不断在反思存在的问题，在探索中努力寻求解决之道。

一是需要在优化作业设计、创新作业方式、探索跨学科综合性作业方面加强研究与实践，切实提高作业设计质量。

二是课堂教学水平需进一步提高。我校将进一步加强对教师的培训力度，加强课堂教学实效性研究，通过举办"课堂文化节"并进一步挖掘学科内涵，促进课堂文化的构建。

三是教育教学综合评价体系尚需完善。"双减"背景下，如何科学有效地进行教育教学评价，激发学生学习积极性，凸显教育教学评价的功能，是我校下一阶段的一项重点工作。

构建教育良好生态，助力"双减"落地见效

北京市大兴区长子营学校　◎赵欣

教育是以学生成长为中心的活动，从教育主体、教育内容到教育途径等构成了一个复杂的系统。我校认为，"双减"工作绝不是"头疼医头、脚疼医脚"，它需要梳理教育各要素的关系，整合资源，调整结构，才能促进教育高质量、可持续的发展，才能满足民族复兴、国家富强的人才需要，用教育支撑起国家和民族美好的未来。基于以上思考，我校运用系统思维，构建教育良好生态，助力"双减"落地见效。

一、以学校为主阵地，构建家校社协同共育系统

以学生成长为中心，学校要发挥教育主阵地的作用，要把因为各种原因散落到社会机构和家庭的部分教育责任，特别是学科类学习的责任收回学校。《中华人民共和国家庭教育促进法》第十四条明确规定，家庭是第一个课堂，家长是第一任老师，要承担对未成年人实施家庭教育的主体责任，用正确思想、方法和行为教育未成年人养成良好思想、品行和习惯。

为做好家校协同育人，我校采取了四项举措：

一是积极发挥学校作为教育专业部门的作用，培训教师，提升家庭教育指导的能力。我校现有 7 名市、区级家庭教育指导师，通过班主任工作坊等平台，带动整个班主任团队的成长。我校还开通了家庭教育指导专线，积极开展家长会、家长座谈、家访、家委会等活动，开设家长云课堂，定期推送优质家庭教育资源，通过培训影响家长更新家庭教育理念、知识和方法。

二是以科研课题为依托助力家校共育。我校申报了区级课题"家校共育制度现状调查及改进研究"（现已结题），参与了"基于农村校家委会与家访工作的联动机制研究"课题，发放了调查问卷，完善了共育制度，形成了论文和

案例等相关成果，培训了班主任队伍，最大限度地影响家长，让学生在和谐的家校关系中更好地成长。

三是积极开发社会资源，请"有能力走出去学有所成、有情怀走回来建设家乡"的社会人士为学生开设明德大讲堂，向学生讲授自己的成长故事、所见所闻和所思所想，帮助学生开阔视野，以讲述人为榜样，增强学习动力，增强家国情怀。

四是带领学生走出去，充分挖掘镇域及周边教育资源，打造厚学大课堂，了解家乡在政治、经济、文化、社会等方面的发展成就，了解家乡未来的发展规划，了解对人才的具体需求等，培养学生热爱家乡的情怀。同时，将区级非遗项目"神叉老会""李氏灯彩"引入校园，促进中华文化的传承和发展，丰富学生校园文化生活，通过凤河文化课程、小记者课程等，促进家校社协同育人。

二、以特色教育为亮点，构建"五育"并举教育供给系统

长子营学校办学特色鲜明，是大兴区艺术特色校、北京市模型培训示范基地、北京市金鹏科技团、北京市科技示范校、中国航空运动协会飞行营地、全国足球基地校、全国国防教育示范校、大兴区书法基地校、北京市体育传统校、北京市课程建设先进单位、大兴区劳动教育基地校。

每一项荣誉背后，都有一群兴趣浓厚、特长鲜明、表现突出的学生和一支充满热情、勇于担当的教师团队。我校以学生的兴趣爱好及发展需求为指针，借助特色名片，进一步丰富课后服务供给体系，促进"五育"并举落地。

我校在课后服务时段开设了儿童画、灯彩、威风锣鼓、民族舞、茶艺、小乐团、创意手工、舞台剧等艺术教育类服务项目；在机器人、千机变、投石车、过山车、木梁承重、海模等科技活动方面实现了贯通培养；在建党百年之际，开设了红船课程，将红色教育、科技教育、国防教育有机融合；开设了男女田径队、男女足球队、太极拳、神叉、啦啦操、跆拳道、武术等项目，每月安排一项体育比赛：开设了跳绳、仰卧起坐、踢毽子、接力跑、足球等体育项目。丰富多彩的课外活动，为学生健康成长发挥了重要的作用。

劳动最伟大，劳动最光荣。我校高度重视劳动教育，以劳树德，以劳增智，以劳强体，以劳育美，以劳创新，丰富"五育"并举供给系统，列出家庭劳动清单，引导学生积极参加家务劳动，促进亲子关系和家庭责任担当；积极拓宽

劳动教育途径，围绕"五园一基地"进行课程开发，种植桃李、山楂、樱桃、葡萄等果木，在积淀校园文化底蕴的同时，为学生提供劳动实践的机会；与小黑垡、牛坊等村合作，引进林下经济、水果栽培等劳动体验项目；建立蓝莓草莓采摘园、赤鲁科技基地、梨花园、呀路古、留民营生态农业等校外劳动体验基地，从春夏秋冬和简单复杂两个维度，实现中小学贯通培养；依托市级一等奖课程"园艺心理"和"生涯规划课程"，通过多学科整合，丰富劳动教育的内涵，将学业与学生未来的事业建立关联；通过"东篱园"种植课程、"北珍园"财商课程、"萌宠园"食材调查研究、"科普园"热带植物种植分析、"枫雨馨园"园艺心理体验（土壤分析，生长环境对比，山楂制作）和"党建基地"大手拉小手的师带徒，创建真实的问题情境，培养学生解决问题的思维方式，开展研究性学习，实现学科融合和创新研究；通过周末大扫除、校园志愿服务岗、光盘行动等，与我校校币管理活动相结合，在活动育人中体现劳动教育；以公益性劳动、志愿服务和职业体验为主，在打扫街道和敬老院、垃圾分类桶前值守、疫苗接种服务等公益性活动中，培养学生的社会责任感。

三、以作业为重，构建全链条学习系统

作业是学校教育教学管理工作的重要环节，是课堂教学活动的必要补充，对于学生巩固提升、举一反三、迁移运用、融会贯通发挥着重要作用。"双减"背景下，作业对于减负提质的重要性不言而喻。基于此，我校致力构建全链条的学习系统。

第一阶段是有效控制书面作业时间，减轻学生作业负担。我校在班级组控制作业量，建立公示栏和记录本，加强作业公示和统筹；在备课组加强教研，强化作业批改；在管理环节加强作业巡检和问卷，了解现状与问题，及时督促改正问题，先期取得了良好效果。

第二阶段是加强作业内涵与外延的研究，以研究促提升。研究在大单元备课的前提下，作业的内容和形式是否与目标统一；研究作业批改中暴露出来的问题，使学习指导更精准；研究书面作业量减少之后，如何通过学生自主作业和丰富的作业形式，以及"五育"并举的活动清单，有效缓解家长的焦虑。

我校为教师们搭建平台，积极交流展示作业设计及作业在学习全链条过程中的作用，增强共研氛围，促进质量提升。同时还建立了教学规程巡检机制，

抓实抓细课堂教学的各个环节，为构建高效课堂打下坚实的基础。

没有高素质的教师，就没有高质量的教育。我校通过党员示范课、骨干献优课、青年教师汇报课、组内公开课等形式，从课前集体磨课、全员听课、及时评课等环节，强化"课比天大"的意识，提升教师的教学能力。教师们立足课堂，深耕课堂，在课堂教学中提升职业幸福感。

四、以分层辅导为突破，完善学生成长需求系统

高水平实施因材施教是教育高质量发展的必然命题。我校改"大水漫灌"为"私人定制"，针对日常教学"学困生吃不了、优秀生吃不饱"的现象，发动骨干教师积极参与课后答疑、提升、学科拓展服务，每个年级均开设了巩固提升服务项目。同时，为学有余力的学生跨年级开设了英语戏剧、自然拼读、数学思维、英语棋、主持与朗诵、小记者、实验探究等校本课程。

根据不同层次的学生进行分层辅导，满足学生个性化需求，是学科类课后服务的重点。我校依据学困生形成模型原理，及时回应每一位身处学习困境中的学生，有的学生因为基础薄弱，不知从何学起；有的学生因为严重偏科，丧失学习信心；有的学生因缺乏自控而烦躁，近乎放弃；有的学生受困于视野而得过且过；有的学生受困于视力问题看不见黑板，慢慢闭锁求知的眼睛与心灵；还有的学生受困于同伴关系，苦闷抑郁。针对不同学生的情况，我校对症下药，依托学生成长管理系统，用心关爱每一个学生，在他们最需要帮助的时候，识别学生习惯不好、违反纪律而释放的求助信号，尊重、唤醒、鼓舞学生。

系统设计，打造教育新生态；规范管理，提升教育高质量。为办好人民满意的教育，长子营学校一直在路上。

基于"双减"背景下的小学语文作业设计探究

北京市大兴区长子营学校　◎焦培

"双减"政策实施以来,作业的多样性设计成为教学研究的主旋律之一。语文新课标指出:"教师要以促进学生核心素养发展为出发点和落脚点,精心设计作业",因此,语文教师应形成"素养作业观",努力设计有情境性、实践性、综合性的作业任务来提升学生的语文核心素养。实践中,笔者从以下三个维度进行了探究。

一、在开放性实践中凸显单元作业

生活是语文学习的源泉,也是语文学习的"沃土"。语文学习与生活实践关联密切,在进行语文作业设计时,要注重作业的实用性,紧密联系课堂所学,将作业融入到学生的校内外生活之中,让学生在鲜活生动的生活实践中体验语文与生活的密切联系,增强学生的自主学习能力和综合运用能力。

语文四年级上册第三单元以"连续观察"为主题,单元要素是"体会文章准确生动的表达,感受作者连续细致的观察",本单元的习作要求是"进行连续观察,写观察日记"。在学习《爬山虎的脚》和《蟋蟀的住宅》两篇课文之后,笔者设计了"记录成长"的观察实践作业,让学生自主选择种植植物或饲养小动物,实践观察并用心记录动植物的生长过程,随后以"观察日记"为主题的习作和观察成果展示分享。学生可以将观察到的变化拍照记录,也可以动手绘画观察的过程,图文并茂地展示自己的作品。此作业的设计从封闭走向开放,让学生在学习、观察、实践的生活情境中去感知生活,在语言运用中形成尊重生命的意识,真正体会到"处处留心皆学问"。

二、在主题性合作中探索项目式作业

项目式作业，设置供学生选择的、参与有创意的项目或任务，帮助学生构建结构式知识网，驱动学生在项目任务中形成对核心知识和学习历程的深刻理解，让学习向更深处发展。

以五年级下册第二单元中"快乐读书吧"的主题"读古典名著，品味百味人生"为例，可以开展这样的项目式设计和实践：1.读《西游记》，绘制西游路线，制作人物卡片；2.读《水浒传》，制作好汉排行榜，绘制出道海报；3.读《三国演义》，绘制人物书签，制作三国兵器谱；4.选择喜欢的名著，小组合作排演课本剧；5.策略故事研讨，仿照《田忌赛马》"发现—想法—策略"的形式搜集谋略故事进行思维过程分析展示；6.举办阅读交流会，向大家讲述喜欢的故事，分享阅读体会。

"当名著遇上项目化"学习任务，在综合性学习任务中进行创新，改变作业的性质和学生的学习方式，通过头脑风暴，鼓励全员参与名著的深度解读，聚焦学生能力成长的过程，提升学生个性解读名著的能力，同时打造一场令人印象深刻的文化饕餮盛宴。

三、在多元化发展中创新分层式作业

"知之者不如好之者，好之者不如乐之者。"针对每个学生学习能力的不同，有意识地设计个性化的自主式作业，使各个层次的学生在选择作业时能"对号入座"，"跳一跳能摘到果子"，不要"跳三跳""跳五跳"还摘不到"果子"。教师可以将课文的作业设计，以"读、写、创、画"等多形式呈现，学生根据自己的需求尽情享受作业带来的乐趣。

比如，学习了六年级上册的《狐假虎威》以后，可以设计分层式作业：能准确无误地朗读课文是一星级；能用自己的话复述课文内容，不脱离原意是二星级；能借助课文分析出狐假虎威引申义，并能联系生活举例子是三星级。题目的难易程度是螺旋上升的，满足不同程度的学生的差异性，让学生自主选择，真正做到减负不减质量，减负不减成长。

此外，针对高年级学生，还可以从作业形式、作业内容层面让他们自主设计作业。比如学完一单元，可以让学生从字词积累、语用训练、阅读理解方面自主梳理作业。在自主设计单元作业时，可以用思维导图形式整理生字词、课后题、知识点；可以读书小报的形式整理需要背诵的语段、课后推荐阅读的书目；也可以像老师一样设计作业单。这时我们及时肯定鼓励，让他们体会到学习的成就感，从而提升他们的自主学习能力，真正达到积沙成塔、厚积薄发的学习效果。

"生活处处皆语文"，在丰富多彩的语文学习活动中，不断地探索、点亮作业设计，作业从单一走向多样，教学从封闭走向开放，课堂从独立走向协作，从而更好地促进学生的思考、理解和探究，让他们真正享受到语文学习的美好体验！

小校币，大能量

北京市大兴区长子营学校 ◎范令娇

从教 18 年，当了 14 年的班主任。在这期间，我尝试过管理班级的很多方法，但效果始终没有达到自己的预期。随着"双减"在我校落地，笔者作为班主任自然是积极响应，全身心地投入"双减"工作中。

基于"双减"的要求，学生的校外培训负担和作业负担减轻了很多，这本来是好事，学生也可以更轻松自在一些。然而，有的学生的表现却不尽如人意：家庭作业量减少了，但完成的质量却不高；课堂上虽然是努力学习，但学习效率不高；有些学科成绩不理想，但也不愿意积极主动学习……这就意味着如果学生没有自主管理的能力，没有学习的积极性，就无法真正做到减负提质。

于是，笔者想到了"校币"激励机制，决定在自己的班上和自己所教的语文学科首先"试水"，看看效果如何。

首先向学生讲明"校币"激励机制的原则与目的：遵循"肯定优秀、鼓励进步、认可付出"的原则，最大限度地体现学生取得的成绩、进步与付出，真正起到激励学生与完善自我管理的积极作用。如何使用"校币"兑换学习用品？荧光笔 60 枚校币一支，便笺纸 40 枚校币一本，中性笔 20 枚校币一支等；规定"校币"兑换时间为每周三的中午。

接着，笔者根据学生在作业、听写、默写、阅读、改错、课堂纪律等方面的表现，每完成一项就奖励一枚校币。刚开始，大部分学生完成作业的情况和课上的积极性都有了很大的改观，但是仍有小部分学生止步不前。

面对这种情况，怎么办才好呢？经过深思熟虑，笔者决定要赏罚并用。接下来的一段时间里，在原来的激励机制上进行了修改，目的是有效调动学生的积极性，实现学生的自主管理。新的激励机制规定：课上谈论与学习无关的话、平时不能完成老师布置的日常任务、课上不注意听讲等，均扣一枚校币；如果某位学生的校币被扣没了，就要接受适当的惩戒，比如承担额外的教室清洁任务等；与此同时，如果某位学生的校币数量在一周内进入班级前五名，就另外奖励10枚校币，并担任副组长。奖惩有度，学生们的学习自律性和学习效率不断提升。

另外，笔者还与学生共同制定了一天一总结、一周一评比的制度。每周根据学生得到校币的情况评出本周的校币周明星、校币周先进，和校币周反思。校币周明星和校币周先进要进行表彰并介绍经验。校币周反思要学习别人的优点，反思自己的不足。通过评比，学生有了奋斗的目标，学习积极性大幅度提升，学习的氛围更加浓厚了。由此笔者不禁想到，真正的教育就是发现问题并及时解决问题。

看到"校币"激励机制初见成效，笔者将具体做法推荐给其他老师，这样更有利于班级的整体发展和学生的健康成长。在实施班级管理时，一定要根据班级具体情况而定，要顺势而为，有问题尽量想办法解决，当然实效性是最重要的衡量标准。

老问题得到了解决，新问题又产生了。学生们在学习方面有了实质性的提升，但是在遵守学校生活纪律方面有待提高。由此，笔者又进行了一个大胆的尝试，那就是把"校币"激励机制从学习方面延伸到生活纪律方面，使班级管理的范围扩大了——做到了覆盖学生从进校门到出校门的全程管理，同时对学生的评价标准也不单一了。从学习态度到生活纪律，学生之间互监互管，出现问题要及时处理并扣除校币，让学生知其然也知其所以然，力求做到心服口服。对于表现好的学生，就在年级的"赞美版"上进行表扬并奖励校币，让学生感受到榜样的力量，主动向榜样学习。通过这一策略的实施，学生们无论是在课上还是在课下，都得到了应有的发展，班级各方面的成绩也得到了空前的提升。由此我想，教育就是"常做常新"的事，就是不断运用教育智慧去创新的过程。

小校币，大能量。"双减"背景下，笔者所探索的"校币"激励机制取得了阶段性成果，但笔者同时也深知"路漫漫其修远兮，吾将上下而求索"的道理。在今后的工作中，将不断提升自己的班级管理能力，寻找更有效的管理班级策略，努力成长为一名具有现代管理思想和现代管理手段的智慧型班主任！

落实"双减"政策，深化教育教学改革，促进学生全面发展

北京师范大学亚太实验学校　◎徐向东

2021年7月，中共中央办公厅、国务院办公厅印发《关于进一步减轻义务教育阶段学生作业负担和校外培训负担的意见》。我校按照《义务教育课程方案（2022年版）》和《义务教育课程标准（2022年版）》的要求，紧紧围绕把学生培养成为有理想、有本领、有担当，德智体美劳全面发展的社会主义建设者和接班人的培养目标，学习和领会"双减"政策的各项要求，并在课堂教学、作业管理、课后服务等方面积极探索，取得了一定的成效，得到师生员工和学生、家长的认可。

一、在课堂教学方面，以发展核心素养为导向，提高教学效率和教学质量

亚太学校课堂教学以发展学生的核心素养为导向，注重创设贴近现实的问题情境，引导学生探究、总结规律，理解规律成立的条件及应用场景，并在新的情境中迁移、运用规律去解决问题，使学生亲身经历知识的形成过程，感受知识的应用价值，培养探究意识、应用意识和探究能力；注重运用"大单元"思维方式结构化"勾连"相关概念，优化课程结构，并积极探索和实践项目式学习等新型教学模式，引导学生在解决实际问题过程中重构和创造自己的知识体系，进而掌握各学科的基本概念、核心知识、学科思想和研究方法，习得系统化知识，培养创新精神和创新能力。

例如，初中生物教师和体育教师共同讲授的项目式学习课《了解自己，科学备赛》，探究"如何提高跑步速度"。在学习过程中，学生们首先通过小组合作进行羊腿解剖，然后辨识运动系统的结构，在此基础上构建运动模型，探究提高短跑速度应主要针对运动系统的哪一部分开展训练，实现了通过实践构

建知识体系，并将知识体系运用于实践的跃升，体会到"知识源于实践，并运用于实践"的道理；在项目式学习过程中，教师充分放手，仅在必要时进行简要总结和提示，有利于培养学生的探究意识、创新意识和动手操作能力，发展学生的核心素养。

我校将集体备课作为教学活动的重要一环。教师在集体备课基础上，结合本班实际进行个性化备课，课前对学生回答问题情形的预设比较充分，能够及时抓住和利用课堂生成，与学生进行良好互动，引导学生进行深入思考，培养学生分析和解决问题的能力；在课堂上注重讲练结合，关注知识点与学科素养的落实，培养学生认真听讲、按照课堂要求动手和动脑的学习习惯。

亚太教师在深入研究课程方案和课程标准、教材、优秀课例及其他课程资源的基础上，注重从不同角度出发设置不同层次的问题，必要时做铺垫、建支架、搭台阶，启发学生进入深度思考，确保各类学生在课堂上都有感兴趣的问题和积极思考的空间，都有展现自我的机会；教师们特别关注基础薄弱学生的课堂状态，注重在课堂上设计难度适宜的题目，为他们提供展示自己的机会，激发他们的学习兴趣，增强他们的学习信心，引导他们逐渐形成紧跟课堂的良好习惯，并适时给予正向评价。

特别是对初高三毕业年级，真正做到减负增效，保障开足开齐课程基础上落实分层分类教学，保障体育活动和社团、主题教育活动时间与质量的同时保障充足睡眠时间，积极开展家校共育工作，取得家长信任与支持。

二、在作业管理方面，建立统筹管理机制，丰富作业形式，提高作业设计质量

学校持续完善作业统筹管理机制，严格控制作业总量，各班作业总量较为合理。各学科注重按照新课标的理念，设计阅读探究类、观察参观类、实践活动类等多种形式的作业，引导学生关注社会，参与实践，探究新知，提升综合能力，发展核心素养；注重针对学生的具体情况，布置分层作业、弹性作业、个性化作业及跨学科类作业；寒暑假及法定长假作业统筹管理，如"十一"假期期间，七年级语文、历史、道德与法治学科共同布置参观"北大红楼"和"观家国影片，抒家国情怀"作业，同学们进行一次参观或观看一部电影之后，即

可按要求完成三科的具体作业，体现了核心素养导向下的学科融合趋势，也减轻了学生的作业负担。教学处与教研组定期进行日常作业量调研，结合教师"双减"工作落实评价。

三、在课后服务方面，提供多种形式的服务，提升学生的自主管理能力，促进学生的个性化发展

学校全体教师及学校邀请的相关机构的专家或专业团队为学生提供三种形式的课后服务：

一是答疑辅导及自主学习。针对学习有困难的学生进行个性化辅导，了解学生的薄弱点，厘清问题根源，有针对性地进行突破；针对学有余力的学生进行分层指导，开阔学生思考问题的思路，培养学生系统梳理学科知识、归纳概括学科思想、总结反思学科方法的意识与灵活运用所学知识分析和解决复杂问题的能力。在课后服务部分时段，学校设置了学生自主管理环节，教师主要负责答疑，强化学生的自主管理意识，促进学生逐渐养成沉浸式学习的习惯，使学生在自主管理中学会学习，不断提升自我学习能力。

二是开设丰富的兴趣活动课程。兴趣活动课程包括节气、剪纸、美食中的科学、书法、相声、中医药文化、编织、篮球、排球、轮滑、摄影、烘焙、国画、围棋、珠宝鉴定与鉴赏等几十门课程。兴趣活动课程实行轮转制，目的在于使学生尽可能多地体验不同领域的课程，开阔学科视野，积累实践活动经验，并逐渐发现自己的兴趣所在，为明确自己的发展方向提供一定的参考。

三是开设体育、艺术、科技、文化等领域的社团选修课程。学生根据自己的爱好和专长选择课程，由相关领域的专家或专业团队授课，满足学生的个性化、专业化发展需要。

四、在资源平台方面，引入丰富的教学资源库和强大的教学技术平台，为教学提供丰富的资源和精准的信息支持

"双减"政策的核心是通过教学提质增效，促进学生全面发展，而准确诊断学生的学习状况，在此基础上有针对性地精选教学内容、精练设计作业，促进教学提质增效的重要环节。学校利用先进的教学技术平台，及时、准确诊断学生的学习状况，为教师了解学情提供了有力的信息支持；引入丰富的教学资

源库，为教师高效、有针对性地精选教学内容和设计作业提供了可靠的资源保障；课堂教学运用大数据信息化手段加强混合式学习，线上线下融合促进效率提高，和北师大脑与认知研究院共同开展学生学习力研究，提高学生学习实效。

"双减"工作直接关系人才培养质量，对学校的教育教学工作提出了更高的要求。我校将按照"双减"政策的相关要求，持续深化教育教学改革，不断提高课堂教学效率和教学质量，进一步增强作业的针对性，提高作业设计质量，同时加强对课后服务的管理与评价，持续提升课后服务的质量和吸引力，努力使"双减"工作取得更好的成效。

三方共管，三步联动，假期作业管理见实效

北京师范大学亚太实验学校 ◎黄岚

"双减"工作中，北师大亚太实验学校在严格执行每日作业公示制度的基础上，进一部加强各种长短假期作业的管理，形成"教研组—年级组—教学处"三方共管、"设计—统筹—审核"三步联动的工作流程，促进作业管理工作的深入开展。

以暑假作业为例，早在暑假开始之前，小学各教研组和年级组就对暑假作业相关工作进行了共同研讨、整体设计、明确分工、联合部署。

一、教研组设计

教研组对各学科暑假作业的内容与形式进行纵向的规划，保证学科作业在落实教材与课标要求的基础上符合学生年龄特点与能力水平，并在年级作业水平阶梯发展的基础上，贯彻"基础＋发展""必做＋选做""知识＋实践""集中＋周期"的作业设计理念，使暑假作业"有用""有趣""有益"。

二、年级组统筹

在各教研组对暑假作业进行设计之后，年级组进一步对本年级各学科作业进行时间与内容的总体统筹，以确保暑假作业的总量不超时、内容不超纲、形式不越线。

三、教学处审核

年级组将统筹后的假期作业提交给教学处，由教学主任与学科专家一同对小学作业整体设计进行审核，并提出修改意见。教学处审核通过后，假期作业才可向学生发布。

新学期开始后，教研组对暑假作业的批改提出了明确的要求并进行了专项的检查，还在公众号对优秀暑假作业进行了展示，获得一致好评。

在语文课程中进行"语文学习",学生的思维能力、审美创造、文化自信都以语言运用为基础,并在学生个体语言经验发展中得以实现。语文,是一门美的学科,我校学生在暑假作业中练习了如何使用语言文字创造美的盛宴。阅读记录卡、读书小报、思维导图、人物活动线路图、书写展示、汉字探秘、诗画并呈、文物介绍、走进博物馆、日记与游记……多种形式的暑假作业,均以学生为主体,从学科核心素养出发,根据学生的年级年龄特点,本着激发兴趣、锻炼能力、强调实践、打开视野的思路来设计与实施,学生爱不释手,家长喜闻乐见。

本学期的中秋节、国庆节,教学处都提前一周下发《假期作业申报表》,由教研组设计、年级组统筹、教学处审核后再进行发布,以抓住教育契机,提升作业实效。

三方共管,共同监督,保证假期作业工作责任明确、落实有保障。三步联动,路径清晰,确保假期作业有序开展、稳步推进。虽然这只是作业管理探索中的一小点,但相信,通过持续不断的学习与实践,我们将继续提升作业改革在"提质增效"方面的价值,进一步落实"双减"工作的相关要求,为办人民满意的教育贡献自己的小小力量。

基于项目式学习的初中生物课例设计

北京师范大学亚太实验学校　◎常童洁　程文华　杨凯利

"双减"不是简单地压缩学生的学习及作业时间，而是要求教师可以在课堂上进一步提升教学质量，要在课堂当中完成以生物学基础知识作为载体，培养学生的科学思维、科学探究和跨学科实践能力，以及帮助学生树立严谨的科学态度、健康意识的生物学科教学目标。

新课标明确指出：要深化教学改革，强化学科实践，基于真实情境，培养学生综合运用知识解决问题的能力。并提出，要推进综合学习，探索大单元教学，开展主题化、项目式学习等综合性教学活动，促进学生举一反三、融会贯通，加强知识间内在关联，促进知识结构化。

激发学生的深层动机，实现知识的深度理解与实践创新；准确找到知识产生和运用的情境，回归知识的实践情境；明确项目式学习中的项目、数学学科的本质；突破项目式学习的核心过程设计，聚焦探究与解决问题的过程。工作室领衔人贺慧副院长对本次专题研修活动进行了点评和总结，肯定了成员们自加入工作室以来的成长与进步，同时也对大家提出殷切期望：以案例分享为契机，加强交流分享与合作，运用项目式学习促进教与学的转变，实现育人方式和学习方式的变革。

在初中生物《动物的运动》这节课，我们聚焦项目式学习，设计了"了解自己，科学备赛"的学习项目。让学生在自主探索和研究项目的过程中掌握生物学知识，并提升科学探究、解决实际问题的能力，在课堂当中提升生物核心素养。

一、教学过程设计

（一）指导思想

激发学生的深层动机，实现知识的深度理解与实践创新；准确找到知识产生和运用的情境，回归知识的实践情境；突破项目式学习的核心过程设计，聚焦探究与解决问题的过程。

（二）教学目标

本项目教学建议通过3课时（其中前两课时为生物课，第三节课时为体育课）完成，适用于八年级学生，通过完成本课例的学习实践，学生应达到以下目标要求：

结合七年级已学知识及体育课可以理解运动的发生需要其他系统的协调配合；通过观察羊腿及结合自身运动可以描述出运动发生的过程；通过解剖羊腿可以描述出运动系统各个结构有何特征

学科核心知识	跨学科知识
运动系统的组成；运动发生的过程	体育：科学有计划地运动，提高运动能力，强健体魄 技术：模型制作

（三）教学流程

环节一：结合已有的生物学知识及体育课讨论形成初步的备赛方案

小组讨论初步形成备赛计划。学生在七年级已经学习了《生物圈中的人》一课。在备赛计划中，不仅有体育课上教师强调的一些准备活动和训练方式，很多小组的计划中还涉及了一些健康知识，比如，合理饮食的建议，在训练期间提高蛋白质的摄入量，在赛前摄入巧克力等高热量食物；提升肺活量及形成正确的呼吸方式；训练中提升起跑时对指令的灵敏度等。通过小组讨论，形成初步的备赛计划，学生们可以意识到运动是在神经系统的支配下、其他系统的参与下才能完成的一个生命活动。

环节二：结合运动体验及观察羊腿，描述运动发生的过程

结合体育教师反馈：学生在体育课上并不十分重视热身、拉抻等训练要求，所以需要在生物课堂中进一步通过探究活动了解运动是如何发生的，运动系统各个结构有什么特征与其功能相适应，从而帮助学生纠正错误的运动习惯及不正确的观念，帮助学生形成科学的运动计划。在探究活动中提供羊腿实物，学生可以结合自身的运动过程观察运动过程中羊腿的变化，得出结论——运动是由肌肉牵拉骨围绕关节进行的。

环节三：解剖羊腿，观察运动系统各个结构特征

学生通过解剖羊腿，观察各个结构有哪些特征，理解其对应的功能。在解剖的过程中，不仅可以让学生直观地看到、摸到、体会到各个结构的特征，同

时还提高了学生自主探究的能力，增强了小组团结合作的意识。通过解剖羊腿的探究活动及体育教师的讲解，让学生更加深入地了解到热身、拉抻运动分别是为了保护运动系统哪一部分结构，从而帮助学生树立科学运动的意识，更好地帮助学生强身健体。

环节四：建立运动模型，检测学习成果

为了检测学生通过自主探究掌握知识的情况，教师提供丰富的实验材料，学生需要从中选择恰当的材料搭建运动模型。模型搭建好后，学生可以通过自评量化表对模型进行自评及改进，最后以小组为单位对模型的材料选择及运动模型进行汇报。通过材料的选择，学生可以了解自己是否掌握了运动系统各个结构的特征；通过模型的介绍，学生可以知道自己是否对各个结构的功能及运动是如何发生有了正确的认识，并且在汇报的过程中提升自己的语言表达能力。

二、教学成效反馈

通过自主探究，学生已经对动物的运动有了初步的认识。接下来，学生可以通过小组讨论或收集资料的方式，对自己想提高的运动能力做出更科学、更有针对性的备赛计划。每个学生都可以根据自己的备赛计划和体育教师的指导完成训练，经过一段时间的训练，检测备赛计划是否科学、是否可以达到预期的运动效果。

三、总结反思

在"了解自己，科学备赛"的项目式教学中，学生可以拥有多元的学习体验，并且在完成项目时保持较高的学习内驱力去主动探索问题。比起孤立的单元教学，系统的项目式学习可以让学生主动将知识进行整合，提升学生解决问题的能力。通过项目式教学，全面提升学生的能力和素养，让学生树立科学运动的理念，养成良好的运动习惯，助力学生成为健康中国的促进者和实践者，这是我们努力的方向。

"双师"项目助力"双减"落地生根

北京市昌平区城北小学教育集团　◎王敬阳　杨春梅

"双减"工作中，城北小学教育集团作为"双师"课堂项目的试点校，按照"分类实施、试点先行、小步调整、稳步推进"的总体思路，聚焦重点领域、重点人群、重点学科，通过课堂教学的探索实践，以骨干教师和优秀青年教师为重点，确定语文等六个重点学科，借助"双师"课堂不断催生课堂教学新样态，助力"双减"落地生根。

一、顶层设计　明确目标

在全面调研的基础上，集团领导进行顶层设计，确定了将"双师课堂"项目作为助力集团发展、促进"双减"落地的重要策略，并将目标定位为：落实"双减"，全员提"素"。规范集团内教育教学秩序，提升集团内教育教学质量，促进城北小学教育集团的优质均衡发展。

二、初步探索　研训同行

（一）初构培训课程，指向真问题

在"双师课堂"的项目推进中，集团建构了培训课程。首先在各个校区建立起项目研究核心团队，并在自主学习、专家培训的基础上进行摸索实践。这个过程，是教师们在体验中不断发现问题、不断产生困惑的过程。有了这样的经历，教师们的培训需求更加明确。基于需求，集团再次组织专门的课例观摩和互动答疑，继而独立设计、实践反思，校内专家再次指导解疑。在这样螺旋上升的过程中，不断总结模式，梳理策略，形成培训成果。

（二）坚持课堂实践，开展真研究

关注和研讨课堂教学问题，改变教师的课堂实践是教师培训的重中之重，也是促进教师专业发展的必由之路。集团制订了"双师课堂"教学实施方案，

统筹制定课程表，明确"四定"要求，加大评价反馈力度，并不断拓宽"双师"课堂的内涵和外延，将空中课堂中的名师资源与教师的课堂有效融合，实现了1+1＞2的效果。

三、策略推进 强化应用

经历了初步探索，综合培训所学，结合学校实际，集团把目光放在项目推进策略上，通过删繁就简、不断创新，力求形成课堂教学新样态。

（一）项目引领——巧借他山之石培育双师育人主体

集团承担了教育部教育信息化应用实践共同体项目中小学集团校的实践研究任务，并申报成为北京市"双师"课堂建设试点校，在项目研究中，集团得到了信息中心的全力支持和有效引领。与此同时，集团12名教师作为区教师进修学校与山区农村小规模学校"双师"教学的输出教师，也获得了进修学校教研员的细致指导。这部分教师作为集团内部的项目骨干，承担校本培训任务，引领集团内其他优秀青年教师，形成"输出教师引领、骨干教师带动"的核心团队，带动了集团"双师"教学工作的全面开展。

（二）课题助力——练就深厚内功推进双师课堂实践

以科研的态度、科研的方法指导自己的工作，教师才会变得更加智慧。在"双师"项目推进的过程中，集团申请的"集团化办学背景下双师课堂教学模式构建与实践"课题，成功立项昌平区教育规划办课题，并被推选参加北京市教育规划办课题的评审。围绕"集团化"和"教学模式"这两个关键词，集团将研究重点放在课堂教学模式的建构和实施上，根据集团内部各校区的特点和师资的实际情况，制订详尽的研究方案，明确人员分工，确定"双师"教学课表和相应的教学评价指标。在研究的过程中不断丰富完善课堂模式和具体实施策略，通过深挖精研，发现规律，形成成果。

（三）多维整合——凝聚多重力量促进双师项目发展

1. 与校本教研相整合，逐级推动

城北小学教育集团将深度参与的课例研修作为学校的教研文化。在"双减"背景下，针对集团校区多、人员分散的现状，集团借助双师课堂有效解决教研的时间和空间问题，围绕课堂的提质增效，通过带题授课、借助观察工具，按照课例研究七环节，坚持三轮两反思，逐级推动教师的深度参与，不断提升教师专业化水平。

2. 与督导评价相整合，激发动力

一是开展双师教学专项督导评价，在每年两次的专项督导和各月的常态督导活动中，集团将"双师"课堂作为重要内容之一，以保障双师教学实施推进的进度与质量；二是积极组织开展"双师"教学课例、论文评比，以此激发教师研究动力。

3. 与校际交流相整合，实现共赢

教育集团内、校与校之间利用"双师"开展教学活动，解决异地线上观看教学直播互动少、画面单一问题。发挥"双师"设备优势，教师观课后，开展异地实时在线研讨，省时高效。

四、持续优化 初见成效

（一）初步构建"双师"课堂教学模式

1. "双主"合作型双师课堂

"双主"即在双师课堂上，两位教师均为主讲教师，根据自身教学特长承担相应的教学任务。具体实施分为两个阶段：一是集团引领，首先通过达标课验收的普听和有针对性地跟踪听课，对集团各校区教师进行教学诊断，依教师专长确定合作共同体；第二阶段是教师自主合作，商议确定承担教学的环节或部分内容，再通过共研共备完成合作教学。通过共研教材、共析学情、精备主讲、细备助讲，实现各骋所长，强强联手。

2. "主辅"协作型双师课堂

"主辅"协作，顾名思义指双师课堂中的一主讲、一辅助或多辅助。针对集团内部师资不均衡和缺少专职教师的部分学科，实践"主辅"协作型双师教学。发挥骨干教师、专业教师的优势，以专职带动兼职，以骨干带动青年教师，实现以强带弱的均衡发展。

（二）初步形成"双师"课堂实施策略

在模式的应用过程中，初步总结形成了区域、人员、内容交错融合的实施策略。

1. 实施区域的线块联动

从实施区域上，以学校为基点，一是立足集团内部五所校区，通过优势教师互补、优质学科互促，逐步形成"一带一"和"一带多"的线性实施策略；二是放眼集团外，由集团内各校区与学区、跨省的手拉手学校等，形成以集团

为核心的块状跨区域的双师组合。

2. 人员安排的多重组合

一是专职教师与兼职教师的组合，兼职教师作为辅助教师通过和负责主讲的专职教师共同备课、共同研磨，在解决兼职不专的同时，提升兼职教师的专业素养；二是骨干教师与青年教师的组合，将双师授课与集团的四课制相结合，实现骨干带动，青年提升；三是师徒结对的组合，依托学校的"青蓝工程"，开展师徒协作式课堂实践，由师父与徒弟共建课堂，一主一辅或双主同构，根据授课内容不定期轮换，既发挥了师父的示范引领作用，同时也给徒弟提供了更多的实践机会和自我超越的可能；四是自主选择名师资源的组合，将教学名师的教学片段和自身的教学设计进行组合、压缩、延展，构建有效的"双师课堂"。

3. 内容构建的有效多元

结合集团内五个校区的具体情况，确定了四项教学内容，即学科新授、答疑解惑、专题辅导和综合实践。同时采取三种方式：一是借助同步互动教学，采取骨干教师带动普通教师的方式，利用网络，实现名师课程的有效分享，实现校区内部课程质量的有效提升。二是确立了针对个别校区规模较小，素质类课程师资不足的现状，启动专递式"双师"课堂。三是在学科教学中体现优势互补的"双主讲"式双师课堂。

集团还将尝试构建"1+2+X"的模式，即1个授课教室，2个听课互动教室，多方线上观看直播的方式，让更多的教师和学生参与到"双师"课堂当中。

多元的参与超越了硬件设备的束缚，形成多个合作共同体，调动了教师参与的主观能动性，促进了教师专业素养的提升。

在"双师"课堂项目的研究中，教师们对"双师"内涵有了更深的了解，在课堂教学实践中，教师们解读文本和课堂实施的能力均大幅度提高。优质资源的共建共享促进了育人主体专业素养的提升，课堂教学不断提质增效，助力了"双减"落地生根。

"双减"工作任重道远，集团还将继续探究实践，不断拓宽研究领域，从校本教研、课后服务、实践活动等方面有序开展工作，积极推动信息技术与教育教学深度融合，让教育信息化赋能城北小学教育集团的未来，为学校教育高质量发展提供活力引擎。

"双减"背景下小学数学作业设计的实践与思考

北京市昌平区城北小学教育集团六街校区　◎刘艳惠

随着新课程标准的不断落实，很多教师的教学水平有了长足的进步，但对于如何对作业进行设计缺少思考。"双减"背景下，如何进行小学数学作业的设计显得尤为重要，它不仅关系到能否高效地学习巩固数学知识，更重要的是能有效减轻学生的学习负担。

反思以往的数学作业存在以下问题：

一是作业数量大、机械重复。面对不同学习能力的学生，布置同样的重复、机械作业。

二是作业形式单一。大部分数学课后作业均以书面作业为主，作业内容大部分是教材中的练习题，另外还有与教材配套的练习册。教师很少从学生的实际与自身的研究出发，设计适合学生能力和兴趣的作业。

针对数学作业中存在的问题，我校开展小学数学作业设计的研究，引导学生在完成作业之中展开深度学习，促进学生对数学知识的理解和掌握，最终实现学生高质量的数学学习。

一、作业内容精练化

首先要科学地控制数学作业的"量"，布置书面作业时要从全局着眼，以适量性为主。其次应注意数学作业的"质"，教师要研究作业目标，确定训练方向，做到心中有数，有的放矢。

二、作业布置层次化

基于学生的学情差异，教师要找准每类学生的最近发展区，设计难易有别的作业。可以把作业分为必做题和选做题，必做题为教材上的配套练习，而选做题又可分为一星级、二星级、三星级。一星级是基础题，二星级是变式题，

三星级为拓展题。学生可以自主选择难易程度不同的作业，使每个层次的学生都能得到发展，获得成功的喜悦。

三、作业形式多样化

（一）联系生活作业 培养应用意识

1. 写数学日记，用数学眼光观察生活

写数学日记就是要记录生活中的数学，进一步体会数学与生活的紧密联系。拓展学生的数学眼界，培养学生运用数学的意识，增强他们运用知识解决实际问题的能力。

2. 做实践活动，用数学知识解决问题

小学数学课外实践与综合性作业是数学课堂教学的延伸和继续，是课堂内容的提升和综合，是学科知识的应用和迁移。

比如，结合六年级《设计存款方案》这一内容，设计存款方案的实践作业：学生到银行进行了实地调查，向银行工作人员咨询了相关内容后，设计了不同的存款方案。还有学生将自己设计存款方案的过程绘制成图文并茂的绘本故事，如下图示例。

学习"分类"知识后，引导学生回家整理自己的小书架；学习"位置与方向"时，可以让学生观察自己家的位置，画一画上学路线图……

（二）复习整理作业 建构知识体系

设计复习型作业的目的是巩固所学知识，明确知识之间的内在逻辑关系，建立结构化的知识体系，学会全面、系统地思考问题。因此，在学习完一个单元的知识后，安排学生进行单元的整理，完成单元的思维导图。

（三）错题分析作业 养成反思习惯

每次作业出现错题，教师要引导学生从知识、认知、审题等不同角度进行错因分析，帮助他们认清错误的真正原因，有的放矢地进行修改。

（四）阅读拓展作业 提升综合素养

有计划、有目的地给学生布置一些阅读性数学作业，对开阔学生的数学视野、发展学生的数学思维有很大作用。结合教学内容及年级特点向学生推荐数学阅读书目，引导学生利用课外时间积极阅读，并定期以阅读交流、绘本故事等形式展示阅读成果。比如，有的学生了解到数的形成的过程，绘制了绘本故事，图文并茂地向其他同学介绍。还有的学生从生活中发现了问题："车轮为什么是圆的？"结合课外阅读学习，完成了创作，如下图示例。

阅读拓展作业不但激发了学生的阅读兴趣，更提高了学生的思维和绘画能力，学生的综合素养得到有效提升。

总之，"双减"背景下数学作业的设计研究既是挑战也是机遇，以作业设计变革撬动教学方式的变革，不断提升教学质量，提升学生综合素养。

"双减"背景下的小学语文课后作业优化设计探究

北京市昌平区城北小学教育集团西关校区　◎李晓玉

为落实"双减",我与教研组团队依托教材课后习题,结合教学重难点,以单元整体作为作业设计的基本单位,优化设计课后作业,把控作业时间的同时,加强作业完成指导,促进作业质量的提升,发挥减负增效的作用。现以统编版小学语文五年级上册作业设计为例,阐述小学语文课后作业优化设计的实践做法。

一、注重单元要素落实,推进反馈

(一)依托教学目标,设定作业目标

为避免作业目标意识缺乏,指向单一。我们以单元教学目标整体构架单元作业目标,从而规划作业形式和要求。以第八单元为例,把握单元教学重点,解析课后习题内涵,制订了单元作业目标(如表1所示)。以单元作业目标为纲,结合单元中各个板块的学习要求,将单元目标合理分解至各个课时,在一定程度上避免了课时作业随意性强,作业间缺少关联的问题。

表1

单元内容	作业目标描述	认识水平
单元字词	认识17个生字,读准3个多音词,会写26个字,会写23个词语	知道(A)
课文 《古诗词三首》 《四季之美》 《鸟的天堂》 《月迹》	背诵《古诗词三首》《四季之美》	知道(A)
	借助注释,联系上下文,想象描写景象,初步体会静态描写和动态描写	理解(B)
	默写《枫桥夜泊》	应用(C)
	品味、积累文中的静态描写和动态描写	应用(C)
	能体会作者细腻的感受和动人的描写	应用(C)
习作 ——即景	观察某种自然现象或者某处自然景观,重点观察景物的变化,写下观察所得,并把题目补充完整	综合(D)
	能够按照一定的顺序描写景物,写出景物的动态变化	应用(C) 综合(D)

续表

语文园地 交流平台 语句段运用 日积月累	能交流动态描写和静态描写的句子，初步体会这样表达的好处并主动积累	理解（B）
	能为元旦联欢会设计一张海报	应用（C）
	仿照例句，体会静态描写和动态描写的作用，学习把画面写具体	应用（C）
	朗读、背诵《渔歌子》	知道（A）

（二）结合能力训练，构建问题支架

为降低习作任务难度，我与团队教师共同探讨单元习作前期作业设计。围绕单元主题和语文要素铺垫素材，构建问题框架，以表格形式呈现习作训练点。如第七单元问题框架包括：补充半命题，确定观察目标；填写观察顺序，关注景物变化；梳理总结方法，训练能力运用；以单元整体布置任务，引导学生在即景习作中尝试由学到用、由读到写，培养学生文学品鉴能力和综合运用能力。

二、关注学生个体差异，分层设计

为避免作业分层的盲目性，较好地体现"尊重个体差异"的理念，我们以教材为拓展点内引外连，从语文分层作业的内容和评价两个方面探索并付诸教学实践。

（一）梯度设计内容，分层自主选择

进行阶梯式作业设计，关注单科作业内容类型、难度及时间，综合考量，整体规划，统筹设计。基于学生的掌握程度、个性特点，设计必做和选做项目。比如：第五单元交流平台，将文字要求改为表格，提炼关键信息，引导学生有目的地查阅资料，为改写成说明性文章做铺垫。通过实践对比，切实减轻了学生由作业带来的过重负担，有效地激发学生学习语文的积极性。

（二）多元评价机制，拓展作业温度

以拓展型作业为例，充分使用具体的鼓励性评语找"亮点"。以第八单元为例（表2），通过自主评价、家长评价和教师评价的多渠道引领，形成教育合力，更好地激发学生求知的内动力，为"双减"下的作业布置增添一抹色彩和温度。

表2

评价内容	星级评价	评价目标
作业完成，作业认真	☆☆☆☆☆	通过评价引导该部分学生主动、尽力完成课后分层作业，激励希望生向培优生转变
完成速度快，效率高，有进步	☆☆☆☆☆	
理解记忆，背诵熟练	☆☆☆☆☆	
完善读书好处、读书方法和好书标准，有自己的想法，喜欢质疑	☆☆☆☆☆	有意识通过评价指引学生学会梳理内容，学习有条理地归纳信息，引起对读书和学习的深度思考
梳理信息，对自己的学习和阅读有一定的指导意义	☆☆☆☆☆	
制定丰富、可操作性的阅读记录单	☆☆☆☆☆	主要面向培优生和学优生，肯定学生综合运用和实践动手能力，肯定其努力的付出，鼓励学习的个性化探索
设计与励志学习相关的个性化书签，积累读书和学习的方法	☆☆☆☆☆	

三、突出核心素养导向，彰显个性

为拓宽语文学习和运用的领域，使学生在不同内容和方法互相交叉、渗透和整合中开阔视野，提高学习效率，我们从人文教育角度出发，开展语文实践性作业。

（一）重视内容关联，延续学习效能

我们开展了贴切单元人文主题"读书明智"的设计读书卡活动，活动设计侧重对学生阅读时间规划、阅读评价等方面能力的综合训练。借助对语文作业的优化，学生可以有效地避免成为作业的机器，在完成作业的过程中真正有所收获，实现对学生学习的充分调动，推动了课堂教学质量的提高。

（二）延展教学内容，深化学生认知

为突出核心素养导向，彰显学生个性，设计核心素养下的高段语文单元实践性作业。比如：在以爱国主义情怀为主题的第四单元，设计"时代英雄榜"活动。学生围绕活动主题，通过查找资料、读为国家富强而奋斗的杰出人物故事、做手抄报、积累关于读书的名言警句、制作书签、设计英雄榜等，不仅掌握了知识，而且还能将所学知识融会贯通。

四、结语

为落实"双减",我们以《义务教育语文课程标准(2021版)》为依据,反思以往作业设计中存在的问题,尝试了小学语文课后作业优化设计的创新与实践。通过聚焦语文要素落实、兼顾个体差异、开展多元评价及综合性趣味作业延展,为学生打造少而精的"减负作业",从而达到提升学生的学习热情,挖掘学生语文学习潜力,提升学生语文素养的目标,在一定程度上发挥了减负增效的作用。

从小课堂到大舞台，逐层提升学生素养
——《陶罐和铁罐》作业设计案例

北京市海淀区中关村第一小学怀柔分校 ◎朱军

"双减"之前，只要一说起作业，那真是学生揪心，家长烦心，老师操心。"双减"实施后，如何困境突围？如何减量提质？课堂教学是实现提质的出发点，作业设计则是减量的落脚点，把这两点有机地结合起来，就能实现事半功倍的效果。

一、立足单元，优化作业设计

统编版教材在编写时强调"以主题组元，落实价值观教育"，因此，教师在备课时要加强以单元为单位整体备课。

《陶罐和铁罐》是一篇经典课文，安排在三年级下册第二单元第二课。这是继三年级上册童话单元后，第二次以文体组元安排了四篇寓言故事。本单元的语文要素是"读寓言故事，明白其中的道理"，引导学生进一步认识和了解寓言，帮助学生形成对寓言这种文学体裁的初步认识。本单元还安排了"快乐读书吧"栏目，推荐阅读中国古代寓言、伊索寓言、克雷洛夫寓言等经典寓言故事，进一步激发学生阅读寓言故事的兴趣。这样的单元设计本身就是非常有层次的，以点带面、从古到今、从中到外。

课堂教学中，笔者着眼于单元的整体要求，化繁为简，结合每一篇课文的特点分配单元任务，授课时减少不必要的教学任务，课上把重点任务做足从而达到减负提质的目的。因此，笔者把分角色朗读体会人物的性格特点，作为学习这篇课文的突破点，在教学过程中做足做实。

二、整体构建，体现作业层次性

作业是教学过程中一个有机组成部分，是课堂学习的知识技能及时巩固的重要途径；作业也是学生提高解决问题的能力、创新能力的重要途径，是学生自主学习的过程。

在教学中，笔者采用了层层递进的策略，设计了三个层次的作业。

第一层次是预习作业。试着与同学或家长合作分角色朗读课文。学习课文前先让学生读起来，用一种最自然的方式了解故事内容。课上教师再指导学生分角色朗读激发朗读的兴趣，鼓励学生边朗读边想象边加入一些动作和表情。

第二层次是课本剧作业。"这是一篇多么好的寓言故事呀！真希望你们能在课堂上表演出来，大家行动起来自愿组合，加入你的动作和表情，期待你们精彩的表演。"为了激发学生的学习兴趣，笔者为学生布置了课本剧作业。有了课上的朗读练习，学生们兴趣高涨，积极行动，自愿组团合作，有的设计动作、表情，有的制作头饰道具，还有的设计表演路径等。这时教师参与进来，为学生们出谋划策，让学生们的表演顺利进行。

第三层次是推荐阅读书目，布置表演作业。"你们一定已经爱上了这些寓言故事，寻找自己喜欢的适合表演的故事进行创作吧！"在教师的激励下，学生们把讲台当作舞台，进行展演。这时教师引导学生阅读《伊索寓言》《中国寓言故事》等书籍，开展一次寓言故事会演的语文实践活动，再让学生说一说自己从故事中懂得了什么？从而完成"读寓言故事，明白其中的道理"这一单元语文要素。

三、减量提质，提升综合素养

这种演说交际型作业，关注培养学生的语文实践能力、言语交际能力、表达能力。

首先，这样的设计以读促演、以演促读。整个的学习过程是以"读"开始的，又以"读"结束。第一个读完成了课内的教学任务，然后经过演的升华促进了学生的自主阅读，进而完成了第二个读，即课外阅读。这个由点到面的过程也和单元的整体设计相吻合。

其次，这样的设计让学生学而不累。"双减"背景下，教师要切实减轻学生的课业负担，变换作业形式，从单纯的传统的语文作业模式中走出来，让学生体会学习的快乐，在快乐中学。

最后，这样的设计可以提升学生的综合素质。学生在表演时要突出主线紧

贴语文要素，同时进入故事情境体会人物的性格特点，展开合理想象，加入自己的理解，设计动作和表情等。这些非语文要素的加入，特别是在集体创作中的团队合作这种情感上的体验，是学生在课本里无法体验的。

  创新教学模式、精心设计作业、用心教育学生，让学生从小小的课堂出发，学习知识、学习做人、学习生活，今后在社会这个大舞台上展现自己，实现人生价值。相信在"双减"背景下，我们一定可以实现"减量提质"的目标，培养出高素质水平的社会主义事业接班人。

从"学习者"到"践行者"
——"双减"背景下的语文教学有感

北京市海淀区中关村第一小学怀柔分校　◎许江红

2021年7月，教育部出台"双减"政策，旨在减轻义务教育阶段学生过重的作业负担和校外培训负担。"双减"之下，如何做到减负增效提质，是笔者一直思索的问题，也是笔者一直在努力做好的功课。

一、凝练课堂提实效

课堂是教学的主阵地，课堂效率的提高是提质增效最直接、最有效的手段。课堂教学时间是有限的，如何让学生在有限的时间里学到更多，学有所获？笔者想方设法，努力向40分钟要质量、要实效。

激趣——点燃学生兴趣的火花

一年级学生年龄小，课堂上有效注意时间较短，如何在短暂的时间里提高教学效果呢？笔者把"兴趣"这个最好的老师请到课堂上"助教"。教学中，笔者努力创设各种教学情境来激发学生的学习兴趣，采用师生问答游戏、生生问答游戏、你来说我来猜、同桌玩拍手游戏、开展朗读比赛等富有趣味的活动，尽最大可能激发学生的学习热情，把学生从"要我学"变成"我要学"，真正让学生成为课堂的主人。

思维——点燃学生智慧的火花

实现"双减"目标，最重要的一点是要提高课堂教学质量，提高学生的核心素养。课堂上既要让学生掌握必备的知识，也要训练学生的学科关键能力。我校的《课堂常规标准》中明确指出，课堂教学中要做到"三讲、三不讲"，即讲重点、讲难点和讲易错、易混、易漏点；学生会的不讲、学生自己能学会的不讲、通过同伴互助能学会的也不讲。基于此，笔者把培养学生的思维能力作为课堂教学的重要训练内容。

二、优化作业谋发展

课堂作业——课堂教学的延伸

实现"双减"目标,教师还要提高作业设计能力,从而去实现作业的提质减量。课堂作业作为课堂教学的延伸和拓展是必不可少的,但作业量却不可多,要少而精。笔者设计的作业主要有"基础性作业"和"实践性作业"两大类。如教学《姓氏歌》一课,设计的基础性作业是抄写字词。对一年级学生来讲,识字写字是基础,所以生字词的抄写和巩固尤为重要。因此笔者设计的实践性作业是:"以小组为单位,调查班里的同学都有哪些姓?调查的内容有四项:班里人数最多的姓氏;班里人数最少的姓氏;班里笔画最多的姓氏;班里笔画最少的姓氏。"本课的作业,从基础到提升,从提升到拓展,让不同层次的学生学习能力得到了实实在在的提高。

家庭作业——课堂教学的补充

随着"双减"落地,一、二年级的学生不让留书面作业。家长最关心的就是孩子在学校学了什么。为了解决家长们的担心,笔者把每天学生在课堂上学了哪些内容,在学习的过程中学生存在哪些问题,哪些地方需要注意,以及可以自主练习的内容等发在班级群里,让家长及时了解孩子的学习情况,为孩子的学习把握方向。

"双减"背景下,笔者作为语文教师,充分考虑到学情特点和学科知识特点,在布置家庭作业时,更多的是布置一些"说一说、读一读、背一背"的口头练习。除此之外,笔者还把培养学生的阅读兴趣作为家庭作业的一部分内容,让阅读成为课堂教学的有益补充。

比如,第一学期的时候,向学生们推荐《和大人一起读》《大卫上学去》《小黑鱼》三本书作为家庭阅读书目,还把学校采购的《一年级的小豆豆》这本书作为本班学生的必读书目。学生们在阅读这些书籍之外,还可以自主阅读其他书籍。

班会课上,笔者组织学生进行读书交流活动。有的学生是把自己读完书后的感想记录下来进行交流;有的学生是在读完书后制作小报或书配画来进行交流,内容丰富多彩,形式生动活泼。结合学校读书节,笔者把学生们在家录制的"葵园小讲诗"视频推荐给学校,给予他们展示的舞台。

综上可以看出，学生们的阅读面很广泛，他们喜欢上了阅读，并且他们并不是在简单阅读，而是通过阅读来关心时事，通过阅读更加地热爱生活。阅读，使学生们的语言表达能力有了明显的提高，也使学生们的思维能力得到了发展。

"路漫漫其修远兮，吾将上下而求索。""双减"下的语文教学，如何做到减负增效提质，笔者将继续探索前行。

提升校本教研质量 推进减负提质增效

北京市房山区阎村中心校 ◎李莉萍

2021年7月,中共中央办公厅、国务院办公厅印发了《关于进一步减轻义务教育阶段学生作业负担和校外培训负担的意见》。这一被称为"双减"的政策文件一经出台就广受关注。激活教育"一池春水"。

落实"双减",关键在校内,出路在改革。学校必须充分发挥教育主阵地作用,提高教学质量,促进学校高质量发展,校本教研作为促进教学质量提升的有效途径,对落实"双减"起着重要的作用。

对农村中心校而言,由于完小数量多、管理层级多、教师任教科目多,给高质量开展校本教研带来了很多困难。通过实践,我们认为,只有中心校与各完小之间同频共振、锚定目标、抓住关键、各司其职、各负其责、协同联动,才能有效保证校本教研的质量。

一、基于问题,完善机制

多年的探究实践,我校的校本教研形成了优良的传统,但同时也存在着中心校层面计划详细、过程粗糙,培训多、效果追踪少,学科教研组常规教研多、深度教研少,照搬多、创新少,教研课题大而空、聚焦不够等问题。这与"双减"指向的深度教研还有很大差距。于是我校瞄准问题,从完善机制做起。

(一)建立"4351"机制,落实常态教研

围绕"立足基础、落位课标、提升质量"这一教研目标,通过"4351"机制落实常态教研工作。

"4"指四主体,即:完小教研组、中心校年级教研组、中心校学科教研组、中心校学科工作室。学科工作室在专家指导下聚焦大单元大主题,侧重于新课标落地、新的教与学方式变革,培养种子教师发挥引领辐射作用。中心校学科

教研组活动覆盖学科全体教师,聚焦学科核心素养注重实践探索。中心校年级教研组活动则分年级进行,聚焦年级特点,内容各有侧重。完小教研组则在中心校教研主题下结合完小实际推进。完小通过"骨干大讲堂""1+1+n+n"等形式,深化中心校教研主题实施,推动常态课堂落位教研成果。具体指:1次培训,1人主讲,n人研讨,n次试讲。完小承接中心校学科组、年级组教研注重实践,深入课堂通过课堂观察了解本完小教师研究的效果,记录真问题、捕捉好做法后再确定小而专的主题。这样的教研,从根本上避免了教师一看、一听、一说而无触动、无改动的参与样态,真正达到了浸润式、体验式共同成长的效果。

"3"指三类会议,即:教研计划解读会、教研活动启动会和教研组长阶段交流会。

教研计划解读会,是教学主任面向组长的一次业务培训;教研活动启动会,学科组长借助学科教研计划解读,对教师的教研方向进行引领;教研组长阶段交流会,内容涵盖主题培训、经验分享、解惑答疑,是各组长间相互学习、提升管理经验的重要平台。三类会议贯穿学期教研工作始终。

"5"指五步教研范式,即:活动前明确主题设计量表—活动中观课议课提炼策略—磨课改课运用策略—人人展课落实策略—活动后反思总结完善策略。

"1"一平台,即阎村中心校校本教研优质资源库。收集各组每学期评选出的优秀单元教学设计、课件及单元作业等,方便每位老师随时参考使用。

(二)建立干部包组制度,提升干部指导力

要求中层以上干部确定自己的主打学科,并参与指导该学科日常教研工作。

(三)建立"四定两评"制度,确保教研实效

"四定",即定时间、定地点、定主题、定主讲人,以学期为单位,提前设计教研主题,让教师提前了解教研内容,任务驱动,全员参与;"两评"为评过程、评结果,既关注教研活动的过程,也关注教研活动的成效。

(四)建立评选表彰制度,培植先锋榜样

在关注过程的基础上,围绕教研主题,我校还建立了中心校年级组和完小教研组展示制度,在此基础上每学期评选表彰优秀教研组和组员、完小课堂教学改革先进校。

二、丰富形式，众人同行

我校将教研活动与学期教学重点工作整合，与课题研究整合，与实验项目整合，与常规工作整合，通过专家引领式教研、课题研究式教研、课例研究式教研、同伴互助式教研等多种形式，努力调动教师参与的积极性，提高教研实效性，做到教研路上一个都不能少。

专家引领式教研：聘请北师大和北京教育学院教授，以及区级教研员和特级教师，担任我校学科工作室专家，持续三年进行跟踪指导。

课题研究式教研：以数学"3211"问题解决教学模式和语文"1+x"阅读教学研究为抓手，撬动教师固有的教学模式，将问题意识、自主学习、合作学习、学会学习植入课堂，重点学科的改变带动其他学科的发展。

课例研究式教研：每学期各学科教研组要至少推出2节课，通过量表观察、数据分析、研究改进，真实评价课堂，引领教师基于数据客观分析、改进课堂教学。

同伴互助式教研：主要采用师徒互相听课、同教研组互相听课形式开展，这种教研贯穿教研活动始终，在完小教研师徒帮带活动中体现更为明显。

三、聚焦关键，提高实效

（一）基于问题确定研究主题

为深入解决课堂上学生自主学习空间不足的问题，我校明确"问题引领、学会学习、提高质量"研究主题，构建以"勤问、合学、雅达、得趣"为特征的勤雅课堂文化。围绕培养学生提出问题、解决问题能力研究，小组合作学习实效性研究，学生有效学习策略研究三个层面，逐年推进。

（二）基于需求深入研读教材

一是梳理全套教材厘清知识体系；二是研读课标和本册教材撰写课程纲要；三是聚焦单元进行教材横向纵向分析撰写单元计划；四是研读不同版本教材撰写课时教学设计。

（三）基于落位深入研究课堂

研究专题、教材研读的最终成果要落位在课堂上。各教研组选择重点单元的重点课时进行课例研磨，通过集体备课、同课异构、一课多上等不同方式，体会一节好课的形成过程。

（四）基于素养提升研究作业

随着"双减"的深入推进，作业管理成为撬动教学的关键引擎。新课标特别强调"教学评"一致性，也使"作业"成为高频热词，所以我校将作业研究作为校本教研的重要内容。

一是瞄准质量提升的基础作业研制。

我校以评价为导向，提出"减重复、练经典、补综合、破难点"系统学科作业设计原则，依托市、区两级培训平台和本校骨干力量，立足学生学习方式转变，凝聚学科教研力量，开展"课前预习单、课上助学单、课后续学单、课后检测单"的四单常态作业设计研究。课前预习单，目的是了解学情，更有针对性地进行课堂教学。课上助学单，目的是减少课堂上师生之间零散的一问一答形式，实现高质量提效。课后续学单，目的是对于本课内容的延伸与拓展。课后检测单，单元检测单主要有两个功能，第一个是巩固；第二个是落实学科实践。

二是聚焦素养提升的项目作业开发。

实践中，北师大专家带领各教研组核心成员整合学习情境、学习内容、学习方法和学习资源，在各学科组、年级组开展项目作业设计研究。为学生提供真实且富有现实意义的问题情境，打破学科界限，让学生通过小组探究和个体体验相结合的方式，自主进行问题分析与探究，促进实践能力的提高与综合素养的提升。

扎实教研是提高学校教学质量的基础，提高校本教研活动实效的路永无止境。我校将继续探索前行。一群人、一件事、一起干、一定行！

加强作业管理推动"双减"落地
——语文单元整体作业设计的思考与实践

北京市房山区阎村中心校　◎柴晓霞

"双减"的背后是教育的回归,减的是额外负担,不减的是教育教学质量;减的是机械重复性知识,不减的是创新能力的培养;减的是无区分地压榨学生的潜力,不减的是挖掘学生的优势,并尽可能地发展特长……

作业是折射学校教育价值观和专业水平的"名片",是"教学"与"评价"相结合的支撑点,是学校、社会和家庭的连接点,是影响学生学习兴趣、负担和成绩的关键点。"双减"工作中,我校通过加强作业管理,推动"双减"落地见效。

一、单元作业设计的思考

(一)关注学生个体差异

以学生的学习风格、兴趣爱好、天赋秉性、学习动机、意志品质等方面为切入点展开作业设计,让每一个学生都能得到"最有营养"也最适合自己的作业。

(二)注重作业与教学协同

作业不再是教学活动的附属品,而是教学活动的延续和补充,两者不仅具有一致性,更具有互补性,既强调相辅相成,又有各自的侧重点,实现优势互补,共同保障课程目标的实现。

(三)重视作业设计的系统化

作业设计实施不是孤立存在的,而是要体现"目标—内容—批改—分析—评价—辅导"的系统化特点;在作业目标上要考虑不同类型的学生,同时也要考虑学科内容的特征,作业内容、形式和要求根据作业目标有所变化。

(四)强调作业结果的反思与改进

作业设计并不是固化的、文本性的、静态的,而是和作业实施及评价不断互动、不断完善的。作业结果既有对学生学习情况、教师教学情况的诊断改进功能，也有对作业设计自身诊断和改进的功能。

二、单元作业设计的实施

做好"加减乘除"文章："减""除"即削减删除重复性作业、操练性作业、机械性作业、惩罚性作业；"加""乘"即增扩实践性、弹性、跨学科、探究性作业，变"枯燥"为"有趣"。我校把作业研讨纳入校本教研的内容，要求教师深入研读课标，准确把握学科性质，积极开发利用课程资源，创造性使用教材，探索单元作业设计，将作业设计作为课题来研究。

（一）基础作业"少"而"精"，命中靶心要留"新"

基础作业，立足学业的基础，以巩固当天所学的基本知识、基本技能为主。"少"是对作业量的把控，"精"是对作业设计的思考。

语文基础从形式来讲，离不开音、字、词、语、段、篇的内容的载体。如何做到"少"？对于总量的把控，首先是基于难点，设计链条式巩固性作业；其次是常规作业走心更走"新"，字、词、语、段的积累与运用，可围绕固定内容设计，设计新颖的活动，可将原本枯燥的基础知识，变得趣味化、进程化、序列化；最后是布置巩固性作业，让学生按要求完成词语复习单。

比如，词语复习单"柔和、河床、新鲜、修补、庄稼、风俗、葡萄、满意、水稻、成熟、招待、传说、鹅卵石、坑坑洼洼、月光闪闪、月影团团"，有三项任务：

任务一： 请认真读一读上面的词语，注意读准字音。

任务二： 请结合课文内容，选择其中一个或几个词语说几句话。

任务三： 请将你认为容易写错的词语工工整整地抄写在下面的横线上。

（二）拓展作业精而活，命中靶心要依"情"

教师不仅仅是要求学生坐下来完成作业，而是要更加重视作业的参与性、过程性和实践性。拓展作业为进阶作业，选做作业可从作业的难度、分层、空间、弹性、时间、过程等角度考虑，考虑拓展作业要留得精准，要依据学情有针对性和目的性地进行设计，做到"合情合理"。"合情"是依据学情，遵循个性差异，考虑心情，提供助学支架；"合理"是基于学生学力，尊重阶段水平，长效帮扶，分解学业系统。

比如，教学《麻雀》一课，除布置课后作业外，还可以这样要求学生：

一是有感情地朗读课文，抄写课文中描写老麻雀勇敢无畏和猎狗攻击与退缩的词语；二是仿照作者手法，写出教材第76页"初试身手"第一幅图中运动员们奋力拼搏的场景；三是在《屠格涅夫散文诗集——爱之路》中，挑选一篇给自己留下印象深刻的文章，并在空白处写出事情起因、经过和结果，画出令自己印象深刻的部分，在旁边写一写作者是如何将这部分写清楚的。

三、单元作业活而专，命中靶心要成"体"

统编小学语文教材以"双线"组织单元结构的方式进行了统筹设计，从基础到综合，从阅读到表达，从积累到语用，都为教师进行单元整体作业设计和单元作业设计提供了发挥空间。所有的课下作业，都应该与教师的课堂教学和学生的自主学习密不可分，并互相补充，而不是作为一种终结性的活动或者独立的学习策略。课下作业可以让学生有机会，利用课余时间去学习，去思考，去实践，通过课下作业，培养学生的思维能力和必要的学习生活技能，推动学生成为未来的终生学习者。

（一）做好单元规划设计

进行单元作业设计，首先要规划单元。单元大体可分为教材原本设计的"自然单元"和由某一主题或能力所构成的"重组单元"。对教师来说，按照主题或能力进行单元规划难度较大，较为普遍的做法是依据教材的自然单元或章节进行单元规划。

（二）确立单元作业目标

确立单元作业目标是设计单元作业的关键，教师应基于学科课程标准，单元大观念、大概念，学科关键能力，结合教材内容和学生情况，以所规划的单元为基本单位，确立单元作业目标。

（三）设计单元作业内容

单元作业目标确立后，接下来就是依据目标设计相应的作业内容。聚焦核心概念，按照大情境、大问题、大任务、大活动等设计整体性、综合性的作业。在此基础上，作业内容可以采用引用、改编和原创的方式。从实际情况看，作业题目大多数来源于引用，适当地会有一些改编和原创的题目。在选择作业题目的同时，需对作业题目进行质量分析。作业题目的质量分析包括作业目标指向是否明确、题目内容是否科学、题目表述是否精练、题目完成要求是否明确且易于理解、情境设计是否合理、答案是否合理等。通过质量分析，对所选择的作业题目进行改进和优化。

学前预习作业设计有目标、有衔接；学中指导作业设计依要素、重落实；学后延伸作业设计重运用、提素养。

以四年级上册第七单元《为中华之崛起而读书》为例：

1. 课前预习

（1）读熟课文，读准字音。

（2）查阅有关周恩来的资料。

（3）记录不理解的地方（能对课文中不理解的地方提出疑问是第二学段的重点）。

2. 课中指导作业（依据语文要素落位精心设计学习任务单）

（1）明确单元要素，思考学生的起点、难点。

本单元语文要素：①关注主要人物和事件，学习把握文章主要内容的方法；②学习写书信。

教师思考：语文要素的关键词，学生起点、难点是什么？

起点：第七单元"了解故事的起因、经过、结果，学习把握文章的主要内容"一件事概括主要内容的方法已经掌握。

难点：多件事如何概括？

学生已经掌握了几种把握文章主要内容的方法，但对于哪些文章需要用什么方法进行概括，方法还不是很熟练，需要在方法的运用上加强。

借助文本特点，通过本单元的学习，意在借助"梳理事件""概括小标题"培养学生概括能力及整体感知能力。

（2）对预习的检查，本课中容易读错的字音特别多，必须与考试题型对接。

比如：惩处 屈辱 训斥 淮安 崛起。

①下面四个词语中，有一个"chu"的读音是不同的，把它选出来。

惩处 处罚 处理 处所

②掌握生字的笔画顺序。

"肃"字共（　　）笔，第六笔是（　　）。

③根据下面句子的意思写词语。

因为有疑问而困惑不能理解（　　　）；向左右两边看（　　　）；好像在思考着什么（　　　）。

（3）课中学习任务单

时间	地点	人物	主要人物（做什么）	事件

实施层次与目标达成

目标	活动	思维工具
分清三件事	1. 默读思考，尝试说出几件事 2. 全班反馈，发现共识与分歧 3. 说出思维过程，达成共识	判断是否一件事可以看人物是否出现在同一时间、同一地点。用这个方法对人物进行分类即可分清
抓主要人物，用比较简洁的语言说清每件事	1. 尝试分清每件事中的主要人物和次要人物 2. 抓住主要人物说清一件事	对每件事中的人物进行主次区分
弄清楚事与事之间的关系，将三件事连起来说清楚课文的主要内容	1. 找到每件事最后一句话朗读，发现三件事之间的关系 2. 确定"先因后果"或"先果后因"的连接方式，选用合适的连接词说出主要内容	回到文本，找出关键语句阐明三件事之间的关系

理解为先的教学设计模式，倡导以单元整体教学为单位，首先明确预期学习结果，再确定可接受的评估证据，最后规划相应的学习体验和教学活动。由此可见，理解为先的教学设计模式，是强调在规划教学活动之前，教师首先要确定能够证明学生已经获得理解的有效证据，每个单元设置一定的评估标准，利用这些评估反馈了解学生的学习情况，并进一步指导自身的教学的一种逆向设计。为了更好地发挥教材习题的导向作用，我校教师们深入学习理解为先的教学设计模式，通过"以终为始"的单元习题逆向设计研究，尝试为单元作业的设计与布置提供证据。

作业内容的形式与设计更需要教与学整体的统筹，从课前的研究预设到课上的精准教学，至课后的靶心设计，包括相应的评价体系的构建等等。兼顾全程的学业生态链，有效做减法，才能更好地增质。

总之，作业的设计与布置是一项"没有最好，只有更好"的工作，它需要教师以精益求精的态度和持之以恒的研究，不断提高作业设计的水平，确保作业布置的质量；同时还要重视作业设计与布置后的反思、质量分析与教学导向的分析，以推进课堂教学改进，提升学生核心素养。

作业分层巧设计 提质助力促"双减"

北京市房山区阎村中心校 ◎刘亚静

著名数学家莱布尼茨说过"世界上没有两片相同的树叶",这句话对教师当前如何做好分层作业设计有一定的启发。儿童的智力发展和学习态度不同,"分层作业设计"可以让每个学生在最短时间内获得新知识、新方法,提高学科关键能力,发展核心素养。

教学实践中,笔者本着基础性、灵活性、综合性、系统性四大原则,进行分层作业的探讨与实践。

一、依据课标要求形式分层

根据新课标要求,数学作业要体现学生自主、合作、探究性的学习原则,因此,笔者设计了形式多样的作业。

一是操作性作业。

小学生在学习数学时,往往是长于计算、善于推理,却疏于操作,其原因在于学生乃至教师都没有深刻认识到动手操作是促进学生对知识理解的重要手段之一。针对这个问题,笔者在上《圆环面积》一课时,首先要求学生制作圆环,然后借助圆环实物,让学生对外圆、内圆、环宽等产生直观认识,最后再探究如何计算圆环面积。学生通过实践性作业,既动手又动脑,知识学习与能力发展同步提高。

二是调查性作业。

让学生在生活中进行数学调查,可以培养探究能力,增强数感。

比如:学习《分百应用题》一个数占另一个数的几分之几或百分之几时,教师布置调查性作业,要求学生统计自己家中的食品支出占总支出的百分之几,从而根据恩格尔系数判断家庭类型。

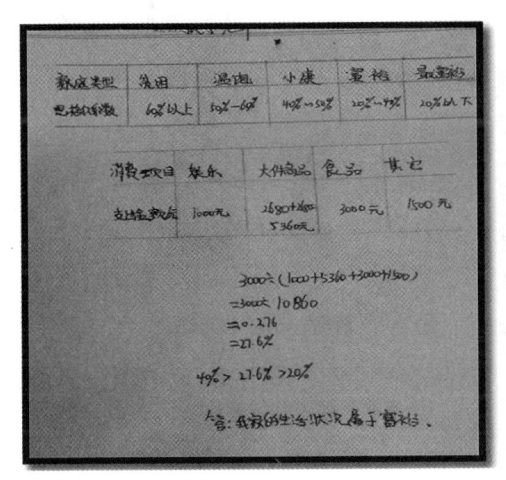

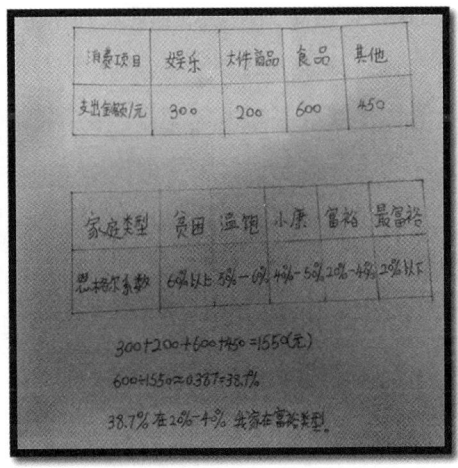

三是小课题研究。

让学生运用所学的知识和经验进行探究，不仅能深入理解数学，体验乐趣，而且能自主建构知识。如学习《生活中的编码》时，学生进行小组分工，查阅资料，汇报交流，不仅对编码的特征有了更深的了解，还对编码的唯一性和重要性有了深刻体会。

四是实践性作业。

在观察操作中，学生的动手能力得到发展；在实践中，学生的合作能力得以锻炼；在作业欣赏中，学生的评价能力得以提高。

比如：《测量》这一综合实践题材，通过实践活动让学生了解测量的意义，认识标杆、卷尺、测绳等测量工具，知道它们的用途；并掌握用工具进行测量的步骤和方法，初步学会使用简单的测量工具在地面上测定直线，并能沿着直线测定距离。

二、结合学生实际难度分层

结合学生实际，将作业分为 A、B、C 三层。

例如，在学生学习圆面积后，笔者设计了如下习题：

1.（A层）.求下列圆的面积（单位：米）

$r=2$，求 s；$d=6$，求 s；$c=12.56$，求 s。

2.（B层）.公园绿地浇水用的喷头，最远能喷水 2 米。喷头旋转一周，最大的喷水面积有多少平方米？

3.（C层）.把边长4厘米的正方形剪成一个最大的圆，求这个圆的面积。

A.层体现基础性，也就是考查学生的理解能力，所有学生都必须完成。作业内容以新课标规定的学生必须掌握的基本概念、定理为主。重点考查知识能力目标，属于"保底"的要求。

B.层体现灵活性，考查学生的实践应用能力，主要面对成绩中等以上的学生。

C.层是拓展、综合运用，考查学生的知识迁移能力。

三、联系生活实际形式分层

一是数学知识与生活实际结合。

学习数学的目的是解决生活中的实际问题，因此，作业设计要与生活实际相结合。比如，六年级上册的纳税问题，教材上的例题和所有习题都是薪金所得不超过3500元的部分不必纳税，薪金所得扣除3500元后，余额不超过1500元的部分按3%的比例纳税；而现实中是薪金所得不超过5000元的部分不必纳税，余额不超过3000元的部分按3%的比例纳税，教材内容与现实不一致，这就要求教师不能照本宣科，习题设计要与时俱进。

二是数学知识与传统文化相结合。

中国传统文化源远流长，数学知识与传统文化相结合，培养学生的应用意识。例如六年级上册依据二十四节气这个情境，考查圆的知识。

三是数学知识与数学文化相结合。

习题设计还要关注数学文化的渗透，让学生了解数学知识的产生背景，了解数学的文化价值，对于数学学习很有必要。例如在六年级要求学生对圆周率、祖冲之、刘徽等进行了解，是非常必要的。

随着"双减"政策的落地生根，教师不但要优化课堂教学，还要优化作业设计，大胆改革作业形式和内容，从而提高作业的有效性，促进学生的全面发展。

双线推进 育人提质

北京市海淀区五一小学怀柔分校 ◎庞盛　彭翠红

《关于进一步减轻义务教育阶段学生作业负担和校外培训负担的意见》其核心是立德树人，关键是在校内，发力点在课堂，目的是减负提质，让学生在校内学会、学好、学足，促进学生德智体美劳全面发展。

为深入落实"双减"，北京市海淀区五一小学怀柔分校紧紧围绕"一个核心、双线推进"思路开展工作。

一个核心：减负、增效、提质。

双线推进：一是教师提升学科内功，课堂提升教学效率；二是优化课后"5+2"，提升学生综合素养。

我校的具体举措是：

一、教师提升学科内功，课堂提升教学效率

1. 开展系列培训，提升教师学科内功。

围绕"主题培训补短板，成长课堂促提升"两条主线，开展"'双减'政策宣讲学习系列培训""'双减'背景下，破解教师专业化发展系列研讨""聚焦国家课程校本化实施系列交流""教师基本功系列提升工程研训""信息技术应用能力提升工程2.0"等培训，聚焦学科课堂教学，开展"大单元整体教学设计""命题设计""作业设计"等培训，通过练内功，促"双减"有效落地。

2. 坚守课堂，提升常态教学实效。

课堂是落实"双减"的主阵地。"双减"背景下，我校聚焦"变革智慧课堂教学方式，提升常态课堂教学质量"主题，开展"周备课研究""周作业统筹设计""常态推门课""骨干教师示范课""新教师指导课""薄弱教师跟踪课""干部每周诊课""专家引领课""总校分校携手研究课"，以及本学

期的教师提升工程项目（"种子培养项目""教师综合素质提升工程项目""语文三读、数学三学、英语主题单元整体教学项目""综合实践劳动项目"）等多维研究活动。以问题为导向，发现问题层级整改、整体推进，同时落实"常规教学检查公示制度""问题追踪制度"与"过失单"机制，坚决遏制并杜绝违反"双减"政策的教学行为。

3. 整体统筹，提升作业设计质量。

具体做法是：

"周作业"管理整体统筹：我校依据《五一小学怀柔分校作业布置与批阅规范》，严格落实"434"原则，充分发挥组长、干部、学校三级统筹、审核、公示办法，利用课后服务统一辅导时间，保障家庭"周作业"有效落实。

严格执行"周作业"公示制度：我校每周五在学校"双减"作业公示栏公示下一周1—6年级语数英学科作业统筹，周周统筹，周周公示。班级每日作业公示，班主任负责公示，每班一个小黑板，根据课表实际发生，语数英三科具体协调，包括时间长短。无论如何调整，必须保证学生在校完成。

两段式答疑保证日疑日毕。第一段答疑：利用学校课后服务作业辅导时间，本阶段由班主任负责，语数英学科教师根据实际分段走进班级，有疑解疑，无疑时指导完成家庭作业；第二段学困生答疑：三至六年级专门设立了学困生辅导答疑班，每个年级2个班，针对学生实际问题，进行解疑的同时加强基础知识的再辅导。

二、落实课后"5+2"，提升学生综合素养

我校围绕立德树人根本任务，召开课后服务干部研讨会、全体教师宣传动员部署会，深入学习领会文件精神，对学校"双减"政策落实工作进行重点解读，并对课后服务工作提出明确要求，坚决做到三个"全覆盖"，整体统筹、优化路径，落实"5+2"课后服务管理机制，充分发挥课后服务的最大化效能，全面开展好课后服务工作。

1. 研究制订课后服务工作方案，强化"两段式"管理。

第一阶段：15:20—16:20，体育锻炼＋作业辅导，保障学生每日1小时体育锻炼时间和在校写作业时间。

第二阶段:16:30—17:30 作业答疑＋菜单式自选课程（3—6年级各成立3

个语数英作业答疑辅导兴趣班和 1-2 个阅读兴趣班；舞蹈、合唱、风筝、陶笛、轮滑等 10 个精品特色课程班；科技、观鸟、体育、种植、绘画等 15 个兴趣拓展课程班），开展课业辅导和丰富多彩的综合素质拓展类活动课程。

目前，我校实际在校学生人数 1093 人，参与课后服务人数 1083 人，参与率 99.1%；教师总数 112 人，参与课后服务教师 84 人，其中市级骨干 2 人，区级骨干 8 人，参与干部 16 人，校外专业人员 15 人。

2. 优化师资结构，合理安排服务内容。

教学干部和市、区级骨干教师主动承担课后服务工作任务；五一小学教育集团优秀教师、优质资源校际流动；按需选用适合的外聘人员参与辅导学生兴趣活动；发挥家委会、家长志愿者的作用，共同参与课后服务工作。家校协同共同努力，提升课后服务实效。

以深化落实"双减"工作为目标，以育人质量提升为核心，以坚持"五育并举"实现学生全面发展为根本，以新课程改革为抓手，以信息化项目实施为突破口，以提升教师队伍整体品质为重点，聚力"四向与四要"深度推进与实施，锚定"特色课程引领学校特色发展，课堂变革撬动育人质量提升"的目标，全体教师秉持坚定不移抓教学质量的责任感和使命感，融思融智，同心同德，同向同行，开创了一体化办学的崭新阶段！

笺短情长 见字如面
——小学语文大单元教学思考

北京市海淀区五一小学怀柔分校　◎肖丽锦

为切实提升学校育人水平，持续规范校外培训，有效减轻义务教育阶段学生过重作业负担和校外培训负担（以下简称"双减"），中共中央办公厅、国务院办公厅印发了《关于进一步减轻义务教育阶段学生作业负担和校外培训负担的意见》，提出着眼建设高质量教育体系，强化学校教育主阵地作用，深化校外培训机构治理。"双减"政策的落实，有效减轻了义务教育阶段学生课业负担。在"双减"背景下，如何"减量不减质"实现学思融通高效课堂，提高课堂教学质量，提高作业实效性，是我们教师应当认真思考的问题。

案例描述

统编版小学语文四年级上册第七单元围绕人文主题"家国情怀"组织选文，编排了两篇精读课文《古诗三首》《为中华之崛起而读书》，两篇略读课文《梅兰芳蓄须》《延安，我把你追寻》，《语文园地七》中编排了边塞诗人高适的《别董大》。这些课文体裁各异，有古诗、现代诗歌、历史故事。本单元的习作是"写信"，属于应用文的练习。本单元指向阅读的语文要素是"关注主要人物和事件，学习把握文章的主要内容"。指向表达的训练要素是学习写书信。如何将人文主题和语文要素结合起来设计学习任务，让学生在一个任务的主导下，实现语文核心素养的提高？教学实

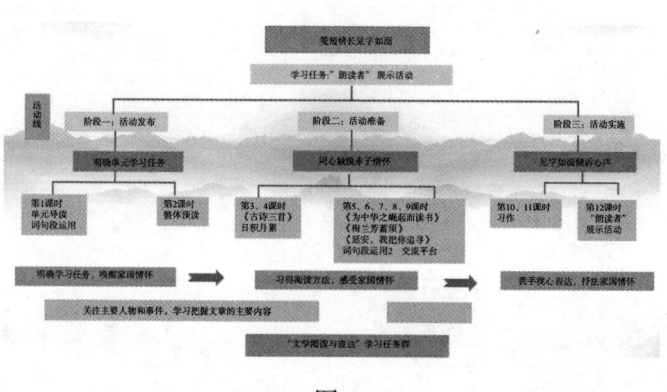

图1

践中，笔者依据前页图1展开了本单元的教学。

本单元学习以"笺短情长 见字如面"为主题，以"朗读者"展示活动为学习任务展开。

第一个学习板块是"明确单元学习任务"。作为单元起始课，教师在本节课教学中发布本单元的核心任务即完成"朗读者"展示活动。此活动包含两部分内容，活动现场布置所需的"触摸赤子之心，感受家国情怀"海报和"朗读者"现场展示所需的书信。学生在明确学习任务的基础上思考自己崇敬的爱国志士是谁，了解其事迹。同时联想旧知，回忆已经掌握的学习方法。比如回顾概括文章主要内容的方法，查阅资料的方法，整理资料的方法。

通过单元起始课的学习，学生们对单元学习内容产生了浓厚的兴趣，为后面的学习打下了良好的基础。

第二个学习板块为"用心触摸赤子情怀"。这一板块主要是单元课文的学习。教学中组织丰富多彩的活动，引导学生通过阅读文本中的故事学习关注主要人物和事件，把握文章主要内容的方法。在此基础上完成为本单元认识的爱国志士制作海报和为自己崇敬的爱国志士制作海报的作业。

作业设计如下图所示：

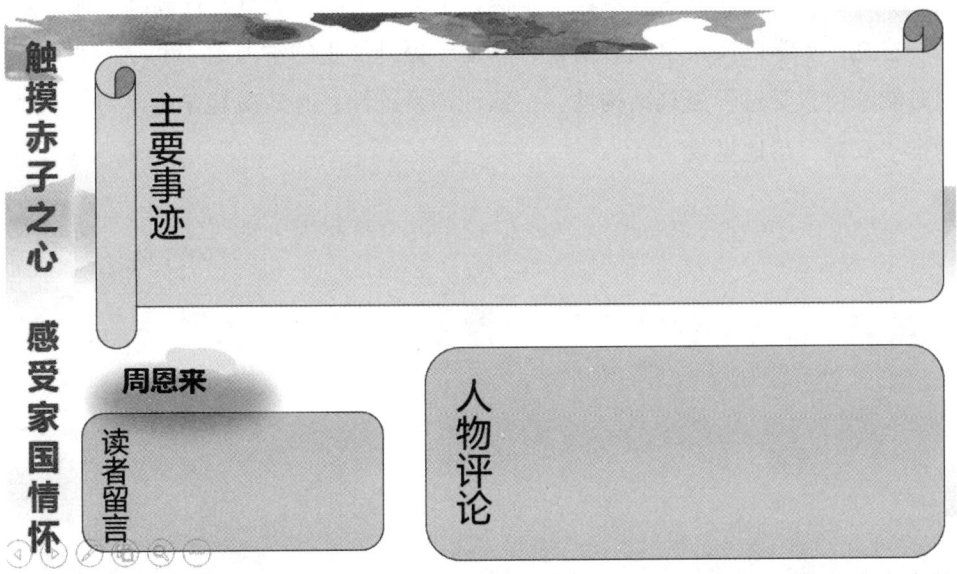

要完成上面海报的制作，需要学生运用课堂上学习的概括文章主要内容的方法，同时要结合资料思考，产生自己的见解。学有余力的学生还可以将海报制作拓展延伸到自己的课外阅读中去。这样将课堂学习、课外阅读和作业紧密

结合，既减轻了学生的作业负担，又完成了学习任务。

第三个学习板块为"见字如面倾诉心声"。这是本单元的主体任务。通过本单元课文的学习，学生在认识爱国志士，完成海报的过程中，理解英雄人物的家国情怀。这一切的学习成果都体现在最后一个板块的学习中，学生通过书信向自己崇敬的爱国志士表达心声，借书信倾诉自己的爱国之情，最后在"朗读者"展示活动中进行展示。

这样通过一个单元完整的语文实践，通过环环相扣的教学及作业设计，在不增加学生负担的前提下，形成语文积累，获得语文能力，提高语文素养。

案例评析

大单元教学用一个教学任务将相关知识点进行整合，形成具有内在逻辑联系的教学单元。在这样一个教学单元中将大任务分解成若干小任务，对不同课时作业内容、要求统筹安排。这样层层递进，环环相扣，就避免了一些相同性质的作业在不同课时简单机械性的重复。

大单元教学以核心素养为导向，将教学内容与核心素养相结合，通过真实的大情境、大任务推动学生核心素养的落实。通过大单元教学，学生能够深入学习一个主题，从而更深入地理解知识，掌握更多的知识点，提高学习能力。

总之，小学语文大单元教学设计有助于提升学生的学习效率和学习兴趣，同时能够使教学过程更具结构性、一致性和系统性，有效减轻学生学习负担，助推"双减"落地见效。

例习创组 融思贯通
——"圆的周长"教学实践与思考

北京市海淀区五一小学怀柔分校　◎解海霞

落实"双减"政策是当前教育的主旋律，这就要求我们的课堂必须实现减负提质。为使学生的思维得到最大限度的发展，我校的做法之一就是创编与整合资源，进行例题与例题、练习题与练习题、例题与练习题这三方面的合理整合。"圆的周长"这一课，就是例题与练习题整合的有效尝试。

教学过程：

环节一：创设情境，提出猜想

1. 同学们，你们中有谁知道中国的"天眼"？请说说你对天眼的了解。

2. 你骑着独轮车，老师骑着自行车，绕"天眼"一圈，车轮会转多少圈呢？这些问题都和什么有关系？

环节二：动手操作，归纳概括

1. 小组验证猜想

教师把"天眼"、独轮车、自行车车轮按一定的比例缩小带到了教室（出示直径1米、1分米、2厘米的圆）。请利用这三个圆来验证圆的周长与直径或半径的关系，并把测得的数据填入学习单。

自主探究学习单

验证：（　　）与（　　）的关系

周　长	直径（半径）	关　系

2.全班交流

（1）以小组为单位进行汇报。

小组1：利用滚动法测量出圆的周长是6.2厘米，直径是2厘米，周长除以直径等于3.1。

小组2：利用绕绳法测量圆的周长是33厘米，直径是10厘米，周长除以直径等于3.3。

小组3：把大圆对折了2次，量出四分之一周长再乘4，周长是310厘米，直径是100厘米，周长除以直径等于3.1。

（2）对比三组数据发现：无论多大的圆、多小的圆，周长都是直径的3倍多一些。

3.介绍圆周率

环节三：应用结论，解决问题

"天眼"直径500米；独轮车半径0.25米。

（1）参观"天眼"一圈后，你骑的独轮车车轮转了多少圈？

方法一：用"大周长÷小周长"计算出独轮车转的圈数。

方法二：用"大直径÷小直径"计算出独轮车转的圈数。

（2）老师骑自行车已经走了502.4米，一个车轮转了200圈，你知道自行车的直径是多少吗？

圆的周长÷圆周率＝直径

教学反思：

（1）例题与练习题的有效整合，落实"双减"政策。

本节课是例题与练习题的整合。把例题与课后的求周长及周长逆推求直径的练习整合到一起，通过课堂观察，发现学生对这些整合完全能够接受。这些题目的设计考查了基础知识、基本技能、目标达成及方法经验的积累，增强了例题的趣味性、综合性、实践性和应用性。从学生的实际认知出发，实现了减负提质。

（2）匠心设计学具和练习，实现素养提升。

整节课在游览"天眼"这个情境中开展活动，学生感觉自然、亲切、有兴趣。其中，教师用心设计的学具和练习起到了关键作用。

首先，直径1米的"天眼"这个学具对学生的视觉是一个巨大的冲击，学生在测量"天眼"的周长时，由于绳子长度不够，学生通过对折两次，量出四分之一周长再乘4，得到了圆的周长，学生的创新思维被激发。他们在总结收获时深刻感受到无论多大的圆、多小的圆，周长都是直径的π倍，这个感受同样来自教师设计的这个大圆。

其次，学生在计算游览"天眼"一圈、独轮车转多少圈的问题时，有的学生用大圆的周长除以小圆的周长；有的学生用大圆直径除以小圆直径；还有的学生借助分数与除法的关系，把除法算式用分数来呈现，通过约分发现大圆直径除以小圆直径的道理，学生不仅知其然而且知其所以然。在分享交流中，学生的创新思维不断被激发，对知识本质的理解更加深入。

法国数学家笛卡尔曾说："意志、悟性、想象力以及感觉上的一切作用，全由思维而来！"本节课，教师力图通过例题和练习的创编重组，实现学生思维上的融会贯通，取得了比较好的教学效果。

图书在版编目（CIP）数据

北京市中小学素质教育研究成果集 / 郑超主编. --成都：四川教育出版社，2024.1
（教育创新文丛）
ISBN 978-7-5408-8425-3

Ⅰ.①北… Ⅱ.①郑… Ⅲ.①中小学－素质教育－教学研究－成果－汇编－北京 Ⅳ.①G632.0

中国国家版本馆CIP数据核字(2023)第250202号

教育创新文丛 北京市中小学素质教育研究成果集
JIAOYU CHUANGXIN WENCONG
BEIJINGSHI ZHONGXIAOXUE SUZHI JIAOYU YANJIU CHENGGUOJI

郑超　主编

出 品 人	雷　华
责任编辑	杨　越
封面设计	冯军辉
责任校对	罗　丹
责任印制	高　怡
出版发行	四川教育出版社
地　　址	四川省成都市锦江区三色路238号新华之星A座
邮政编码	610023
网　　址	www.chuanjiaoshe.com
印　　刷	河北鑫彩博图印刷有限公司
版　　次	2024年1月第1版
印　　次	2024年1月第1次印刷
成品规格	185 mm × 260 mm
印　　张	16
字　　数	409千字
书　　号	ISBN 978-7-5408-8425-3
定　　价	59.80元

如发现质量问题，请与本社联系。总编室电话：（028）86365120
北京分社营销电话：（010）67692165　北京分社编辑中心电话：（010）67692156